中國古代禮儀文明

The Etiquette Civilization
of Ancient Chinese

彭 林──著

目　錄

自序 ············· 1

第一章　　禮是什麼 ············· 1
第二章　　禮緣何而作 ············· 13
第三章　　禮的分類 ············· 29
　　一　吉禮 ············· 32
　　二　凶禮 ············· 37
　　三　軍禮 ············· 39
　　四　賓禮 ············· 42
　　五　嘉禮 ············· 44

第四章　　禮的要素 ············· 47
　　一　禮法 ············· 49
　　二　禮義 ············· 51
　　三　禮器 ············· 52
　　四　辭令 ············· 56

五　禮容 …………… 58

六　等差 …………… 62

第五章　禮與樂 ………… 65

一　德音之謂樂 ………… 67

二　盛德之帝必有盛樂 ………… 71

三　音樂通乎政 ………… 73

四　樂內禮外 ………… 76

五　移風易俗莫善於樂 ………… 79

第六章　以人法天的理想國綱領

　　　　——《周禮》 ………… 83

一　聚訟千年的學術公案 ………… 85

二　理想化的國家典制 ………… 88

三　以人法天的思想內核 ………… 92

四　學術與治術兼包 ………… 95

第七章　貫串生死的人生禮儀

　　　　——《儀禮》 ………… 95

一　《儀禮》的名稱、傳本

　　和今古文問題 ………… 103

二　《儀禮》的作者與撰作年代 ………… 108

三　《儀禮》的傳授與研習 ………… 110

四　《儀禮》的價值 ………… 113

第八章　　闡發禮義的妙語集萃

　　　　　　——《禮記》 ………… 117

　　一　《禮記》的成書 ………… 119

　　二　《禮記》的分類與作者 ………… 123

　　三　《禮記》的人本主義思想 ………… 126

　　四　哲理與格言 ………… 128

　　五　《禮記》的流傳與影響 ………… 131

第九章　　冠者禮之始也：冠禮 ………… 137

　　一　成人之者，將責成人禮焉 ………… 139

　　二　筮日、筮賓，所以敬冠事也 ………… 141

　　三　三加彌尊，加有成也 ………… 143

　　四　已冠而字之，成人之道也 ………… 147

　　五　以成人之禮見尊者、長者 ………… 148

　　六　古代社會中的冠禮 ………… 150

　　七　女子的笄禮 ………… 154

第十章　　合二姓之好：婚禮 ………… 157

　　一　婚姻之義 ………… 159

　　二　議婚和定親 ………… 162

　　三　親迎 ………… 165

　　四　成婚 ………… 168

　　五　拜見舅姑 ………… 170

　　六　古代婚禮的幾個特色 ………… 171

第十一章　禮尚往來：士相見禮 ‥‥‥‥‥ 177

　一　不以摯，不敢見尊者 ‥‥‥‥‥ 179

　二　來而不往，非禮也 ‥‥‥‥‥ 182

　三　士、大夫、國君交往的雜儀 ‥‥‥‥‥ 184

　四　燕見國君的雜儀 ‥‥‥‥‥ 187

第十二章　吾觀於鄉，而知王道之易易：鄉飲酒禮

　　　　　‥‥‥‥‥ 191

　一　賓興賢能：在鄉學舉行的鄉飲酒禮 ‥‥‥‥‥ 193

　二　在鄉序齒：養老的鄉飲酒禮 ‥‥‥‥‥ 203

　三　吾觀於鄉，而知王道之易易 ‥‥‥‥‥ 206

第十三章　立德正己之禮：射禮 ‥‥‥‥‥ 209

　一　射禮梗概 ‥‥‥‥‥ 211

　二　射以觀盛德 ‥‥‥‥‥ 219

　三　「發而不中，反求諸己」 ‥‥‥‥‥ 221

　四　「君子無所爭，必也射乎！」 ‥‥‥‥‥ 223

　五　射禮與擇士 ‥‥‥‥‥ 226

　六　孔子射於矍相之圃 ‥‥‥‥‥ 226

第十四章　明君臣上下相尊之義：燕禮 ‥‥‥‥‥ 229

　一　燕禮的陳設 ‥‥‥‥‥ 232

　二　席位與尊卑 ‥‥‥‥‥ 233

　三　賓與主人 ‥‥‥‥‥ 234

　四　賓主的一獻之禮 ‥‥‥‥‥ 236

五　四舉旅酬 ………… 239

六　燕禮所要表達的君臣大義 ………… 242

第十五章　諸侯相接以敬讓：聘禮 ………… 245

一　聘禮梗概 ………… 247

二　聖王貴勇敢強有力者 ………… 251

三　圭璋與德 ………… 253

四　還玉與重禮輕財 ………… 255

五　介紹而傳命，敬之至也 ………… 256

六　最早的外交禮儀程式 ………… 258

第十六章　稱情而立文：喪服（上） ………… 261

一　以三爲五，以五爲九：

　　親屬關係的確立 ………… 263

二　上殺、下殺、旁殺：

　　喪服等差的確立 ………… 266

三　五等喪服的十一小類 ………… 269

四　服術有六：確定喪服的原則 ………… 272

第十七章　稱情而立文：喪服（下） ………… 275

五　喪服的精粗與輕重 ………… 277

六　喪期的加隆與減殺 ………… 281

七　宗親、外親與妻親 ………… 284

八　恩服與義服 ………… 286

九　服喪期間必須堅守的原則 ⋯⋯⋯⋯⋯ 287

十　喪服制度在海外的孑遺 ⋯⋯⋯⋯⋯ 289

第十八章　侍奉逝者的魂魄：士喪禮 ⋯⋯⋯⋯⋯ 293

一　壽終正寢 ⋯⋯⋯⋯⋯ 295

二　復 ⋯⋯⋯⋯⋯ 296

三　奠 ⋯⋯⋯⋯⋯ 297

四　哭位 ⋯⋯⋯⋯⋯ 300

五　報喪和弔唁 ⋯⋯⋯⋯⋯ 300

六　沐浴　飯含　襲 ⋯⋯⋯⋯⋯ 301

七　爲銘和設重 ⋯⋯⋯⋯⋯ 303

八　小斂 ⋯⋯⋯⋯⋯ 304

九　大斂 ⋯⋯⋯⋯⋯ 305

十　國君親臨大斂 ⋯⋯⋯⋯⋯ 306

十一　成踊、代哭、朝夕哭 ⋯⋯⋯⋯⋯ 308

十二　筮擇墓地和卜葬日 ⋯⋯⋯⋯⋯ 309

第十九章　埋藏親人的遺體：既夕禮 ⋯⋯⋯⋯⋯ 311

一　殯後居喪 ⋯⋯⋯⋯⋯ 313

二　啓殯 ⋯⋯⋯⋯⋯ 314

三　朝祖 ⋯⋯⋯⋯⋯ 316

四　裝飾柩車 ⋯⋯⋯⋯⋯ 317

五　陳明器 ⋯⋯⋯⋯⋯ 318

六　祖奠 ⋯⋯⋯⋯⋯ 319

七　贈送助葬之物 ………… 320

八　大遣奠 ………… 321

九　發引 ………… 322

十　窆和執綍 ………… 324

十一　反哭 ………… 325

第二十章　安魂之祭：士虞禮 ………… 327

一　立屍 ………… 330

二　陰厭 ………… 331

三　饗屍 ………… 332

四　三虞、卒哭 ………… 334

五　祔廟與作主 ………… 335

六　小祥、大祥和禫 ………… 338

七　居喪要則 ………… 340

第二十一章　祭祀萬世師表：釋奠禮 ………… 345

一　孔子的學行與生平 ………… 347

二　釋奠說略 ………… 350

三　四配 ………… 354

四　十二哲 ………… 357

五　先賢、先儒從祀 ………… 358

六　祭祀孔子的文化意義 ………… 359

七　釋奠禮在今日韓國 ………… 363

第二十二章　　詩禮傳家：家禮　‧‧‧‧‧‧‧‧‧‧‧ 365

　　一　不學禮，無以立　‧‧‧‧‧‧‧‧‧‧‧ 367

　　二　《禮記》所見的先秦家庭禮儀　‧‧‧‧‧‧‧‧‧‧‧ 368

　　三　《顏氏家訓》　‧‧‧‧‧‧‧‧‧‧‧ 372

　　四　司馬光的《書儀》與《家範》　‧‧‧‧‧‧‧‧‧‧‧ 375

　　五　朱子《家禮》　‧‧‧‧‧‧‧‧‧‧‧ 377

　　六　《家禮》在朝鮮　‧‧‧‧‧‧‧‧‧‧‧ 380

第二十三章　　不見面的禮儀：書信　‧‧‧‧‧‧‧‧‧‧‧ 383

　　一　書信格式　‧‧‧‧‧‧‧‧‧‧‧ 385

　　二　敬稱　‧‧‧‧‧‧‧‧‧‧‧ 387

　　三　謙稱　‧‧‧‧‧‧‧‧‧‧‧ 389

　　四　提稱語　‧‧‧‧‧‧‧‧‧‧‧ 391

　　五　思慕語　‧‧‧‧‧‧‧‧‧‧‧ 392

　　六　書信中的平和闕　‧‧‧‧‧‧‧‧‧‧‧ 393

　　七　師生之間的稱謂　‧‧‧‧‧‧‧‧‧‧‧ 394

　　八　祝願語及署名敬詞　‧‧‧‧‧‧‧‧‧‧‧ 396

　　九　信封用語　‧‧‧‧‧‧‧‧‧‧‧ 397

　　後記　401

自
序

　　中國是傳承千年的禮儀之邦，聲播於海外。相傳在三千多年前的殷周之際，周公制禮作樂，就提出了禮治的綱領。其後經過孔子和七十子後學，以及孟子、荀子等人的提倡和完善，禮樂文明成為儒家文化的核心。西漢以後，作為禮樂文化的理論形態和上古禮制的淵藪，《儀禮》、《周禮》、《禮記》先後被列入學官，不僅成為古代文人必讀的經典，而且成為歷代王朝制禮的基礎，對於中國文化和歷史的影響之深遠，自不待言。隨著東亞儒家文化圈的形成，禮樂文化自然成為了東方文明的重要特色。毋庸置疑，要瞭解中國傳統文化，就必須瞭解中國禮儀文化。

　　不無遺憾的是，近代以來，禮樂文化不僅沒有得到應有的重視，反而受到了種種責難，歸結起來，主要集中在兩個問題上：

　　一是禮樂文化的性質問題。有人認為，禮樂文化是封建時代的文化，早已過時，誰再提倡，誰就是逆潮流而動。態度最激烈的是「文革」時期的江青等人，他們

I

誣衊孔子是搞復辟的祖師爺，說孔子「克己復禮」就是要復辟奴隸制。

二是禮樂文化是否還有現代價值。有人認為，當今的時代已經完全不同於先秦、兩漢，社會面貌和生活方式都發生了巨大的變化，《三禮》表述的禮儀對我們已經毫無用處。

任何一個民族的文化都不可能是萬世一貫的，而只能與時俱變，棄其糟粕，取其精華。優秀文化的因子，往往歷久彌新，長久地存活在歷史的長河中，持續地影響著民族的精神和面貌。例如，西元前6世紀前後，是世界古文明的軸心時代，出現了諸如孔子、老子、孫子以及蘇格拉底、柏拉圖、釋迦牟尼等哲人和光耀千古的經典。兩千多年來，他們始終伴隨著歷史的進程，我們幾乎處處可以感覺到他們的存在。在科技高度發達的今天，我們還每每要回到那個時代去尋找智慧。對於孔子倡導的禮樂文化，我們也應該作如是觀。

近代以來，由於國勢衰微，列強入侵，國人激於時變，把落後挨打歸咎於傳統文化，這有一定的道理，但不盡然。試想，一個知書達理的書生挨了強盜的打，人們可以責怪他沒有拳勇，但卻不可以責怪他不該知書達理。如果書生從此丟掉書本，只練武功，變成了沒有文化的「強人」，那才是真正的悲劇。人類社會終將進入一個人人講信修睦、彼此謙敬禮讓的文明時代。因此，我們既要習武強身，又要弘揚既有的文化，禮樂文化終究會有它新的用武之地。

　　江青等人批孔、批「克己復禮」，是出於批「周公」的罪惡目的，完全沒有學術依據可言。孔子真是復辟狂嗎？只要讀讀《禮記‧禮運》就可以知道，孔子的政治理想是要建立「天下為公」的大同世界，它曾經鼓舞了包括孫中山在內的千千萬萬的志士仁人為之奮鬥。「克己復禮」就是復辟奴隸制嗎？奴隸制的主要特徵之一是人殉（用活人殉葬），儒家若是擁護奴隸制，就應該贊成人殉。可是，只要讀讀《禮記‧檀弓》，就可以得到完全相反的結論。齊國大夫陳子車客死於衛國，其妻和家宰打算用活人殉葬。子車的弟弟子亢堅決反對，說：「以殉葬，非禮也！」還有一位叫陳乾昔的貴族，臨終前要求讓兩個婢子在他身邊殉葬。他兒子拒絕照他的要求辦，理由也是「以殉葬，非禮也」！兩人都說殉葬是「非禮」的行為，說明禮是不允許殉葬的。春秋時期，人本主義成為社會思潮的主流，人殉已不多見，一般用木俑殉葬，即便如此，孔子也覺得不能容忍，他憤憤然說：「始作俑者，其無後乎！」（《孟子‧梁惠王上》）不僅如此，儒家還反對一切不人道的做法。魯國大旱，穆公先是要暴曬國中的尪者，後來又要暴曬巫婆，希冀博得上天的憐憫。縣子批評說：因天不下雨而懲罰殘疾人，太過殘忍，有悖人道！類似的例子，《禮記》中不勝枚舉。孔子反對人殉，提倡仁愛；反對苛政，提倡仁政，代表了時代的進步和人類的良知。說孔子提倡禮就是要復辟奴隸制，真是欲加之罪，何患無辭。

那麼，儒家的禮樂文明還有沒有現實價值呢？我們的回答是肯定的。其一，十年動亂之後，國民道德水準嚴重倒退，不僅引發了許多社會問題，而且直接影響到了經濟的發展，最明顯的例證是旅遊業。幾千年文明鑄就的禮儀文化，原本可以成為旅遊經濟的強項，可是，許多行業成員連「對不起、謝謝、沒關係、您請」十個字的禮貌用語都說不好，遑論其他。儘管眼下賓館、酒店等越造越華麗，而服務品質卻始終是旅遊業發展的軟肋，令人長歎。此外，近年出境旅遊的國人與日俱增，但舉止粗俗、缺乏禮儀教養者不乏其人，海外輿論的批評時見報端，使我們這個「文明古國」、「禮儀之邦」的民族形象大受損害。為了改變這種局面，近年，政府將「明禮誠信」作為二十字「公民道德」的重要內容，如何重建符合時代要求的禮儀規範，已經提上議事日程。中國傳統的禮儀文明，是寶貴的思想資源，正可以為我們提供重要的借鑒。

其二，21世紀是文化的世紀，國家與國家、民族與民族的競爭，將會越來越多地在文化領域中展開。文化是民族的基本特徵，文化存則民族存，文化亡則民族亡。古往今來，真正滅絕於種族屠殺的民族並不多，而滅亡於固有文化消失的民族卻是不勝枚舉。中華文明是世界四大古文明中，唯一沒有發生過文化中斷的。在未來的世紀中，中華文明能否自立於世界民族之林，基本前提之一，就是能否在吸收先進的外來文化的基礎上建立起強勢的本位文化，這無疑是具有戰略意義的大事。

禮樂文化是中華傳統文化的核心，能否將它的精華發揚光大，對於本位文化的興衰至關重要。

令人汗顏的是，中國傳統禮儀文化在韓國、日本保存頗多，並繼續在社會生活中發揮積極作用，而在我們的本土，它的流失速度卻是非常驚人。在我們的人際交往中，懂得使用表示敬意的雅語和舉止的人已經日漸稀少。作為民間最普遍、最隆重的婚禮、生日禮儀等慶典，正越來越失去民族特性、急劇地西化；而耶誕節、情人節等正日益成為中國年輕人的重大節日。作為民族文化表徵的禮儀、節日一旦全部西化，就表明本位文化已經被國民拋棄，它的消亡也就不會太遠了。炎黃子孫、有識之士，當知憂慮。

第三，中國古代禮樂文化中有許多高妙之處，可惜不為世人所認識，我們不妨以先秦的鄉射禮為例加以說明。作為有著五千年文明史的中國，古代有沒有體育精神？如果有，它與古希臘的奧運精神有何不同？這是2008年北京奧運會必須向全世界回答的重大問題。而在我們獲得奧運會的主辦權之前，幾乎沒有人考慮過。現在問題突然提出，不免令人感到手足無措。其實，中國至遲在春秋時代，民間就流行一種稱為鄉射禮的射箭比賽，它的比賽儀則，完整地記錄在《儀禮》的《鄉射禮》中。這是一種非常正規的競技運動，有長度固定的射道、嚴格的比賽規則。但是，評價一名射手，不僅要看他能否命中靶心，而且要看他形體是否合於音樂節奏，此外，還要求他處處禮讓競爭對手，正確對待失敗

等等，總之，要求他的身心與體魄和諧、健康地發展。這與早期奧林匹克運動片面強調體魄強健的理念判然有別，顯示著東方文明的特色。諸如此類，古代禮儀文化中還有很多，需要我們去發掘。

我們這一代人，曾經身逢「文革」之亂，深刻地感受到了這場文化浩劫的創痛。「文革」之後，孔子的名譽漸次得到恢復。自1989年起，總部設在中國的國際儒學聯合會，每五年舉辦一次紀念孔子誕辰的國際學術討論會，每次都有國家領導人到會致詞，並接見與會的知名學者，就是最有力的證明。毋庸置辯的是，孔子與禮樂文化是不可分的：沒有孔子就不可能有禮樂文化；反之，離開禮樂文化就不成其為孔子。肯定孔子，就必然要肯定禮樂文化。但是，當年的「批孔」運動，是以舉國之力、在全社會展開的，其惡劣影響至今未能徹底肅清，要使國民真正瞭解禮樂文化，還需要作很長時間的努力。

二十年前我讀研究生，選擇的研究方向就是禮學，孜孜於此，不敢旁騖，日日涵泳於《三禮》之中，在體味古代禮樂思想的精深與高妙的同時，每每感歎它在大眾面前正變得越來越陌生。因而常想，能否用淺近的語言，比較系統地將古代禮儀文明介紹給大眾呢？

經過一段時間的醞釀和準備，2001年春，我嘗試著給清華大學本科生開設了「中國古代禮儀文明」的選修課，居然受到學生的歡迎。不無巧合的是，當時適逢《文史知識》創刊二十周年，在參加紀念座談會時，時

任編輯部主任的胡友鳴先生對我說，《文史知識》曾組織專家寫過許多文化史的系列專題，唯獨沒有關於禮的專題，讀者對此反映強烈。他希望由我來做這項工作，以便讓更多的讀者瞭解中國古代禮儀文化。而我為了將「中國古代禮儀文明」這門課程建設好，也正想將講稿正式寫定。於是，雙方就將選題談定了。這是本書的緣起。

要將繁難的古禮寫成讀者易於接受的文字，是非常困難的工作。為此，每次撰作，不得不反覆斟酌，從紛繁的材料中選擇最重要的內容來介紹。按照編輯部的要求，我原則上每月要提交一篇文稿，以便連載。而我每寫一篇，至少要耗時一周，有時甚至需要十天，其中的甘苦真是難以表述。原計畫本書有三十個專題，由於我承擔的教學科研任務非常繁重，難以長期佔用四分之一到三分之一的時間來寫作本書，因而在連載了兩年多之後，不得不打住，這是需要向讀者朋友致歉的。未能完成的專題，只有留待它日了。

在本書各篇的連載過程中，收到許多讀者的來信，給我以親切的鼓勵和指教。編輯部的各位同志對每篇文稿的處理都非常仔細，精益求精；呂玉華先生擔任本書的責任編輯，從版式設計到圖文安排，無不親勞駢指，感人至深。在本書結集出版之際，我的研究生張煥君、林振芬、刁小龍、李莉等幫助校對文稿、選擇插圖，也都付出了辛勤的勞動。在此三申謝忱之意。

彭　林

Chapter 1

第一章————

禮是什麼

　　中國是禮儀之邦，古代文化是禮樂文化。因此，說到中國傳統文化，不能不說到禮。但是，禮在中國傳統文化中佔有什麼樣的位置，意見並不統一。在某些通史類著作中，禮往往被理解為典章制度而放在從屬的位置，就是最典型的例證。

　　1983年7月，著名史學大師錢穆先生向美國學者鄧爾麟談及中國文化的特點以及中西文化的區別，認為禮是中國傳統文化的核心。鄧氏認為錢穆先生所論十分精彩，是為之上了「一堂中國文化課」：

　　　　中國文化是由中國士人在許多世紀中培養起來的，而中國的士人是相當具有世界性的。與歐洲的文人不同的是，中國士人不管來自何方都有一個共同的文化。在西方人看來，文化與區域相連，各地的風俗和語言就標誌著各種文化。但對中國人來說，文化是宇宙性的，所謂鄉俗、風情和方言只代表某一地區。要理解這一區別必須理解「禮」這個概念。

　　在西方語言中沒有「禮」的同義詞。它是整個中國人世界裏一切習俗行為的準則，標誌著中國的特殊性。正因為西語中沒有「禮」這個概念，西方只是用風俗之差異來區分文化，似乎文化只是其影響所及地區各種風俗習慣的總和。如果你要瞭解中國各地的風俗，你就會發現各地的風俗差異很大。即使在無錫縣，蕩口的風俗也與我在戰後任教的榮鄉不同。國家的這一端與那一端的差別就更大了。然而，無論在哪兒，「禮」是一樣的。「禮」是一個家庭的準則，管理著生死婚嫁等一切家務和外事。同樣，「禮」也是一個政府的準則，統轄著一切內務和外交，比如政府與人民之間的關係，徵兵、簽訂和約和繼承權位等等。要理解中國文化非如此不可，因為中國文化不同於風俗習慣。

　　中國文化還有一個西方文化沒有的概念，那就是「族」。你可以說是家。在家裏「禮」得到傳播，但我們一定要區分「家庭」和「家族」。通過家族，社會關係準則從家庭成員延伸到親戚。只有「禮」被遵守時，包括雙方家庭所有親戚的「家族」才能存在。換言之，當「禮」被延伸的時候，家族就形成了，「禮」的適用範圍再擴大就成了「民族」。中國人之所以成為民族，因為「禮」為全中國人民樹立了社會關係準則。當實踐與「禮」不同之時，便要歸咎於當地的風俗或經濟，它們才是被改變的對象。（鄧爾麟《錢穆與七房橋世

圖1-1　錢穆像

界》，社會科學文獻出版社，1995，7頁）

錢先生最後對鄧氏說：「要瞭解中國文化，必須站到更高來看到中國之心。中國的核心思想就是『禮』。」

通觀古代典籍，可以發現儒家對禮的概念與功用的論述，往往因具體的語境不同而有不同的層次。

首先，禮是人類自別於禽獸的標誌。人是從動物界脫胎而來的，人與動物有共性，也有區別。人與動物的區別究竟是什麼，這是人們常常思考的問題。《禮記・冠義》：「凡人之所以為人者，禮義也。」《禮記・曲禮》說：「鸚鵡能言，不離飛鳥。猩猩能言，不離禽獸。今人而無禮，雖能言，不亦禽獸之心乎？夫唯禽獸無禮，故父子聚麀（一ㄡ）。是故聖人作，為禮以教人，知自別於禽獸。」作者認為，人與動物的根本區別不是語言的有無，而是禮。證明之一是動物沒有婚禮，所以「父子聚麀」，「麀」是雌鹿，即父子合用同一個性配偶，所以永遠是禽獸。而人懂得同姓不能通婚的道理，制定了婚姻嫁娶之禮，所以人類能夠不斷進化。唐人孔穎達說：「人能有禮，然後可異於禽獸也。」

人類最初的進食習慣也與動物無別。在進入文明時代之後，有些人的飲食習慣依然保留著明顯的動物性。在儒家制定的食禮中，有些與抑制人的動物性進食習慣有關。《禮記・曲禮》：「毋摶飯，毋放飯，毋流歠（ㄔㄨㄛˋ），毋吒食，毋嚙骨，毋反魚肉，毋投與狗骨，毋固獲，毋揚飯，飯黍毋以箸，毋嚃羹，毋絮羹，

毋刺齒，毋歠醢。」取飯時不要把飯搏成團，不要把手中的餘飯放回食器，喝湯時不要傾流不止，上菜時舌頭不要在口中作聲，不要把骨頭啃得有響聲，不要把咬過的魚肉放回食器，不要把肉骨扔給狗，不要專吃最好的食物，不要用手揚去飯的熱氣，吃黍時不要用錯餐具（要用匕，不可用筷子），吃羹時不要連羹中的菜都不嚼就吞下去，不要重調主人已調好味的羹，不要當別人面剔牙，不要重調主人已調好味的肉醬，如此等等，可謂詳盡之極。即使是吃飯，人也應該在舉手投足之際顯示出自己的修養，「知自別於禽獸」，這正是食禮中所隱含的禮義。

其次，禮是文明與野蠻的區別。這是更高一個層次的區別，是指族群與族群、或者國家與國家之間的區別，是人與人之間的區別。相傳孔子作《春秋》，以為萬世龜鑒。後人對於孔子為什麼要作《春秋》有很多討論。韓愈在他的名著《原道》中說：「孔子之作《春秋》也，諸侯用夷禮則夷之，進於中國則中國之。」他認為，一部《春秋》，講的無非是嚴夷夏之別。而夷夏之別無非是一個「禮」字。當時王綱界紐，周邊文化相對落後的民族乘機進攻中原。在此過程中，有些諸侯國不能保持既有的先進文化，反而被蠻風陋俗所化。對於這樣的諸侯國，只配把它當夷狄看待，因為它已經失去中原先進文明的資格。相反，有些夷狄之邦向慕中原文明，為之所化，則不妨將它們與中原的諸侯同等對待。韓愈認為，春秋亂世，本質上是文明與野蠻的鬥爭，即

「禮」者與「非禮」者，誰統治誰的鬥爭。而歷史的進步，往往是在文明戰勝野蠻之後。如果我們再讀《左傳》，對書中觸目皆是的「禮也」還是「非禮也」的史評就覺得十分自然了。

第三，禮是自然法則在人類社會的體現。孔子在回答魯哀公「君子何貴乎天道」之問時說：「貴其『不已』。如日月東西相從而不已也，是天道也；不閉其久，是天道也；無為而物成，是天道也；已成而明，是天道也。」籠照大地，哺育萬物，是人類的生命之源。它晝夜交替，寒往暑來，具有不可逆轉的力量。儒家看到了天地的永不衰竭的生命力和創造力，是為孔子的天道觀。宇宙永存，自然法則不可改變，是天然合理的。人類社會要與天地同在，就必須「因陰陽之大順」，順應自然規律，仿效自然法則才能生存。治國、修身之道只有與天道一致，才是萬世之道，所謂「天不變，道亦不變」，說的就是這個道理。儒家認為禮就是天道在人類社會的運用，儒家在禮的設計上，處處依仿自然，使之處處與天道相符，由此取得形而上的根據。《禮記·禮運》：「夫禮必本於天，動而之地，列而之事，變而從事，協於分藝。」《左傳》昭公二十五年記載了趙簡子與子大叔的大段對話。子大叔說：「夫禮，天之經也，地之義也，民之行也。」他詳細地說到禮如何「則天之明，因地之性」，「以象天明，以從四時」，是仿照自然法則而制定的，「故能協於天地之性」，所以是「上下之紀，天地之經緯」。《禮記·樂記》：「禮

者，天地之序也。」《左傳》文公十五年，季文子云：「禮以順天，天之道也。」《左傳》成公十六年，申叔時云：「禮以順時。」

第四，禮是統治秩序。古代中國在中央與地方、上級與下級，以及並列關係的處理原則，都用「禮」的形式來體現。如天子對於各諸侯國，要定期進行視察，以便瞭解下情，稱為「巡守禮」，《禮記・王制》：「天子五年一巡守，歲二月，東巡守至於岱宗，柴而望祀山川。……五月，南巡守，至於南岳，如東巡守之禮。八月，西巡守，至於西岳，如南巡守之禮。十有一月，北巡守，至於北岳，如西巡守之禮。」諸侯朝於天子曰「述職」，一不朝則貶其爵，再不朝則削其地，三不朝則六師移之。所以說，朝覲之禮是要明君臣之義。至於諸侯之間，則要定期聘問，以聯絡感情。這些禮制對於維繫一個幅員遼闊的王國，是必不可少的。

第五，禮是國家典制。國家典禮都是按照以人法天的原則制定的。天子與北極天帝相對應，天乙所居在紫微垣，則天子所居稱紫禁城。《周禮》設計出一套理想官制，設天地春夏秋冬六官，象徵天地四方六合。六官各轄六十職，共計三百六十職，象徵天地三百六十度。隋唐以後，這套制度成為歷朝的官制模式。稱職官制度為職官禮，稱軍政制度為軍禮，甚至連營造法式，也因品階官爵高下而異，處處包含等級制度，所以也是處處為禮。

第六，禮是社會一切活動的準則。儒家認為人的活

圖1-2　敦煌卷子紫微垣星圖
此卷抄寫時代約在晚唐或五代時期（約西元10世紀上半葉）。在中國古人眼裏，天上好比人間，尊卑有序，這就產生了頗具東方色彩的「三垣」。三垣是以北極星為中心，將星天劃為三大塊，即紫微垣為天帝的宮殿，太微垣為天宮政府官邸，天市垣為天帝率諸侯所幸都市。

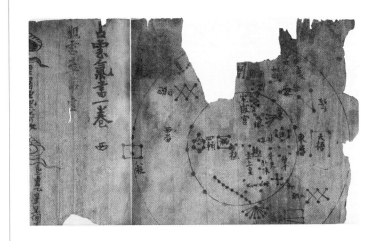

動，應該符合於「德」，要體現仁、義、文、行、忠、信的要求，為此，根據德的行為要求，制定為一套規範，也稱之為禮。如婚禮應該如何舉行，喪服應該如何穿著，對父母應該如何服侍，對尊長如何稱呼等等。儒家將倫理道德歸納為一系列準則，認為是社會活動中最合理的原則，《禮記・仲尼燕居》說：「禮也者，理也。」《禮記・樂記》說：「禮也者，理之不可易者也。」禮又是為政者不可須臾或離的大經大法，《左傳》隱公十一年：「禮，經國家、定社稷、序民人、利後嗣者也。」《左傳》僖公十一年：「禮，國之幹也。」《左傳》襄公二十一年，叔向云：「禮，政之輿也。」《左傳》昭公十五年，叔向云：「禮，王之大經也。」禮又是君子的立身之本，《左傳》成公十三年，孟獻子云：「禮，身之幹也。」在社會生活中，禮是衡量是非曲直的標準，是諸事之本，《禮記・曲禮》說：「道德仁義，非禮不成。教訓正俗，非禮不備。分爭辨

訟，非禮不決。君臣、上下、父子、兄弟，非禮不定。宦學事師，非禮不親。班朝治軍，蒞官行法，非禮威嚴不行。禱祠祭祀，供給鬼神，非禮不誠不莊。」道德為萬事之本，仁義為群行之大，人要施行道德仁義四事，不用禮則無由得成。要通過教人師法、訓說義理來端正其鄉風民俗，不得其禮就不能備具。爭訟之事，不用禮則難以決斷。君臣、上下、父子、兄弟等等的上下、先後之位，也必須根據禮才能確定。從師學習仕官與六藝之事，沒有禮就不能親近。班朝治軍，蒞官行法，只有用禮，才有威嚴可行。禱祠祭祀，供給鬼神，也只有依禮而行才能誠敬。

第七，禮是人際交往的方式。人與人交往，如何稱呼對方，彼此如何站立，如何迎送，如何宴飲等等，都有禮的規定。行為合於禮，是有教養的表現，反之則不能登大雅之堂。甚至在雙方並未見面，用書信交流時，也有特殊的禮貌用語。

禮的內涵是如此豐富，因此，儘管中國是禮儀之邦，但是沒有人可以用「一言以蔽之」的方法給「禮」下一個定義。已故著名禮學家錢玄先生說，禮的「範圍之廣，與今日『文化』之概念相比，或有過之而無不及」，因此，禮學實際上就是「上古文化史之學"，「今試以《儀禮》、《周禮》及大小戴《禮記》所涉及之內容觀之，則天子侯國建制、疆域劃分、政法文教、禮樂兵刑、賦役財用、冠昏喪祭、服飾膳食、宮室車馬、農商醫卜、天文律曆、工藝製作，可謂應有盡有，

無所不包。其範圍之廣，與今日『文化』之概念相比，或有過之而無不及。是以三禮之學，實即研究上古文化史之學」（《三禮辭典・自序》）。錢先生的看法很有見地。「文化」一詞，究竟如何下定義，據說迄今已有不下兩百種說法，無法定於一說。中國的「禮」，實際上是儒家文化體系的總稱。

Chapter 2

第二章 —————

禮緣何而作

　　談到古代社會的生活習俗，人們常常用到「禮俗」一詞。實際上，禮是禮，俗是俗，兩者是有區別的。一般來說，禮通行於貴族之中，即「禮不下庶人」；庶人則只有俗，即所謂「民俗」。但是，兩者又有密切的淵源關係。這裏，擬從「禮源於俗」作一簡要梳理。

　　什麼是俗？《說文解字》云：「俗，習也。」是指生活習慣。東漢鄭玄對此作了進一步的解釋：「俗謂土地所生習也。」（《周禮‧地官‧大司徒》鄭玄注）「土地」是指人們的生存環境，包括地理、氣候、人文等各種要素在內。人們在各自特定的環境中生活，久而久之，就形成了各自的習俗。《禮記‧王制》對四方的風俗作了如下的描述：「東方曰夷，被髮文身，有不火食者矣。南方曰蠻，雕題交趾，有不火食者矣。西方曰戎，被髮衣皮，有不粒食者矣。北方曰狄，衣羽毛穴居，有不粒食者矣。」東方、南方都是近海之地，為了避免蛟龍的傷害，人民有紋身的習慣。題，指額頭。雕題即用丹青雕畫額頭，也是紋身的一種。他們生食蚌

圖2-1　黃帝像

蛤，不避腥臊。西方不產絲麻，多食禽獸，故以獸皮為衣，又因天寒不產五穀，所以「不粒食」。北方多鳥，故人們以羽毛為衣，又因林木稀少，所以多穴居。環境的多樣性造成了民俗的多樣性。

　　從考古材料看，早在新石器時代，中國各地的民居、葬式、食物、器形、服飾等，都有明顯的地域性。這一時期的風俗，具有濃厚的原始性。如在大汶口文化地區，流行拔除一對上頜側門齒的風俗，而且頭部後枕骨都經過人工畸形；女性口內多含小石球，致使臼齒嚴

重磨損，腐蝕到齒冠、齒根，甚至將齒列擠向舌側，使齒槽骨萎縮。這可能與某種原始信仰或審美情趣有關。這是很典型的遠古風俗的例證。

隨著社會的進步，各地的風俗走入了不同的流向：有損於人類健康的蠻風野俗，被人們自覺地揚棄了；某些落伍的風俗則為新的風俗所替代；還有一部分風俗，頑強地留存於社會中，繼續發生影響。直到商代，儘管已經產生了高度發達的青銅文明，古代野蠻、落後的風俗依然籠罩著整個社會。最明顯的例子有二，一是事無大小，都要占卜。占卜的習俗，至遲在龍山文化時期即已出現，事隔千年，它不僅沒有消失，反而成為殷王執政的重要工具。二是人祭和人殉的盛行。人祭是將活人殺死，作為祭祖的供品，這是食人之風的延續。人殉是用活人陪葬，與人祭性質相同。這類弊俗，無疑是社會發展的障礙。

西元前11世紀，武王伐紂，建立了周王朝。兩年後，武王去世，周公攝政。周公親身參加了伐紂的偉大鬥爭，目睹了強大的殷王朝一朝覆亡的場面。作為傑出的政治家，他不能不思考：在這一重大歷史事件的背後，是不是天命在冥冥中起著作用？周人怎樣才能長治久安？周公分析了殷代列王的為政之道，得出了殷亡於「失德」的結論。有鑒於此，周公提出了施行「德政」的政治綱領。而要保證「德政」的實施，首先是要建立一套全新的政治制度。其次是要為統治者制訂一套系統的行為規範。二者可以統稱為「禮」。這是一場比武王

克商意義還要重大的革命。

周公制禮和作樂，是建立古代中國人文精神的重要開端，其後經過孔子的提倡和荀子的發揮，「禮」形成一個博大的體系，不僅包括政治制度，而且包括道德標準和行為準則。禮不再是僅僅對統治者的要求，也是對有知識的「君子」的要求，成為全社會成員取齊的標準。

風俗的轉換要比政權的轉換困難得多，也複雜得多。如何移風易俗？儒家認為，應該「因俗制禮」，即盡可能利用現有風俗的形式和內在的合理部分，再加整理、提高，注入新的精神，如此方可使人民喜聞樂見，被其所化。因此，《周禮》大司徒之官政之法有幾條很重要的原則：一是「辨五地之物生」。全國的土地就地貌而言，可以大體分為山林、川澤、丘陵、墳衍、原隰等五類，其物產及居民的體質特徵也各不相同。這是為政者首先要分辨的。二是「因此五物者民之常，而施十有二教焉」，辨明上述五類地區，目的在於摸清各自的風俗，然後才可以因藉而施以陽禮、陰禮等「十二教」。三是「以本俗六安萬民」，本俗是指舊俗，要沿襲當地原有的宮室、族葬、衣服等六類舊俗，使人民安於其居。這三條是向萬民施教的前提。以此為基礎，再在鄉、州、黨、族、閭、比等每一級行政區內設置庠、序等教育機構，把儒家的理想和倫理道德化解在各種禮儀之中，如冠禮、婚禮、士相見禮、鄉飲酒禮、鄉射禮等等，使人們在喜聞樂見的儀式中，接受禮的薰陶。

如前所述，為政得失，要看人民的反應，這無疑是巨大的歷史進步。但是，尊重人，並不意味著人具有與生俱來的真善美。恰恰相反，人是從動物進化來的，因此，在人的身上不可避免地會殘留著動物的習性。人類要進步，就必須自覺地剔除違背文明的動物習性，這就需要禮。《禮記·曲禮》云：「鸚鵡能言，不離飛鳥；猩猩能言，不離禽獸。今人而無禮，雖能言，不亦禽獸之心乎！……是故聖人作，為禮以教人，使人以有禮，知自別於禽獸。」從這一點出發，就要求人們將帶有動物性的風俗向文明時代的禮靠攏。

比如，人類初期的婚姻雜交亂媾，不問血緣。到西周時，儘管一夫一妻制已經確立，但對偶婚的殘餘依然存在，「在男女生活上、婚姻形態上更是自由、活潑與放任」（楊向奎《宗周社會與禮樂文明》，人民出版社，1997）。為了移易這類陋俗，儒家制定了婚禮，規定了婚配的手續和儀式，並對雙方的血緣關係作了嚴格的限定。《禮記·曲禮》云：「取妻不取同姓，故買妾不知其姓，則卜之。」中國人很早就認識到「男女同姓，其生不蕃」（《左傳·僖公二十三年》）的道理，將「不取同姓」作為禮規定下來。

禮要培養人的健康的情感。人有喜怒哀樂，禮的作用在於，使之「發而皆中節」（《中庸》），即恰到好處，而不對別人造成傷害，於是便有相應的種種規定。如喪事，古人重喪，以喪為禮之大端。人喪其親，痛不欲生，哀毀無容。作為鄰里、朋友，不應視而不見，

我行我素，而應依禮助喪，至少要有悲戚、惻隱之心。《禮記‧曲禮》對此有很詳細的規定，如：「鄰有喪，舂不相；里有殯，不巷歌。」古人舂米，喜歡唱送杵的號子，當鄰里有殯喪之事時，就應該默舂，不在巷中歌唱，以示同哀之心。「望柩不歌」，望見靈柩，哀傷頓生，自然不歌。「臨喪不笑」，臨喪事，宜有哀色，笑則傷孝子之心。「適墓不登壟」，進入墓區，切不可踩墳頭，這樣最無敬重之心。如此之類，不勝枚舉。

綜上所述，儒家在如何建設周代社會的問題上，沒有按照殷代的模式，再「克隆」出一個王朝，而是要創造出一個人本主義的社會。為了實現平穩過渡，他們一方面刻意保留各地的基本風俗，如房屋的形制、食物的種類、衣服的樣式等；另一方面則通過推行各種形式的禮，來移風易俗，走近文明。從周代開始，禮樂文明就成為中華文明的主要特徵，並綿延兩千餘年。

中華文明，在古代即已聲播海外，這種傳播不是靠武力，而是靠文明本身的力量。當海外的遣唐使、留學生到達長安時，最令他們欽羨的，是先進的禮樂制度、衣冠文物。他們將它引入本國，加以仿效，希望「進於中國」。應該肯定，中國的禮樂文明對於改變這些地區的陋俗，加速向文明的演進，起了重要的作用。

從俗到禮，是中國上古文明的一次重大飛躍，奠定了中華文明的底蘊，並賦予它鮮明的特色。這是我們的祖先對世界文化所作出的重要貢獻，值得我們思考和總結。

　　禮緣人情而作。大凡政治家在提出其社會學說時，為使其學說具有最強的針對性，往往著意尋求人類最普遍的特點。儒家對禮的理論探索，是從研究治世之道開始的。「上不以其道，民之從之也難」，「凡動，必順民心，民心有恆」。《尊德義》說：「聖人之治民，民之道也。禹之行水，水之道也。造父之御馬，馬之道也。後稷之藝地，地之道也。莫不有道焉，人道為近。」儒家沒有將人的血統、地域或種族的特徵，而是將人性作為其治世之道的基礎，認為要建立和諧的社會秩序，就必須順應人性。所謂人性，如同水、馬、土地的特性，是與生俱來的自然屬性，「四海之內，其性一也」，是人類最普遍的特徵。對人性的把握，可以推己及人，並上推命與天道，而知所當施行的人道。

　　儒家將人性作為治道的基礎和主體，提出「道始於情，情生於性」的理路，禮治思想發端於人情，「禮因人情而為之」。情是性的外顯，情與性相為表裏，道始於情就是始於性。所謂人性，即《大戴禮記・文王官人》所說「民有五性，喜怒欲懼憂也」。

　　儒家高揚人性，是對周公、孔子以來，周代人本主義思想的傳承與發展。武王克商、殷周革命之後，周公鑒於紂王失德亡國的教訓，提出「明德慎罰」的口號，要求統治者「無於水監，當於民監」，奠定了人本主義的基礎。孔子深化了周公的思想，倡行「仁」的學說，提出「仁者，人也」，「仁者，愛人」的論題。而要愛人、以人為本，就必須尊重人性。《尊德義》說「民可

導也，而不可強也」，「可導」的是人性，「不可強」的也正是人性。

子思學派從兩個方面對孔子的天道觀作了發展：其一，認為天不僅是宇宙的主宰，而且是萬物之「道」的淵源。「知天所為，知人所為，然後知道，知道然後知命」。「聖人知天道也。知而行之，義也。行之而時，德也」。天道無所不在，天道形諸於地，即為地道；形諸於水，即為水道；形諸於馬即為馬道；形諸於人，即為人道。因此，人性得自天命，人性即是天性。其二，是將性與天道相打通，不僅說明了人性的來源，而且為人性說取得了形而上的依據，儘管其中少有玄學的成分，但卻有重要的理論意義。

《禮記·大傳》云：「聖人南面而治天下，必自人道始矣。」《大戴禮記·禮三本》云：「禮有三本，天地者，性之本也。」《大戴禮記·子張問入官》云：「故君子蒞民，不可以不知民之性，達諸民之情，既知其以生有習，然後民特從命也。」《中庸》云：「唯天下至誠，為能盡其性；能盡其性，則能盡人之性；能盡人之性，則能盡物之性；能盡物之性，則可以贊天地之化育；可以贊天地之化育，則可以與天地參矣。」《禮記·禮器》：「天道至教，聖人至德。」《禮記·禮運》：「故禮義也者，……所以達天道、順人情之大竇也。」朱子說《中庸》立言之旨在於說明「道之本原出於天而不可易」，可謂深得其要。

《中庸》「率性之謂道」，意即遵循常人之性，庶

幾乎就是道。儒家重親親之道，以孝悌為本，亦即以人性為本。《六德》云：「先王之教民也，始於孝悌。」《成之聞之》云：「君子順人倫以順天德。」

儒家認為，所謂性，實際上是一種輸出「情」的功能。性是人人都具有的「喜怒哀悲」之類的生物屬性。喜怒哀悲之情以性為棲身之處，在沒有外物影響時，深藏不露。一旦感於外物，深藏於性的情就會外顯，情是外物作用於性的結果。所以說「好惡，性也。所好所惡，物也」。

情性與物，並非只是單向的直線反射關係，其間有「志」的作用。《性自命出》云：「凡心有志也。」在物誘情出的過程中，「志」具有樞紐的作用。

《詩序》云：「在心為志。」《荀子・解蔽》：「志也者，藏也。」《為政》皇疏：「志者，在心之謂也。」朱熹云：「志者，心之所之之謂。」在情的外發過程中，有兩種因素決定情的方向或差異。一是物與性相交的程度。外力的強弱、疏密等因素，足以影響到情的走向。二是心在物、性交流過程中的導向作用。心為萬慮之總，「權然後知輕重；度然後知長短；物皆然，心為甚」。心對外物的感知與取向，主導著情的走向。心之所之，決定情之所之。君子成德，離不開志的作用，所以說「德弗志不成」。

《成之聞之》對心理定式作了極為真實、精彩的描述：「凡人雖有性，心無定志，待物而後作，待悅而後行，待習而後定。」心志要待物的作用而後作，作，興

起也。心志對物之誘情會進行判斷，只有感到「悅」，「快於己者之謂悅」，也就是樂於接納之，心志才會起而行之。這種悅而行之的過程經過多次的「習」，也就是重複，而後就會「定」，即形成心理定式，成為今後判斷外物的經驗。

這裏有一個很重要的論題：「凡人雖有性，心無定志」，即心之所之，具有不確定性。在惡言惡行的作用下，心之所之往往會偏而向之；而在善言善行的作用下，心之所之有時卻未必偏而向之。人的心理定式未必都正確。如果不能把握心志，就難以確保人性向德行的轉換。為了使心志能將情性導向正確的方向，一是避免接觸足以將情性引向邪途的惡物，即慎交遊的思想。二是在與惡物的接觸不可避免時，要著力扶正志的方向。

《保傅》認為，在太子「心未定」，即心志未形成定式之時，逐去邪人，使太子「目見正事，聞正言，行正道，左視右視，前後皆正人」。太子少長及成人，要使太子「習與智長」，「化與心成」，能「中道若性」。擇居處，慎交遊，以正心志，成為儒家的普遍原則。《文王官人》則反覆討論「志」與君子修養的關係，認為志的正邪、強弱，與德行高下直接相關，因而不僅提出加志、養志、考志、探志的問題，而且提出觀志和考志的方法。

儒家重教育，有其心性論方面的原因。《性自命出》云：「四海之內，其性一也。其用心各異，教使然也。」因此，儒者的責任就是因性明教。《六德》

云：「作禮樂，制刑法，教此民爾，使之有向也。」此「向」，即心志之向。

　　《詩》教的問題。孔子以《詩》為六藝之一，教授弟子。《詩序》云：「發乎情，止乎禮義。發乎情，民之性也。止乎禮義，先王之澤也。」也以心性論說解《詩》旨。《詩》言志，《詩》以導志，志以導情。朱熹屢以子思之說解《詩》教之旨，《論語・八佾》：「子曰：『《關雎》樂而不淫，哀而不傷。』朱子《集注》：「淫者，樂之過而失其正者也。傷者，哀之過而害於和者也。……有以識其性情之正也。』」《詩》本性情，有邪有正。其為言既易知，而吟詠之間，抑揚反覆，其感人又易入。故學者之初，所以興起其好善惡惡之心而不能自已者，必於此而得之。」朱熹以《詩》教之旨在導性情之正，即導心志之正，至確。

　　人的性情固然有其合理的一面，但也有容易失控的一面。心志正則性情亦正。但性情雖正，又有所發性情是否適度的問題，喜怒哀樂之情，或尚不足，或嫌過度，雖是出於天性，情有可原，卻決非合於天道。儒家制禮，意在使人的性情得其正，「齊之以禮者，使之復於正也」。適度把握性情，才是把握了禮的真諦。《禮記・檀弓下》有子與子游的問答之語，論述儒家之禮與戎狄之道的區別。有子不理解儒家喪禮的禮義，認為「情在於斯，其是也夫」，率性直行即可，喪禮關於「踊」的規定是多餘的。子游認為，直情而徑行是「戎狄之道」，儒家的禮道「不然」。子思認為禮

有「微情者」和「以故興物者」兩種情況，根據鄭注，所謂「微情者」，是指哭踊之節；「以故興物者」，是指衰絰之制。賈疏云「若賢者喪親，必致滅性，故制使三日而食，哭踊有數，以殺其內情，使之俯就也」。「若不肖之屬，本無哀情，故為衰絰，使其睹服思哀，起情企及也」。可見，喪禮的作用，一方面是要殺減過情者的悲傷，以免以死傷生；另一方面，是要提升不肖者的哀傷之情，身穿喪服，使之時時意識到正在喪期之中，喚起其哀痛。總之，是要使過者與不及者都回到情感之「中」的位置。子游接著說：「人喜則斯陶，陶斯詠，詠斯猶，猶斯舞，舞斯慍，慍斯戚，戚斯歎，歎斯辟，辟斯踊矣。品節斯，斯之為禮。」人的喜慍之情，分別有不同的層次：喜有陶、詠、猶、舞，慍有戚、歎、辟、踊。禮要求人們將情感控制在恰如其分的層次，如喪禮中最哀痛時踊即可，而且每踊三次，三踊而成。若不加節制，情緒失控，不僅無法完成喪葬之禮，甚至可能毀性喪身，這當然是死者所不希望見到的。鄭注云「舞踊皆有節，乃成禮」，是說禮必有節文。子游則更為明確地說到「品節斯，斯之謂禮」，賈公疏云：「品，階格也。節，制斷也。」品是情感的層次，已如上言。節是儀節的裁斷，如失親至痛，哀思無期，但不能沉溺不起，所以制禮者將喪期斷為三年，自此恢復正常生活，也是防止哀痛過度。可見，禮文是對於人的情感的合理限定。

《禮記》中用節文來解釋禮的文字，可謂比比皆

是。如「禮者，因人之情而為之節文」；「始死，三日
不怠，三月不解，期悲哀，三年憂，恩之殺也。聖人因
殺以制節。此喪之所以三年，賢者不得過，不肖者不得
不及，此喪之中庸也」；「喪禮，哀戚之至也。節哀，
順變也」。孔疏：「既為至極，若無節文，恐其傷性，
故辟踊有節算，裁節其哀也」；「辟踊，哀之至也。有
算，為之節文也。」

　　《中庸》云：「喜怒哀樂之未發謂之中，發而皆中
節謂之和。中也者，天下之大本也。和也者，天下之達
道也。致中和，天地位焉，萬物育焉。」子思將中、和
作為天下的「大本」和「達道」，作為宇宙間最普遍的
原則。所謂道、禮，就是合於大本和達道的情性與行
為，所以孔子說：「道之不行也，我知之矣，知者過
之，愚者不及也。道之不明也，我知之矣，賢者過之，
不肖者不及也。」（《中庸》）中庸之道，就是萬物得
其中、得心性之中。《性自命出》云：「教，所以生德
於中者也。」《中庸》云「修道之謂教」，朱子《集
注》：「修，品節之也。性道雖同，而氣稟或異，故不
能無過不及之差。聖人因人物之所當行者而品節之，
以為法於天下，則謂之教，若禮、樂、刑、政之屬是
也。」朱子《論語集注》：「《詩》以理情性，《書》
以道政事，禮以謹節文。」又如《論語·雍也》：「中
庸之為德也，其至矣乎！民鮮久矣。」朱子《論語集
注》：「中者，無過無不過之名也。」最為的當之論。

　　始者近情，終者近義。儒家的禮學思想扼要歸納

27

為：禮根植於人性，故禮能體現人類最普遍的特性。人性得自天道，故有天然的合理性。情未發謂之性，性既發謂之情。志藏於心，心之所之為志。在物誘情出的過程中，志決定情的擺向。為對情有正確的導向，需要通過教育來端正心志，形成正確的心理定式。但是，即使心志與性情都端正而無所偏斜，而「度」的把握不當，不能「得其中」，則仍未合於天道。只有將情控制在無過無不及的層次上，才合於天道。為此，要用節文來齊一性情，使人性合於理性，節文就是禮的具體形式。如果用一句話來表示由情到禮的過程，那就是「始者近情，終者近義」。亦即《詩序》所說的「發乎情，止乎禮義」。

Chapter 3

第三章

禮的分類

在古代中國，禮深入到社會的每一個層面，因而禮
的名目極為繁冗，《中庸》有「禮儀三百，威儀三千」
之說。為了使用與研究的方便，需要提綱挈領，對紛繁
的禮儀進行歸類。《尚書・堯典》說堯東巡守，到達岱
宗時，曾經「修五禮」，《尚書・皋陶謨》也有「天秩
有禮，自我五禮有庸哉」的話，但都沒有說是哪五禮。
《周禮・春官・大宗伯》將五禮坐實為吉禮、凶禮、軍
禮、賓禮、嘉禮。由於《周禮》在漢代已經取得權威地
位，所以其五禮分類法為社會普遍接受。後世修訂禮
典，大體都依吉、凶、軍、賓、嘉為綱，如北宋禮典就
稱《政和五禮新儀》。實際上《明會典》、《大清會
典》也是如此，只是沒有冠以五禮的名稱。受此影響，
朝鮮王朝的禮典也稱為《國朝五禮儀》。

一、吉禮

　　吉禮是指祭祀之禮。古人祭祀為求吉祥，故稱吉禮。《周禮・春官・大宗伯》說「以吉禮祀邦國之鬼、神、（示）」，將祭祀對象分為人鬼、天神、地示等三類，每類之下再細分為若干等。

　　天神　受祭的天神不僅很多，而且有尊卑之別，《周禮》分之為三等。第一等是昊天上帝，或稱天皇大帝，為百神之君、天神之首。古代只有天子可以祭天，諸侯有國，但不得祭天。祭天是國家最重大的典禮。每年冬至，天子在國都南郊的圜丘，用「禋（一ㄣ）祀」祭昊天上帝。祭天的儀式經過精心設計，一名一物，無不含

圖3-1　隋文帝祈雨圖

有深意。例如天為陽，而南方為陽位，所以祭天的地點要在南郊；天圓地方，所以祭天之壇要建成圓形；冬至是陰盡陽生之日，所以祭天必須在冬至，等等。

第二等是日月星辰。日月星辰附麗於天，垂象著明莫過於日月，日月之明就是天之明，所以必須祭祀；「星辰」是指「五緯」（金、木、水、火、土五大行星）、十二辰和二十八宿，是與民生關係最為密切的天體。祭日月星辰用「實柴」之祀。

第三等是除五緯、十二辰、二十八宿之外，凡是職有所司、有功於民的列星，如司中、司命、風師、雨師等。司中主宗室；司命（文昌宮的第五、第四星）主壽；風師是指箕星，雨師是指畢星，主興風降雨。祭這一類星用「槱（一ㄡˇ）燎」之祀。後世祭典中，星辰入祀的範圍不斷擴大，司民、司祿、分野星、房星、靈星、農星、太歲等也都成為致祭的對象。

對上述三類天神的祭祀方式，同中有異。相同之處是，禋祀、實柴、槱燎之祀都是燃燒堆積柴薪，使煙氣上聞於天神。但陳放在柴薪之上的祭品，依神的尊卑而有差別：禋祀用玉、帛、全牲；實柴之祀只有帛沒有玉，牲體是經過節解的；槱燎之祀只有節解的牲體。

這裏還要提到雩（ㄩˊ）祭。農業時代危害人民最多的是旱災，古人希望風調雨順，五穀豐登，因而有祈穀於天的雩祭。雩祭分為「常雩」和「因旱而雩」兩種。常雩是固定的祭祀，即使沒有水旱之災，屆時必祭。常雩的時間，《左傳》桓公五年說是「龍見而

圖3-2 北京天壇，明清兩代
舉行祭天儀式的地方

圖3-3 北京房山高莊的求雨
廟

雩」。所謂「龍見」，是指蒼龍七宿在建巳之月（夏曆四月）昏時出現於東方，此時萬物始盛，急需雨水，故每年此時有雩祭。因旱而雩是因發生旱災而臨時增加的雩祭，一般在夏、秋兩季。冬天已是農閒，無旱災之虞，所以《穀梁傳》說「冬無為雩也」。

雩祭之禮，天子、諸侯都有。天子雩於天，稱為「大雩」；諸侯雩於境內山川，只能稱「雩」。大雩在南郊之旁築壇，用盛樂、歌舞，稱為「舞雩」，《公羊傳》桓公六年何休注「使童男女各八人，舞而呼雩」，即是指此。雩祭的對象，除上天外，還有「山川百源」（《禮記・月令》），即地面上所有的水源。

地示　對地示（祇的本字）的祭祀，也依照尊卑分為三等。第一等是社稷、五祀、五岳，用血祭祭祀。所謂血祭，是用祭牲的血澆灌於地，使其氣下達，及於地神。社是土神，稷是百穀之主，五祀是五行之神，五岳指東岳岱宗（泰山）、南岳衡山、西岳華山、北岳恒山、中岳嵩山，被認為是天下五方的鎮山。

第二等是山林、川澤，用貍沈之祭。祭山林叫「貍」，祭川澤叫「沈」。貍即「埋」字，將犧牲、玉帛埋入土中，表示對土地、山林之神的祭奠。沈通「沉」字，是將犧牲、玉帛沉入川澤，以表示對川澤之神的祭奠。文獻中不乏用「沈」的方式祭河神的記載，如《左傳》襄公十八年，晉伐齊，渡河前，獻子在玉上繫以紅絲繩，祈禱於河神，然後「沈玉而濟」；《左傳》定公三年，蔡昭侯從楚國回來，經過漢水時，「執

玉而沈」等皆是。

此類祭祀的對象還有社稷、城隍、四方山川、五祀、六宗等。據《周禮·小宗伯》，王郊祭之後，還要望祭五岳、四瀆、四鎮。四瀆指江、河、淮、濟四條大河。四鎮指揚州的會稽山、青州的沂山、幽州的醫無閭、冀州的霍山，是四方的鎮山。五岳、四鎮、四瀆各據一方，相隔遼遠，難以一一往祭，所以在都城的四郊設壇，遙望而祭之，故稱望祭。諸侯只能祭祀封地內的名山大川，所以自古有「祭不越望」之說。

第三等是四方百物，用疈（ㄆㄧˋ）辜之祭。四方百物，是指掌管四方百物的各種小神。疈是剖祭牲之胸，辜是將剖過的牲體進一步分解。這類祭祀對象有如戶、灶、霤（ㄌㄧㄡˋ）、門、行等「五祀」。《禮記·月令》說，春祀戶，夏祀灶，中央祀中霤，秋祀門，冬祀行。五者與人們生活最為密切，厚於民生，應該報其功，所以要祭五者之神。

人鬼　人鬼之祭，主要是對祖先的祭祀。祭必於廟，周制，天子七廟，諸侯五廟，大夫三廟，士一廟。《詩·小雅·天保》說：「禴（ㄩㄝˋ）祠嘗烝（ㄓㄥ），於公先王。」禴、祠、嘗、烝分別是春、夏、秋、冬四時的祭名，不同的文獻所記略有小異，如禴或作礿（ㄩㄝˋ），祠或作禘（ㄉㄧˋ）。所謂四時祭，就是每逢歲時之首，用時令蔬果祭祖。天子廟數眾多，難以在一日之內遍祭，所以又有祫和祫（ㄒㄧㄚˊ）的區別。《禮記·王制》說：「天子祫礿，祫禘、祫嘗、祫烝。」

牷，即「特」字，是單獨的意思；牷祠，是說春祭是對群廟一一祭祀的。祫是合祭，就是將群廟的廟主集中在太祖廟致祭；夏、秋、冬三祭是祫祭。

對父祖的祭祀還大量集中在喪禮中，有奠、虞、卒哭、祔（ㄈㄨˋ）、小祥、大祥、禫（ㄉㄢˋ）等名目，相當複雜。後世的人鬼之祭，並不限於先祖，還包括歷代帝王、先聖先師、賢臣、先農、先蠶、先火、先炊、先醫、先卜等。有關的情況，將另立專題介紹。

二、凶禮

《周禮・春官・大宗伯》說：「以凶禮哀邦國之憂。」凶禮是指救患分災的禮儀，包括荒禮和喪禮兩大類，細目則有喪禮、荒禮、吊禮、禬（ㄍㄨㄟˋ）禮、恤禮等五種。

喪禮　某國諸侯新喪，則兄弟親戚之國要依禮為之服喪，以志哀悼，還要派使者前往弔唁，贈送助喪用的錢物等，都有特定的禮儀。喪禮是古代禮儀中最為重要的禮儀之一，其核心是通過對死者遺體的處理，來表達對死者的敬愛之情。與喪禮密不可分的是喪服制度，根據與死者的親疏關係，有斬衰（ㄘㄨㄟ）、齊衰、大功、小功、緦麻等五種喪服，以及從三年到三月不等的服喪時間。因涉及的問題相當複雜，需要另文介紹。

荒禮　荒是指年穀不熟，也就是通常說的荒年。《逸周書・糴（ㄉㄧˊ）匡》將農業豐歉分為成年、年儉、年饑、大荒等四種情況。《周禮》所說的荒，還包括疫病流行在內。當鄰國出現災荒或傳染病，民眾面臨生存危機時，應該用一定的方式表示同憂，如《禮記・曲禮》所說「歲凶，年穀不登，君膳不祭肺，馬不食穀，馳道不除，祭事不縣，大夫不食粱，士飲酒不樂」。或者直接貸給饑民糧食，《國語・魯語》：「國有饑饉，卿出告糴，古之制也。」《左傳》襄公二十九年，鄭國發生饑荒，鄭子皮「餼國人粟，戶一鐘」。或者移民通財，《孟子》梁惠王說：「河內凶，則移其民於河東，移其粟於河內。河東凶亦然。」

吊禮　鄰國遭遇水火之災，應該派使者前往吊問。魯莊公十一年秋，宋國發生大水，魯君派人前往慰問，說：「天作淫雨，害於粢（ㄗ）盛，如何不吊？」《左傳》成公三年二月甲子，新宮（宣公之廟）災，「三日哭」。《穀梁傳》：「三日哭，哀也，其哀禮也。」《漢書・成帝本紀》，河平四年三月，對因「水所毀傷困乏不能自存者，財振貸。其為水所流壓死，不能自葬，令郡國給槥櫝葬埋。已葬者與錢，人二千」。《宋史・徽宗本紀》，崇寧三年二月丁未，置「漏澤園」，瘞（ㄧˋ）埋人骨，無使暴露。

檜禮　檜是會合財貨的意思。鄰國發生禍難，發生重大物質損失，兄弟之國應該湊集錢財、物品以相救助。《春秋》襄公三十一年冬，「會（檜）於澶淵，宋

災故」。《穀梁傳》云：「更宋之所喪財也。」意思是說補充宋國因災禍而喪失的財物，使之儘快恢復正常的社會生活。

恤禮　恤是憂的意思。鄰國發生外患內亂，應該派遣使者前往存問安否。

儒家對荒禮提出的「散禮」、「薄征」、「緩刑」、「勸分」、「移民通財」等一系列原則，兩漢政府曾具體加以運用。漢高祖二年六月，關中大饑，米價每斛萬錢，民人相食，政府移民通財，「令民就食蜀漢」。漢文帝頒令，凡遇大災，百姓可蠲（ㄐㄩㄢ）免租稅，稱為「災蠲」。成帝又開入粟助賑者賜爵的先例。光武帝建武五年夏四月，旱災、蝗災並起，迫於饑餓而觸犯法律者甚多。五月丙子下詔：「非犯殊死，一切勿案，見徒免為庶人。」寬赦緩刑，以示哀矜。後漢順帝永建三年正月，京師地震，乃下詔散利，年七歲以上的受傷害者，每人賜錢二千。經過歷代政府不斷完善，救荒賑災成為重要禮制之一。

三、軍禮

軍與征戰相關，也列入禮的範圍有兩方面的理由。從理論上講，王者以禮治國，使天下歸於大同，必然會受到內部和外部的干擾，甚至兵火的威脅，因此《禮記・月令》說，需要命將選士，「以征不義，詰誅暴慢，以明好惡，順彼遠方」。禮樂與征伐，猶如車之兩

輪，缺一不可。

此外，軍隊的組建、管理等，也都離不開禮的原則。例如軍隊的規模，天子為六軍，根據禮有等差的原則，諸侯的軍隊不得超過六軍，而必須與國力相稱，大國三軍，次國二軍，小國一軍。當時的軍力往往用戰車的多少來衡量，所以又有天子萬乘、諸侯千乘、大夫百乘的說法。軍隊必須按照禮的原則，嚴格訓練，嚴格管理，《禮記·曲禮》說：「班朝治軍，蒞官行法，非禮威嚴不行。」

上古有《司馬法》一書，記述當時的軍禮，可惜已經失傳，研究者只能退而從《周禮》的記載來推求其概貌。《周禮·春官·大宗伯》中的軍禮，包括大師之禮、大均之禮、大田之禮、大役之禮、大封之禮五種。

大師之禮 大師之禮，是指天子親自出征的禮儀。天子御駕親征，威儀盛大，是為了調動國民為正義而戰的熱情，所以《周禮》說：「大師之禮，用眾也。」鄭玄注說：「用其義勇也。」

大均之禮 據《周禮·地官·小司徒》，古代的軍隊建制，以五人為一伍，五伍（二十五人）為一兩，四兩（一百人）為一卒，五卒（五百人）為一旅，五旅（二千五百人）為一師，五師（一萬二千五百人）為一軍。國家根據這一建制「以起軍旅」（徵兵），同時「以令貢賦」（分攤軍賦），也就是說，應徵的士兵必須自備車馬、盔甲等。這種做法，是與當時兵農合一的社會狀況相適應的，出則為兵，入則為民。大均之禮意

在平攤軍賦，使民眾負擔均衡。唐宋以後，隨著社會的變化，軍禮中不再有這一條。

　　大田之禮　古代諸侯都親自參加四時田獵，分別稱為春蒐（ㄙㄨ）、夏苗、秋獮（ㄒㄧㄢˇ）、冬狩，故稱大田之禮。田獵的主要目的，是檢閱戰車與士兵的數量、作戰能力，訓練未來戰爭中的協同配合。

　　大役之禮　大役之禮，是為了營造宮邑、堤防等而役使民眾。大役之禮要求根據民力的強弱分派任務，這也就是孔子所說的「為力不同科」的思想。

　　大封之禮　諸侯相互侵犯，爭奪對方領土，使民眾流離失所。當侵略一方受到征討之後，要確認原有的疆界，聚集失散的居民。古代疆界都要封土植樹，故稱大封之禮。

　　天子親征是一件重大的事件，《禮記・王制》說，出征前要舉行「類乎上帝」、「宜乎社」、「造乎禰（ㄋㄧˇ）」、「禡（ㄇㄚˋ）於所征之地」、「受命於祖」、「受成於學」等禮儀。類、宜、造、禡都是祭名，祭祀上帝、社、禰（父廟）和所征之地，是為了祈求各方神靈的保佑，確保戰爭的勝利。受命於祖是為了告廟，並將神主請出，奉於軍中。受成於學是為了決定作戰的計謀。

　　此外，軍隊的車馬、旌旗、兵器、軍容、營陣、行列、校閱，乃至坐作、進退、擊刺等，無不依一定的儀節進行。軍隊的日常訓練，包括校閱、車戰、舟師、馬政等，都有嚴格的禮儀規定。得勝之後，又有凱旋、告

廟、獻俘、獻捷、受降、飲至等儀節。

四、賓禮

《周禮・春官・大宗伯》：「以賓禮親邦國。」在宗法社會中，天子與諸侯之間，大多有親戚關係。為了聯絡感情，彼此親附，需要有定期的禮節性的會見。據《周禮》，賓禮就是天子、諸侯接待賓客的禮儀，其名目有六種：「春見曰朝，夏見曰宗，秋見曰覲，冬見曰遇。」六服之內的諸侯，按照季節順序，輪流進京朝見天子；「時見曰會」，是王將要征伐不順服的諸侯時，其他諸侯覲見天子；「殷見曰同」，是天子十二年未巡守，四方諸侯齊往京師朝見。諸侯之間，也要定期相聘問，有關的禮儀，將另立專題介紹。

朝禮　朝禮包括天子的五門（皋門、庫門、路門、雉門、應門）、三朝（外朝、治朝、燕朝）、朝位（三公、孤、卿、大夫等在朝廷中站立的位置）、朝服（冠冕、帶韠〔ㄅㄧˋ〕、韍韍〔ㄈㄨˇ　ㄈㄨˊ〕、佩玉等）等，以及君臣出入、揖讓、登降、聽朝等的禮儀。

西周時，王每日視朝，與群臣議政。漢宣帝每五日一上朝。後漢減省為六月、十月朔朝，其後又以六月盛暑為由而去之，所以一年僅十月朔臨朝。魏晉南北朝有朔望臨朝的制度。朔、望日的上午，公卿在朝堂議論政事；午後，天子與群臣共議。隋高祖勤於政事，《隋書・高祖本紀》說：「上每旦臨朝，日昃忘倦。」唐代

的視朝制度，九品以上的官員每月朔、望上朝；文官五品以上每日上朝，故稱常參官；武官三品以上三日一朝，稱九參官；五品以上五日一朝，號六參官。

到唐代，開始在京師為外地的官員設置邸舍。唐初，各地都督、刺史、充考使到京師等候朝見，都是各自租賃屋舍而居，往往與商人雜處，不成體貌。貞觀十九年，唐太宗下詔，就京城內的閑坊，建造邸第三百餘所。對官員上朝的服裝也有了嚴格的規定。朝廷的禮儀規範也日益細密。

相見禮　古代人際交往的禮儀，並非局限於天子、諸侯之間，在士與士之間也有相應的禮儀，《儀禮》有《士相見禮》記載上古時代士相見，以及士見大夫、大夫相見、大夫庶人見於君、燕見於君、言視之法、侍坐於君子、士大夫侍食於君等等的禮節。以此為基礎，歷代的相見禮有所變化和發展。

蕃王來朝禮　據《明集禮》，洪武初年制定蕃王來朝禮。蕃王來朝，到達龍江驛後，驛令要稟報應天府，再上達中書省和禮部。應天知府奉命前往龍江驛迎勞。蕃王到達下榻的賓館後，省部設宴款待。然後由司儀導引，到奉天殿朝見天子，到東宮拜見皇太子。朝見完畢，天子賜宴。接著，皇太子、省、府、台一一設席宴享。蕃王返回，先後向天子、皇太子辭行，然後由官員慰勞並遠送出境。其間的每一個程序都有「儀注」加以規範。

五 嘉禮

《周禮·春官·大宗伯》：「以嘉禮親萬民。」嘉禮是飲食、婚冠、賓射、燕饗、脤膰（ㄕㄣˋ ㄈㄢˊ）、賀慶之禮的總稱。嘉是善、好的意思。嘉禮是按照人心之所善者制定的禮儀，故稱嘉禮。

飲食之禮 國君通過賓射、燕享之禮，與宗族兄弟、四方賓客等飲酒聚食，以聯絡和加深感情，所以說「以飲食之禮親宗族兄弟」。

婚冠之禮 古代男子二十而冠，女子許嫁，十五而笄（ㄐㄧ），有冠笄之禮，表示成年。成年男女用婚禮使之恩愛相親，所以說「以婚冠之禮親成男女」。

賓射之禮 古代鄉有鄉射禮，朝廷有大射禮。在射禮中，即使有天子參與，也必須立賓主，所以稱賓射之禮。射禮主為親近舊知新友，所以說「以賓射之禮，親故舊朋友」。

燕饗之禮 四方前來朝聘的諸侯，是天子的賓客。天子要通過燕饗的方式，與之相親。所以說「以燕饗之禮，親四方之賓客」。

脤膰之禮 脤膰是宗廟社稷的祭肉。在祭祀結束後，將脤膰分給兄弟之國，藉以增進彼此的感情，所以說「以脤膰之禮，親兄弟之國」。

賀慶之禮 對於有婚姻甥舅關係的異姓之國，在他們有喜慶之事時，要致送禮物，以相慶賀。所以說「以賀慶之禮，親異姓之國」。

巡守禮 《禮記·王制》說「天子五年一巡守」，

《周禮‧大行人》則說天子十二年「巡守殷國」。《易‧觀卦》說，王者要「省方、觀民、設教」，意思是說，天子要巡省方國，以觀民俗而設教。據文獻記載，上古時代帝王有定期巡守的制度。《尚書‧堯典》說，舜在巡守之年的二月，東巡守到達岱宗（泰山）；五月，南巡守到達南岳；八月，西巡守到達西岳；十一月，北巡守到達北岳。舜所到之處，要祭祀當地的名山大川，觀察風俗民情，並聽取諸侯的述職，考論政績，施行賞罰。秦始皇曾到各地巡守。《後漢書‧世祖本紀》說，光武帝曾經於十七年南巡守、十八年西巡守、二十年東巡守。

即位改元禮 古人從理論上回溯曆元的起點，把甲子年、甲子月、甲子日的子夜，且又適逢為冬至的這一時間稱為初元（或者上元）。政權的更迭，往往選擇元日，據《尚書》記載，唐虞禪讓，就選擇在「正月上日」，上日就是朔日。《春秋》新君即位，必稱元年，《公羊傳》隱公元年解釋說：「元者何，君之始年也。」意在「體元居正」。一般來說，《春秋》遭喪的當年，無論在哪個月，新君都繼續沿用舊君的紀年，而到次年正月元日才告廟即位，這既是為了使新君從「新元」開始紀年，也有整齊王年的意義。漢武帝根據有司的提議，順序使用建元、元光、元朔、元狩、元鼎、元封的年號，成為最早使用年號的帝王。後漢光武帝是第一位舉行即位大典的君王，從此，帝王即位必有盛典，典禮的儀式也日益繁複。

嘉禮的範圍很廣，除上述諸禮外，還包括正旦朝賀

禮、冬至朝賀禮、聖節朝賀禮、皇后受賀禮、皇太子
受賀禮、尊太上皇禮、學校禮、養老禮、職官禮、會盟
禮，乃至觀象授時、政區劃分等等。

Chapter 4

第四章

禮的要素

　　禮的種類紛繁複雜，禮的樣態千差萬別，但都包含有某些基本要素。學術界對於禮的要素究竟包括哪幾項，看法不盡一致，大體說來，有禮法、禮義、禮器、辭令、禮容、等差等幾項。

一、禮法

　　所謂「禮法」是指行禮的章法、程式。儒家制禮，希冀為萬世作法式，是要供在不同空間、時間中生活的人們使用的。因此，禮必須有嚴格的操作程式，包括行禮的時間、場所、人選，人物的服飾、站立的位置、使用的辭令、行進的路線、使用的禮器，以及行禮的順序，等等，這就是禮法。《儀禮》一書，就是先秦各種禮儀的禮法的彙編。如《燕禮》是諸侯與群臣燕飲的禮儀，但這類燕飲並非酗酒嬉鬧，而有嚴格的儀節規範，計有告戒設具、君臣各就位次、命賓、請命執役者、納賓、主人獻賓、賓酢主人、主人獻公、主人自酢於公、

主人酬賓、二人媵爵於公、公舉媵爵酬賓遂旅酬初燕盛
禮成、主人獻卿或獻孤、再請二大夫媵爵、公又行爵為
卿舉旅燕禮之再成、主人獻大夫兼有胥薦主人之事、升
歌、公三舉旅以成獻大夫之旅、奏笙、獻笙、歌笙間作
遂合鄉樂而告樂備、立司正命安賓、主人辨獻士及旅
食、因燕而射以樂賓、賓媵觶（ㄓㄟˋ）於公公為士舉旅

圖4-1 熹平石經
中國最早的官定儒學經典石
刻，原存於河南洛陽城南效
東漢太學。

酬、主人獻庶子以下於阼階、燕末無算爵無算樂、燕畢
賓出、公與客燕等二十九節，節節相扣。若有違反，就
是「失禮」。

　　禮法是禮的外在形態，其特點是具有強烈的規定
性，是禮的運作依據，也是判斷禮與非禮的標準。例
如，禮法規定，天子在堂上見諸侯，是對君臣名分的規
定，而周夷王下堂見諸侯，名分已亂，所以君子譏其為
「非禮」，認為是亂政的徵兆。《左傳》中有許多類似
的記載，讀者可以檢閱，限於篇幅，此不贅舉。

　　禮法的推廣與運用，使中國不同方言、不同風俗的
人們有了共同的文化形態，而且不管走到哪裏，彼此都
會有文化認同感。

二、禮義

　　如果說禮法是禮的外殼，那麼禮義就是禮的內核。
禮法的制訂，是以人文精神作為依據的。如果徒具儀
式，而沒有合理的思想內涵作為依託，禮就成了沒有靈
魂的軀殼。所以孔子反對行禮以器物儀節為主，強調
要以禮義為核心，他說：「禮云禮云，玉帛云乎哉？
樂云樂云，鐘鼓云乎哉？」（《論語·陽貨》）認為
玉帛、鐘鼓不過是表達禮義的工具。《儀禮》一書，
以記載禮法為主，對禮義很少涉及。《禮記》一書，則
以推明《儀禮》的禮義為主旨，發微索隱，說解經義。
《禮記》的最後七篇是《冠義》、《昏義》、《鄉飲酒

義》、《射義》、《燕義》、《聘義》，就是分別說解《儀禮》的《士冠禮》、《士昏禮》、《鄉飲酒禮》、《鄉射禮》、《聘禮》的禮義的。其餘各篇也都是以討論禮義為主，只是議題沒有上述七篇集中罷了。

從宏觀上看，禮的設定都有很強的道德指向，如「燕禮者，所以明君臣之義也。鄉飲酒之禮者，所以明長幼之序也」（《射義》）。儒家的喪服制度極為複雜，但絕非無的放矢，幾乎每一處都含有尊尊親親之義，《禮記》的《喪服四制》對此作了明晰的說解，認為喪服制度是「取於仁義禮知」。

在禮儀的具體環節上，也無不體現禮義。如《儀禮·聘禮》規定，諸侯相聘，以玉圭為贄。為什麼要以玉圭為贄呢？鄭玄解釋說：「君子於玉比德焉。以之聘，重禮也。」可見禮法規定以玉圭為贄，是要體現重德、重禮的思想。但是，禮法又規定，在聘禮結束時，主人一方要「還贄」，也就是要將玉圭奉還對方。為什麼接受之後又要歸還呢？鄭玄解釋說：「還之者，德不可取於人，相切厲之義也。」可見，聘禮中送、還玉圭，是要表現彼此以德行相切磋、砥礪的思想。

三、禮器

禮器是指行禮的器物，禮必須借助於器物才能進行。使用何種禮器行禮，以及禮器如何組合，都傳達著禮義的信息，古人說「藏禮於器」，就是這個道理。禮

器的範圍很廣，主要有食器、樂器、玉器等。食器，通常有鼎、俎、簠（ㄈㄨˇ）、簋（ㄍㄨㄟˇ）、籩（ㄅㄧ－ㄢ）、豆、尊、壺、瓿（ㄨˇ）、罍（ㄌㄟˊ）、爵、觶（ㄓˋ），以及盤、匜（ㄧˊ）等。古時宴飲，先要將牛、羊、豕等牲體在鑊（類似於今天的鍋）中煮熟，然後用匕（一種頭部尖銳的取食器，用棘木、桑木或者青銅製作，長三尺或五尺）取出來，放入鼎內，調和入味。為了保溫和防灰，要加上蓋子。鼎蓋稱為「冪（ㄇㄧˋ）」，一般用茅編織而成，但出土實物中也有用青銅製作的。將鼎從庖廚移送到行禮的場所，是用「鉉」（ㄒㄩㄢˋ）貫穿鼎的兩耳抬走，「鉉」就是專用的杠

圖4-2 璧 （齊家文化）
圖4-3 鳥獸紋璜
（春秋早期）
圖4-4 璋
（商代早期）
圖4-5 神像飛鳥紋琮
（良渚文化）

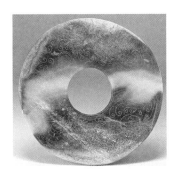

子，文獻中又寫作「扃（ㄐㄩㄥ）」。鼎不是食器，所以食用之前，要再次用匕將肉從鼎中取出，放在俎（載放牲體的器物，又稱「房俎」或「大房」）上，然後再陳設在食案上。鼎與俎是配套使用的，所以在禮器的組合中，數量總是相同。

圖4-6 圭
（龍山文化晚期~二里頭文化）

圖4-7 圭上紋樣

除了鼎俎之外，盛食器還有簋、簠和籩、豆。簠是盛黍稷的長方形器皿，簋是盛稻粱的圓形器皿，兩者都有蓋。在禮器的組合中，鼎與簋最為重要，但前者用奇

數，後者用雙數，如天子用九鼎八簋，諸侯用七鼎六簋，大夫用五鼎四簋等等。籩與豆的形狀相似，但由於兩者所盛的食品不同，質地也就不同。籩是盛脯（肉干）、棗、栗等乾燥食物用的，所以是用竹子做的。豆則是盛菹（ㄐㄩ，醃漬的蔬菜）、醢（ㄏㄞˇ，肉醬）等有汁的食物用的，所以是木制的。籩與豆通常也是配合使用的，而且都用雙數，所以，《禮記‧郊特牲》說「鼎俎奇而籩豆偶」。

禮器中的酒器，又可以分為盛酒器和飲酒器兩大類。盛酒器主要有尊、甒、罍、卣（ㄧㄡˇ）、壺、缶（ㄈㄡˇ）等，它們在禮儀場合中陳設的位置以及體現的尊卑每每不同，《禮記‧禮器》說：「門外缶，門內壺，君尊瓦甒。」可見缶與壺是內外相對地陳設的。瓦甒是君之尊，而罍是臣所用，不能混同。卣是盛鬱鬯（ㄔㄤˋ，用香草調製的酒）的器皿。盛酒器通常要陳放在稱為「禁」或「棜（ㄩˋ）」、「斯禁」的底座上。它們的區別是，「禁」有足，而「棜」、「斯禁」沒有足。飲酒器有爵、觶、觚（ㄍㄨ）、觥（ㄍㄨㄥ）等。它們除外形不同之外，容積也不同，爵為一升，觚為二升，觶為三升。觥（文獻又寫作「觵」）在飲酒器中容量最大，所以在君臣宴飲等場合，常常用作罰酒之器。

樂器主要有鐘、磬、鼓、柷（ㄓㄨˋ）、敔（ㄩˇ）、瑟、笙等。天子、諸侯迎賓和送賓要「金奏」，即奏鐘、鎛（ㄅㄛˊ），而以鼓磬相應。鎛如鐘而大，其作用是控制編鐘的音樂節奏。金奏一般在堂下進行。鄉

飲酒禮、燕禮等在獻酬的儀節結束後，有升歌、笙奏、間歌、合樂等節目。升歌是歌者升堂歌《詩》，彈瑟者在堂上伴奏。笙奏，是吹笙者在堂下吹奏《詩》篇。間歌是升歌與笙奏輪番進行；合樂則是升歌與笙奏同時進行。大夫送賓用鼓。柷，狀如漆桶，方二尺四寸，深一尺八寸，中間有椎，搖動之則自擊，奏樂之始，都先要擊柷。敔，狀如伏虎，木製，背部有刻，划之則樂止。

古禮中使用的玉器很多，有璧、琮、圭、璋、琥、璜等。每一類之下，又細分為若干種，如璋有大璋、中璋、邊璋、牙璋、瑑（ㄓㄨㄢˋ）璋等名目。玉器的使用也很廣泛。首先是等級的象徵。例如，不同形制的玉圭和玉璧，代表著主人的不同身份，《周禮·春官·大宗伯》說，天子執鎮圭，長一尺二寸；公執桓圭，長九寸；侯執信圭，長七寸；伯執躬圭，長七寸；子執穀璧，男執蒲璧。其次是用於祭祀。《周禮·春官·大宗伯》說：「以玉作六器，以禮天地四方。以蒼璧禮天，以黃琮禮地，以青圭禮東方，以赤璋禮南方，以白琥禮西方，以玄璜禮北方。」此外，祭祀天地、山川等神祇，也多以玉器為奉獻之物。在諸侯交聘時，以玉為贄；在軍隊中，以玉為瑞信之一；在諸侯生活中，用玉圭聘女；在喪禮中，用玉器斂屍等等，不能備舉。

四、辭令

禮是人際交往，或者溝通人與神的儀式，因此辭令必不可少。孔子以德行、言語、政事、文學等四個科目

教授弟子，言語即辭令。古禮中的辭令，一般有規定的格式，《禮記・少儀》中記載的許多禮儀場合的辭令都是如此，如第一次去見仰慕的君子，到達門口時要說「某固願聞名於將命者」，意思是說，希望自己的名字能通聞於傳命者。這是一種委婉的說法，表示不敢直接通姓名於君子，含有自謙和敬重君子的意思。如果逢公卿之喪，前往助喪，要說「聽役於司徒」，意思是聽命於喪家的派遣，無論輕重，不敢推辭。國君要出訪，如果臣下將奉獻金玉貨貝之類的財物，以充國君路途之用，應該說「致馬資於有司」，意思是所獻之物微薄，聊充車馬之資而已，所以只能致送於隨行的有司。如果饋贈的對象與自己的地位相當，也應該自謙，要說「贈從者」，意思也是說，不過是聊補左右從行者之用的薄資而已。以上都是古代通行的禮貌用語，不會使用就是失禮的表現。此外，《儀禮・士昏禮》的納采、問名、納吉、納征、請期等儀節，以及父母、庶母送女，都有規定的辭令。《儀禮・士相見禮》主客雙方的問答之語，也有固定的格式。祭天地之神及饗祭祖先時，祝者的致辭也有統一的文字，致祭者只需更換其中的主語即可。類似的例子，不勝枚舉。這些辭令簡潔明快，溫文爾雅，經過制禮者的反覆斟酌，行禮時直接套用即可。

需要指出的是，禮儀場合對於稱謂有特殊的規定，《儀禮・覲禮》說：「同姓大國則曰伯父，其異姓則曰伯舅。同姓小邦則曰叔父，其異姓小邦則曰叔舅。」可見天子稱呼伯父、叔父、伯舅、叔舅都有特定的含義。

《禮記‧曲禮下》說：「夫人自稱於天子曰老婦，自稱於諸侯曰寡小君，自稱於其君曰小童。」是畿內諸侯的夫人對天子、自己的丈夫、別國諸侯的自稱都不相同。各種稱謂不得混同使用。《禮記‧曲禮下》說：「天子之妃曰後，諸侯曰夫人，大夫曰孺人。」「夫人」與「孺人」不能混用。今天，每每有人向別人介紹自己的妻子時稱「夫人」，這是自大的表現，為知禮者所恥笑。

另一種辭令沒有規定格式，需要臨場發揮。《公羊傳》莊公十九年說：「聘禮，大夫受命不受辭。」在出使之前，無法一一預料到對方的問話，作為使者的大夫，只能隨機回答，有的於此大展才華，也有的因此露拙出醜，《左傳》、《國語》等典籍中有許多這一類的記載，此不贅舉。

五、禮容

禮容，即行禮者的體態、容貌等，為行禮時所不可或缺。禮義所重，在於誠敬。既是出於誠敬，則無論冠婚、喪祭、射饗、覲聘，行禮者的體態、容色、聲音、氣息，都必須與之相應，所以《禮記‧雜記下》說：「顏色稱其情，戚容稱其服。」《論語‧鄉黨》記載了孔子在鄉學、宗廟、朝廷等不同場合時的禮容，如趨朝時：

入公門，鞠躬如也，如不容。立不中門，行不

　　履閾。過位，色勃如也，足躩如也，其言似不足
　　者。攝齊升堂，鞠躬如也，屏氣似不息者。出，降
　　一等，逞顏色，怡怡如也。沒階，趨進，翼如也。
　　復其位，踧踖如也。

公門是國君治朝之門，相當高大，而孔子曲身而入，似
乎不能容身（「鞠躬如也，如不容」）。進門時一定要
走門的右側，而不走門中，因為那是國君出入的地方；
也不踩門限（「閾」ㄩˋ），那樣是不恭敬的表現。
門、屏之間，是國君佇立的位置，即使國君不在，經過
時也必定正色，快步而行，不敢放肆。將要升堂時，兩
手摳衣使下擺離地一尺左右（「攝齊」），惟恐因踩著
後跌倒而失容。接近國君時，再次曲身，氣容嚴肅，如
同屏住呼吸一般。出去時，走下一級臺階才舒氣解顏
（「逞顏色」），氣色和悅。下完臺階，快步向前，如
同鳥翔一樣。回到上堂之前站立的位置，猶存「踧踖」
（ㄘㄨˋ　ㄐㄧˊ，恭敬）之貌。可見孔子十分看重禮
容，在不同的禮儀場合，或愉悅，或敬謹，或勃如，或
變色，都隨儀節、場景的變化而轉換。

　　行禮是為了表達內心情感，如果僅有儀節而沒有禮
容，則禮義無從體現，稱「儀」猶可，稱「禮」則斷然
不可。禮書中有關禮容的記載很多，如《禮記‧祭義》
云：

　　孝子將祭祀，必有齊莊之心以慮事，以具服
　　物，以修宮室，以治百事。及祭之日，顏色必溫，
　　行必恐，如懼不及愛然。其奠之也，容貌必溫，

> 身必詘，如語焉而未之然。宿者皆出，其立卑靜以
> 正，如將弗見然。及祭之後，陶陶遂遂，如將復入
> 然。

又如《禮記》的《少儀》、《玉藻》中有「祭祀之
容」，「賓客之容」，「朝廷之容」，「喪紀之容」，
「軍旅之容」，「車馬之容」等。郭店楚簡《性自命
出》也提到「賓客之禮，必有夫齊齊之頌（容）；祭祀
之禮，必有夫齊齊之敬；居喪，必有夫戀戀之哀」。
《禮記・玉藻》還記載了君子見尊者時的禮容（括弧內
為鄭注）：

> 君子之容舒遲，見所尊者齊遫（ㄙㄨˋ，謙
> 悫貌也），足容重（舉欲遲也），手容恭（高且
> 正也），目容端（不睇視也），口容止（不妄動
> 也），聲容靜（不噦欮〔ㄩㄝˇ　ㄏㄨㄟˋ〕
> 也），頭容直（不傾顧也），氣容肅（似不息
> 也），立容德（如有予也），色容莊（勃如戰
> 色），坐如屍（屍居神位，敬慎也）。

詳及於頭、手、足、目、口、聲、氣、色等，幾乎遍於
全身。賈誼的《新書》說「容有四起」，把禮容分為朝
廷之容、祭祀之容、軍旅之容、喪紀之容等四類。其中
《容經》篇有立容、坐容、行容、趨容、跱旋之容、跪
容、拜容、伏容等，科條細密，已成專門之學。

西漢時，禮容的傳授，有專門的職官系統。據《漢
書・儒林傳》，漢初，高堂生傳《儀禮》，而「魯徐生
善為頌」。「頌」，就是容貌。孝文帝時，徐生以擅

長禮容而升為禮官大夫。徐生的孫子徐襄「資性善為
頌」，「亦以頌為大夫，至廣陵內史」。徐生的另一
位孫子徐延以及徐氏弟子公戶滿意、桓生、單次後來
都當過禮官大夫，「諸言《禮》為容者由徐氏」。顏師
古注引蘇林曰：「《漢舊儀》有二郎為此頌貌威儀事。
有徐氏，徐氏後有張氏，……天下郡國有容史，皆詣魯
學之。」可知西漢因善「頌」而官至禮官大夫的，就有
徐生及其孫徐延和幾位弟子。在地方郡國，則有「容
史」之官與朝廷的禮官大夫相對應。郡國的容史，都要
詣魯專門學習禮容，方可取得為官的資格，其內容之繁
富和規範之嚴格不難想見。漢代傳《儀禮》，同時傳
「頌」，原因很簡單，在作為禮經的《儀禮》中，幾乎
沒有關於頌的記述，傳經時若無人示範，則學者無從知
曉，儀節再全，而無容貌聲氣與之相配，則禮義頓失。

　　儒家認為，儘管禮容是內心德行的外化，有德行
者，容貌必然與之相稱。但禮容並不總是被動地從屬
於德行，它也可以反作用於德行。容貌不莊敬，就會
傷於德。《禮記・祭義》說：「心中斯須不和不樂，
而鄙詐之心入之矣。外貌斯須不莊不敬，而慢易之心入
之矣。」因此，保持合於禮的容貌，有利於保有或養成
內心的德行。禮容之美，來自對「仁」的體認與逐步接
近，只有真正的仁者，才能達到內心之美與容色之美的
高度和諧。

六、等差

　　等差是古代禮儀最重要的特性之一，也是禮與俗的主要區別之一。不同等級的人，行不同等級的禮，如郊天、大雩為天子之禮，諸侯、大夫不得僭越。彼此的禮數有嚴格的等差。等級越高，禮數越高。

　　《禮記‧禮器》說，禮通常是由禮器的大小、多少、繁簡等等來表示禮數的高低的，這可以分為以下幾種情況。一是「禮有以多為貴者」，宗廟之數，天子七廟，諸侯五廟，大夫三廟，士一廟。行禮時盛食用的豆，天子二十六，諸公十六，諸侯十二，上大夫八，下

圖4-8　「中甬父」簋

圖4-9　「王子午」鼎（春秋），附七

大夫六。上古沒有椅子，席地而坐，坐席的多少也有區別，天子之席五重，諸侯之席三重，大夫再重。天子崩，七月而葬，五重八翣（ㄕㄚˋ，棺飾）；諸侯五月而葬，三重六翣；大夫三月而葬，再重四翣。二是「禮有以高為貴者」，如天子之堂九尺，諸侯七尺，大夫五尺，士三尺。器物的數量越多、器物越大、行禮的時間越長。三是「禮有以大為貴者」，宮室、器皿、丘封等，都以大為貴，棺槨也以厚為貴。四是「禮有以文為貴者」，愈尊者，文飾愈複雜，如祭冕服，天子龍袞，諸侯黼，大夫黻，士玄衣纁裳；天子之冕，朱綠藻十有二旒（ㄌㄡˊ），諸侯九，上大夫七，下大夫五，士三。樂舞中，舞者以八人為一列，稱為一「佾」，天子八佾、諸侯六佾、卿大夫四佾、士二佾。樂器的數量也有等差，《周禮・春官・小胥》：「凡縣（懸）鐘磬，半為堵，全為肆。」根據鄭玄的解釋，十六枚鐘或磬懸掛在同一個簴」（ㄐㄩˋ，鐘架）」上，稱為「一堵」，鐘一堵、磬一堵，稱為「一肆」。樂器的陳設，天子四肆，即室內的四面牆各一肆，稱為「宮懸」；諸侯去其南面一肆，只有三肆，稱為「軒懸」；大夫又去其北面一肆，只有東、西兩肆，稱為「判懸」；士則只有東方一肆，稱為「特懸」。

　　但禮數的高低，並非都以大而複雜為標準，也有幾種相反的情況。一是「禮有以小為貴者」，宗廟之祭，貴者獻以爵，賤者獻以散；尊者舉觶，卑者舉角。爵的容量為一升，散為五升，所以前貴後賤。觶的容量為三升，角為四升，所以前尊後卑。二是「禮有以素

為貴者」，大圭不琢，大羹不和，大路素而越席。大圭是天子祭祀時插在紳帶之間的玉器，或稱為珽，不加雕琢。大羹是煮肉汁，不加鹽菜，不致五味。大路，或作大輅，是殷代祭天用的木車，幾乎不加裝飾，上面鋪的是蒲席（越席）。三是「禮有以少為貴者」，如天子祭天，天神至尊無二，所以天子祭天用「特牲」，即一頭牛。諸侯奉侍天子，猶如天子事天，故天子巡視到諸侯境內時，諸侯也以一牛為膳進獻之。食禮有勸食，天子僅一食即告飽，諸侯再食，大夫三食，原因是尊者常以德為飽，不以食味為重，諸侯、大夫之德遞降，所以食數也隨之遞增。

Chapter 5

第五章 ————

禮與樂

　　在儒家的禮儀文化體系中，禮與樂相輔相成，兩者
的關係形同天地，《禮記‧樂記》說：「樂由天作，禮
以地制。」禮樂結合就是天地萬物秩序的體現，「樂
者，天地之和也；禮者，天地之序也。和故百物皆化；
序故群物皆別。」禮與樂密不可分，以至可以說：沒有
樂的禮不是禮，沒有禮的樂不是樂。

　　中國傳統的樂的觀念，有特定的內涵和深刻的哲
理，不能與現代的「音樂」等量齊觀。《禮記‧樂記》
說：「樂者，非謂黃鐘大呂、弦歌干揚也，樂之末節
也。」樂的大節是德，這是中國與世界諸古文明的音樂
思想相區別的基本點。

一、德音之謂樂

　　儒家的音樂理論中，聲、音、樂是三個不同層次的
概念。聲與音的區別在於，音有節奏、音調，而聲沒
有。通常將聲稱為噪聲，將音稱為樂音。人與動物都

圖5-1　《女史箴》中的奏樂圖

有聽覺，能夠感知外界的聲響。不同的是，動物一般不能識別聲與音，而人不僅有感知音的欲望，而且能利用聲的特性構成樂音，來滿足自己感官的需要。是否懂得樂音，是人區別於禽獸的重要標誌，所以《樂記》說：「知聲而不知音者，禽獸是也。」

　　在外物的作用下，人心會躍動而起。因外物作用的強弱不同，人的情感表現為不同的層次，《毛詩序》說：「情動於中而形於言，言之不足，故嗟歎之，嗟歎之不足，故永歌之，永歌之不足，不知手之舞之、足之蹈之也。」手舞足蹈再配上歌曲，是心情達到極致時的表現，《呂氏春秋·古樂》說，上古葛天氏的樂舞，以三人為一組，「操牛尾投足以歌《八闋》」，就是生動的寫照。

　　儒家認為，音是經過文飾的人類心聲。《樂記》說：「凡音者，生人心者也。情動於中，故形於聲。聲

成文，謂之音。」意思是說，只有發自內心而又「成文」（有節奏）的聲，才能稱為「音」。

　　樂音出於人心，但又能成為一種新的外物，給人心以反作用。樂音種類很多，可以是端莊的，也可以是張狂的；可以是細膩的，也可以是粗獷的；它給人以不同的感受，誘導著人的情感發生與轉換。猶如今日的古典音樂與搖滾音樂，儘管都屬於樂音的範圍，但給聽眾的感受是完全不同的。儒家尤其注重樂音對人心的影響，主張樂音應該有益於人的教化，而不是為了刺激感官。認為以君子之道作為主導的樂音，有益於人類的進步；以滿足感官刺激作為主導的樂音，會將社會引向混亂。所以《樂記》說：「君子樂得其道，小人樂得其欲。以道制欲，則樂而不亂；以欲忘道，則惑而不樂。"樂音有不同的層次，低層次的樂音悖逆天道中庸的原則，對人性的宣洩毫無節制，會引導人走向頹靡或暴戾的極端，最終毀滅人性，是亡國之音。而高層次的樂音是天道的體現，使人在享受音樂的同時，受到道德的薰陶，涵養心性，是入德之門。因此，對樂音要有所選擇，儒家將最高層次的音稱為「樂」。《樂記》說：「夫樂者，與音相近而不同」，只有合於道的音，才能稱為樂。是否懂得音與樂的區別，十分重要，所以《樂記》又說：「知音而不知樂者，眾庶是也。唯君子為能知樂。」惟有君子才懂得真正的樂。

　　春秋時期有古樂與新樂之爭。所謂古樂，是黃帝、堯舜以來，聖賢相傳的雅樂，如黃帝之樂《咸池》，

堯之樂《大章》、舜之樂《韶》，禹之樂《夏》等，節
奏緩慢莊重，富有寓意。新樂則是時人所作的淫聲樂
曲，恣意放蕩，無思想內涵可言。《樂記》記載了魏文
侯向子夏問樂的對話。魏文侯對子夏說：我端冕而聽古
樂，總是擔心會睡著；而聽鄭、衛之音，就不知疲倦。
請問原因何在？子夏說：古樂進退齊一，沒有奸聲，弦
匏笙簧，相互配合，奏樂始於擊鼓，舞畢擊金鐃而退。
君子聆聽到此，可以說出古樂的義理，然後思索修身齊
家，均平天下。新樂不然，行伍雜亂，奸聲濫溺，舞者
如猴戲，男女混雜，尊卑不別。樂曲終了，君子不知所
云。魏文侯好樂舞，但卻是知音而不知樂，子夏譏笑他
說「今君所問者樂也，所好者音也」。古樂是聖人確立

圖5-2 金聲玉振

的父子君臣的紀綱之後，「正六律，和五聲，弦歌詩頌」，配以樂器、輔以舞蹈、加以節文的作品，所以子夏說「德音之謂樂」。而新樂「淫於色而害於德」，不能稱為樂，所以，有道君王萬萬不敢將它搬進宗廟祭祀祖先。

二、盛德之帝必有盛樂

既然樂是德音，樂曲的高下又涉及鄉風民俗的善否，所以，制禮作樂就不是普通之人所能措手的事。《中庸》說：「雖有其位，苟無其德，不敢制禮作樂焉。雖有其德，苟無其位，亦不敢制禮作樂焉。」可

圖5-3 生民未有

見，必須是有其德、有其位者才有制禮作樂的資格。《樂記》說：「王者功成作樂，治定制禮。其功大者其樂備，其治辯者其禮具。」認為只有大功告成、天下大治的王者，才配製禮作樂。

儒家說樂是德之音，是因為他們所推崇的樂，都是上古盛德之帝的作品。盛德之帝必有盛樂。黃帝是人文初祖，曾命樂官伶倫創作樂律。伶倫取嶰溪之谷的竹子，斷為三寸九分長的兩節，以吹出的音為黃鐘之宮。然後以此為本，聽鳳皇之鳴，制為十二律，雄鳴、雌鳴各六，樂章叫《咸池》。顓頊命飛龍作效八風之音，名之為《承雲》，用以祭祀上帝。帝嚳時作《唐歌》，又發明鼙鼓、鐘磬、吹苓、管塤（ㄒㄩㄣ）、篪（ㄔˊ）韶（ㄊㄠˊ）、椎鐘等樂器，合奏聲起，鳳鳥為之起舞。帝堯祭上帝的樂曲叫《大章》，乃是仿效山林溪谷之音而作，用麋皮做的鼓和石磬伴奏，百獸也為之起舞。舜時發明了二十三弦的瑟，又譜成《九招》、《六列》、《六英》等樂曲，以昌明舜德。

歷史上，凡是勤勞天下、弔罪伐惡的君王，都有專門的樂章。大禹治水，萬民歡欣，於是舜命皋陶作《夏迭》九章，以表彰其功。湯商伐桀，黔首安寧，湯命伊尹作《大護》之舞、《晨露》之歌，以展現其善。牧野之戰，武王克商，於是命周公作《大武》。成王時，殷民叛亂，用象群為虐於東夷。周公奉命東征，馳師驅逐之，於是作《三象》，以嘉其德。相傳夔開始制樂獎賞諸侯，《樂記》說：「故天子之為樂也，以賞諸侯之有

德者也。德盛而教尊，五穀時熟，然後賞之以樂。」

可見，儒家的所謂「德音」，是德治之音，是指致治之極在音樂上的體現。惟有這樣的音樂，才能奏於廟堂，播於四方，化育萬民。至此，我們可以明白一個道理：春秋時期是樂器、樂理高度發達的時代，這由曾侯乙編鐘可以得到證明。但是，為什麼孔子卻稱之為「禮崩樂壞」的時代？根本原因在於，春秋時代盛行的是新樂，是純粹的音樂學意義上的樂。從儒家的音樂理論來判斷，它們儘管華美之至，但都是昏君亂臣的作品，表現的是聲色犬馬的狂熱，完全悖逆了德治的精神，失卻了音樂的靈魂，所以是衰世之樂，敗壞之樂。

三、音樂通乎政

儒家十分看重音樂的作用，認為音樂與政治相通，可以作為判斷為政得失的一項指標。《樂記》說：「聲音之道，與政通矣。」《呂氏春秋・適音》也說：「凡音樂通乎政。」

據《禮記・王制》等文獻記載，上古帝王有定期到四方巡守的制度，所到之處，地方官要展示當地流行的民歌，作為述職的內容之一。《呂氏春秋・適音》也說：「故有道之世，觀其音而知其俗矣，觀其政而知其主矣。」君王考察民歌，就可以瞭解地方官是否為政以德，民風是否淳樸。發現純正無邪的民歌，則由隨行的官員記錄下來，帶回去推廣，此即所謂「采風」。《詩

經》中的十五國風，就是十五國的民歌。相傳，其中的
周南、召南，就是周公和召公采風所得。

　　觀樂為何可以知政？主要有兩方面的原因。其一，
君王是萬民之主，君王的喜好，如日月經天，為萬民仰
望，直接影響到民風的走向，所謂「上有所好，下必甚
矣」。所以，連樂器是否合於規制，都指示著國家的命
運。《呂氏春秋‧侈樂》批評夏桀、殷紂製作「侈樂大
鼓」，「務以相過，不用度量」。亡國之君無不如此，
「宋之衰也，作為千鐘。齊之衰也，作為大呂。楚之衰
也，作為巫音」。千鐘、大鼓之類，聲音狂噪震動，超
越了人感受音樂的生理限度，「為木革之聲則若雷，為
金石之聲則若霆，為絲竹歌舞之聲則若噪。以此駭心
氣，動耳目，搖蕩生則可矣」。在君子看來，它已經失
去了樂表達人情的初衷，鄭衛之聲、桑間之音，都是亂
國之君的所好。

　　由於君王的提倡，國中盛行的樂曲必然會長期影響

圖5-4　擊罄
（山東沂南北寨出土）

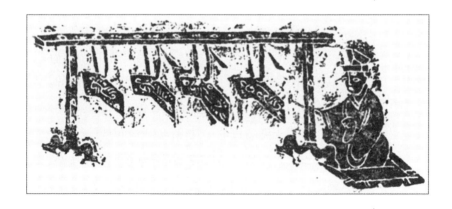

人民的情趣，人民所表現出來的憂思、康樂、剛毅、肅敬、慈愛、淫亂之態，正是樂聲長期薰陶的結果。《樂記》說：「志微噍殺之音作，而民思憂。嘽諧慢易、繁文簡節之音作，而民康樂。粗厲猛起、奮末廣賁之音作，而民剛毅。廉直、勁正、莊誠之音作，而民肅敬。寬裕肉好、順成和動之音作，而民慈愛。流辟邪散、狄成滌濫之音作，而民淫亂。」所以，聽其樂可以知其政。

其二，樂為心聲。如果君王失政，民眾流離，何來愉悅的樂曲？如果君王有道，庶民安樂，則何處不聞歡歌！《樂記》說：「治世之音安以樂，其政和。亂世之音怨以怒，其政乖。亡國之音哀以思，其民困。」聽樂可以觀政，正是在這個意義上而言的。《呂氏春秋·

圖5-5　撞鐘
（山東沂南北寨山土）

大樂》說，亡國戮民，並不是沒有音樂，而是「其樂不樂」，好比死囚強歌一樣，雖歌不樂；「君臣失位，父子失處，夫婦失宜，民人呻吟。其以為樂也，若之何哉！」所以，聽聽民間流傳的音樂，就可以感覺到他們的生活是否幸福。儒家認為，無論是觀察一個國家，還是觀察一個人，最好的辦法莫過於聽其樂，《呂氏春秋·音初》說：「聞其聲而知其風，察其風而知其志，觀其志而知其德，盛衰、賢不肖，君子小人，皆形於樂，不可隱匿。故曰：樂之為觀也深矣。」

四、樂內禮外

人類是動物界的一員，但又是動物界的靈長，因為人可以教育。儒家之所以重視教育，正是基於這一認識。儒家教育的目標，是要通過德和禮培養表裏如一的君子。禮以治外，旨在規範人的行為舉止，使之處處中節，恰到好處。有關的義理，我們已經在「禮緣何而起」一節中談過，此不贅述。樂以治內，重在引導人的性情心志，是要解決禮的根源的問題。如果人的行為舉止能中規中矩，但不是內心德行支配的結果，而是單純的模仿，則教育的目的僅僅完成一半，而且是非主要的一半。儒家認為，只有內心建立起德的根基，外在的規範言行才是真正意義上的禮。

樂與禮是內外相成的關係，《樂記》說：「樂者所以象德也；禮者所以綴淫也。」樂是內心德行的體現，

禮的作用是防止行為出格（「淫」是過頭的意思）。郭店楚簡中有《五行》一篇，談及人的內心與行為的關係時說過一段很精彩的話：

> 仁形於內謂之德之行，不形於內謂之行。義形於內謂之德之行，不形於內謂之行。禮形於內謂之德之行，不形於內謂之〔行〕。〔知形〕於內謂之德之行，不形於內謂之行。聖形於內謂之德之行，不形於內謂之行。

作者用類似排比的句式談及，人的仁、義、禮、知、聖五行有兩種狀態，一是「形於內」，即五行出自於內心；二是「不形於內」，即五行不出自內心。作者認為，仁、義、禮、知、聖五行只有形於內，才能稱為「德之行」，否則只能稱為「行」，僅僅是行為與德行恰好相符而已，內心如何則不得而知。作者說：「德，天道也。」符合天道的德行形之於內心，然後顯露在外表，處處中節，才是真正的德行。《五行》的論述，可謂深中肯綮。《樂記》也說：「禮樂皆得，謂之有德。」

《樂記》一篇，論述樂內禮外的文字可謂觸目皆是，如：

> 君子曰：「禮樂不可斯須去身。致樂以治心，……故樂也者，動於內者也；禮也者，動於外者也。樂極和，禮極順，內和而外順。」

> 故德輝動於內，而民莫不承聽；禮發諸外，而民莫不承順。故曰：致禮樂之道，舉而錯之，天下

無難矣。

　　樂由中出，禮自外作。樂由中出故靜，禮自外
作故文。大樂必易，大禮必簡。樂至則無怨，禮至
則不爭。揖讓而治天下者，禮樂之謂也。

可見，禮樂並行，則君子之身內和外順，王者之治四海
清平。《樂記》特別強調執掌國政的君王的禮樂修養，
要求臻於「德輝動於內」，「禮發諸外」，表率天下，
推行禮樂之道。

　　在儒家的理論中，禮樂對於人類，猶如天地之於萬
物，具有本原的意義，所以《樂記》給予了最高的評
價：「大樂與天地同和，大禮與天地同節」；「禮樂之
極乎天而蟠乎地，行乎陰陽而通乎鬼神；窮高極遠而測
深厚。」認為禮樂充盈於天地，合於陰陽，通於鬼神，
極其高遠深厚，規範著人類社會的一切。

　　儒家倡導教化，但並不排斥行政管理和法律糾劾。
事實上，並非人人都能接受教育。抗拒教育者行為勢必
出格，從而破壞社會秩序。在規勸無效之後，必須用政
和刑的手段令其就範。因此，儒家將禮、樂、政、刑四
者並提，主張教化與行政管理結合，用政、刑保證禮、
樂的推行。《樂記》說：「禮節民心，樂和民聲，政以
行之，刑以防之，禮樂刑政，四達而不悖，則王道備
矣。」又說：「故禮以道其志，樂以和其聲，政以一其
行，刑以防其奸。禮樂刑政，其極一也；所以同民心而
出治道也。」所以，我們對儒家的禮樂教化思想要有全
面的認識。

五　移風易俗莫善於樂

　　自古以來，在如何管理國家的問題上，政治家提出了形形色色的方案，或主張嚴刑竣法，或主張經濟控制，或主張無為而治，或主張求諸神靈。儒家倡導德治主義，主張通過禮樂對人實行溫和的教化政策，使人心向善，純化社會風氣，從而求得長治久安。在禮樂教化的謀略中，儒家尤其注重樂的作用，是為儒家治國思想的重要特色。

　　樂之所以能為教，是因為樂的形式最為人民喜聞樂見。樂有音調，有節奏，有強烈的感染力，聞聲而心從，潤物細無聲。所以《樂記》說，樂「可以善民心，其感人深」。子夏向魏文侯談樂教時，引用了《詩經‧大雅‧板》「誘民孔易」一句，「誘」是誘導的意思，「孔」是非常，子夏認為，要教化民眾，用樂來誘導最為容易。可謂入木三分的見解。所以《孝經》也說：「移風易俗，莫善於樂。」

　　如前所述，儒家的治國思想基於人的性情。用歌舞宣洩情感是盡人皆有的本能，應該尊重。但是，人性的宣洩必須合理，不足或過度，都不利於身心健康和社會的安定，也不符合天道。《樂記》說，「人不耐（能）無樂，樂不耐（能）無形。形而不為道，不耐（能）無亂。先王恥其亂，故制雅、頌之聲以道之」，先王制樂的目的，就是要使人的快樂有節制，合於天道；又說，儒家的「立樂之方」（建立樂教的宗旨），是要「感

動人之善心」，「不使放心邪氣得接」，讓民眾在健康的音樂中接受德的薰陶。離開這一認識，人與禽獸就沒有了區別。《呂氏春秋・適音》說，「先王必托於音樂以論其教」，「先王之制禮樂也，非特以歡耳目極口腹之欲也，將以教民平好惡行理義也。」用當今的語言來說，就是寓教於樂。

儒家十分注重樂教的形式與內涵的結合，《樂記》談到，一部完整的樂章，應該「文以琴瑟，動以干戚，飾以羽毛，從以簫管」，「以著萬物之理」。琴瑟、簫管是樂器，干戚、羽毛是道具，可以豐富樂的表現力，使聽者樂於接受，難以忘懷。樂舞所要表達的主題是「萬物之理」，儘管祭祀、宴飲等不同場合的樂舞主題各異，但宗旨都是誘民走向仁義的境地。所以，《樂記》說：「樂在宗廟之中，君臣上下同聽之則莫不和敬；在族長鄉里之中，長幼同聽之則莫不和順；在閨門之內，父子兄弟同聽之則莫不和親。」

上古時代，每年春秋，各鄉都要舉行以尊老養賢為宗旨的「鄉飲酒禮」，席間要演奏或歌唱《詩經》的許多篇章，每篇都寓意深遠。先由樂工歌唱《鹿鳴》、《四牡》、《皇皇者華》三篇，說的是君臣之間的平和忠信之道。接著笙奏《南陔》、《白華》、《華黍》三篇，說的是孝子奉養父母之道。然後，堂上、堂下交替演奏樂歌，堂上鼓瑟唱《魚麗》之歌，堂下則笙奏《由庚》之曲；堂上鼓瑟唱《南有嘉魚》之歌，堂下則笙奏《崇丘》之曲；堂上鼓瑟唱《南山有台》之歌，堂下則

笙奏《由儀》之曲。最後是器樂與聲樂合起，奏唱《周南》中的《關雎》、《葛覃》、《卷耳》，《召南》中的《雀巢》、《采蘩》、《采蘋》，說的都是人倫之道。以上都是鄉飲酒禮中的正歌。一鄉之人在揖讓升降、笙瑟歌詠的愉快氣氛中，受到禮樂的教化，尊老養賢悄然滋潤於心田。類似的情況，《儀禮》中在在多有。

中國古代知識份子有喜愛音樂的傳統，或操琴瑟，或吹簫管，既有調節心情的作用，更有涵養心志的目的。賞樂者對樂情的理解因素養高下而異。據《列子・湯問》，伯牙善鼓琴，鐘子期善聽。伯牙鼓琴，志在高山，子期云：峨峨兮若泰山；志在流水，子期云：洋洋兮若江河，這是古代知音的範例。但這還不是儒家贊許的最高境界。《樂記》說君子聆聽樂章，能從樂聲中生發新的理解。例如鐘聲鏗鏘，壯氣充滿，君子會想起慷慨以當的武臣。磬聲清響，節義分明，君子會想起死於封疆的大臣。琴瑟之聲哀怨，婉妙不越，君子會想起志義自立的大臣。竽、瑟、簫、管之聲叢聚，會集攬攏，君子會想起善於蓄聚其眾的大臣。鼓鼙之聲喧囂，歡雜湧動，君子會想起擊鼓進眾的將帥之臣，等等。這是君子用樂自化的例證。

Chapter 6

第六章

以人法天的理想國綱領——《周禮》

說到中國的禮儀文化，不能不提到《周禮》、《儀禮》和《禮記》，即通常所說的「三禮」。「三禮」是古代禮樂文化的理論形態，對禮法、禮義作了最權威的記載和解釋，對歷代禮制的影響最為深遠。

　　西漢的景帝、武帝之際，河間獻王劉德從民間徵得一批古書，其中一部名為《周官》，作者佚名。原書當有天官、地官、春官、夏官、秋官、冬官等六篇，冬官篇已亡，漢儒取性質與之相似的《考工記》補其缺。王莽時，因劉歆奏請，《周官》被列入學官，並更名為《周禮》。東漢末，經學大師鄭玄為《周禮》作了出色的注。由於鄭玄的崇高學術聲望，《周禮》一躍而居「三禮」之首，成為儒家的煌煌大典之一。

一、聚訟千年的學術公案

　　《周禮》是一部通過官制來表達治國方案的著作，內容極為豐富。《周禮》六官的分工大致為：天官主管

宮廷，地官主管民政，春官主管宗族，夏官主管軍事，秋官主管刑罰，冬官主管營造，涉及到社會生活的所有方面，在上古文獻中實屬罕見。《周禮》所記載的禮的體系最為系統，既有祭祀、朝覲、封國、巡狩、喪葬等等的國家大典，也有用鼎制度、樂懸制度、車騎制度、服飾制度、禮玉制度等等的具體規制，還有各種禮器的等級、組合、形制、度數的記載。許多制度僅見於此書，因而尤其寶貴。

《周禮》面世之初，不知什麼原因，連一些身份很高的儒者都沒見到就被藏入秘府，從此無人知曉。直到漢成帝時，劉向、歆父子校理秘府所藏的文獻，才重又發現此書，並加以著錄。劉歆十分推崇此書，認為出自周公手作，是「周公致太平之跡」。東漢初，劉歆的門人杜子春傳授《周禮》之學，鄭眾、賈逵、馬融等鴻儒皆仰承其說，一時注家蜂起，歆學大盛。

遺憾的是，如此重要的一部著作，卻無法確定它是哪朝哪代的典制。此書名為《周官》，劉歆說是西周的官制，但書中沒有直接的證明。更為麻煩的是，西漢立於學官的《易》、《詩》、《書》、《儀禮》、《春秋》等儒家經典，都有師承關係可考，《漢書》的《藝文志》、《儒林傳》都有明確的記載，無可置喙。而《周禮》在西漢突然被發現，沒有授受端緒可尋，而且先秦文獻也沒有提到此書，所以，其真偽和成書年代問題成為聚訟千年的一大公案。歷代學者為此進行了曠代持久的爭論，至少形成了西周說、春秋說、戰國說、秦

漢之際說、漢初說、王莽偽作說等六種說法。古代名家大儒，以及近代的梁啟超、胡適、顧頡剛、錢穆、錢玄同、郭沫若、徐復觀、杜國庠、楊向奎等著名學者都介入了這場討論，影響之大，可見一斑。

作為主流派的意見，古今判若兩途。古代學者大多宗劉歆、鄭玄之說，認為是周公之典。清代著名學者孫詒讓認為，《周禮》一書，是自黃帝、顓頊以來的典制，「斟酌損益，因襲積累，以集於文武，其經世大法，咸稡於是」（《周禮正義序》），是五帝至堯、舜、禹、湯、文、武、周公的經世大法的集粹。古代學者以五帝、三代為聖明之世、至治之極，其後則是衰世。周公是五帝三代的集大成者，古人將《周禮》的著作權歸於周公是十分自然的事。

近代學者大多反對古人的這種歷史觀。從文獻來看，比較集中地記載先秦官制的有《尚書》的《周官》篇和《荀子》的《王制》篇，《周官》已經亡佚。最初曾有人認為，《周禮》原名《周官》，應當就是《尚書》的《周官》篇。但是，《尚書》二十八篇，每篇不過一二千字，而《周禮》有四萬餘字，完全不像是其中的一篇。《荀子‧王制》所記官制，大體可以反映戰國後期列國官制的發達程度，但是總共只有七十多個官名，約為《周禮》的五分之一，而且沒有《周禮》那樣的六官體系。《春秋》、《左傳》、《國語》中有不少東周職官記載，但沒有一國的官制與《周禮》相同。從西周到西漢的每一個時期都可以找到若干與《周禮》相

同的官名，但誰也無法指認出與《周禮》職官體系一致的王朝或侯國。

近代學者在文獻學研究的基礎上輔之以古文字學、古器物學、考古學研究等手段，對《周禮》進行更為廣泛、深入的研究。目前，多數學者認為《周禮》成書年代偏晚，約作於戰國後期。持其他意見的學者也不少，彼此爭論很激烈。爭論的實質，是對於古代社會的認識，即《周禮》所描述的是怎樣一種性質的社會？它的發展水準究竟與西周、春秋、戰國、秦、西漢的千年歷史中的哪一段相當？由於涉及的問題太複雜，《周禮》的成書年代問題至今沒有定論。

二、理想化的國家典制

《周禮》展示了一個完善的國家典制，國中的一切都井然有序，富於哲理。三讀之後，令人頓生「治天下如指之掌中」的感覺。例如，國家的行政規劃有以下表述：

國都 《周禮》國都地點的選擇，是通過「土圭」來確定的。《周禮・春官・大宗伯》云：

> 以土圭之法測土深，正日景（影），以求地中。……日至之景（影）尺有五寸，謂之地中：天地之所合也，四時之所交也，風雨之所會也，陰陽之所和也。然則百物阜安，乃建王國焉，制其畿方千里而封樹之。

圖6-1　周公測影台

土圭是一種測日影長短的工具。所謂「測土深」，是通過測量土圭顯示的日影長短，求得不東、不西、不南、不北之地，也就是「地中」。夏至之日，此地土圭的影長為一尺五寸。之所以作如此選擇，是因為「地中」是天地、四時、風雨、陰陽的交會之處，也就是宇宙間陰陽沖和的中心。

　　九畿　　《周禮》以土圭測日影，在地中建王城，既是哲學寓意的需要，也是「體國經野」的需要。王者劃分國野和野外之地，都以王城為中心。如方千里的王畿，就是以王城為中心建立的。王畿之外有所謂「九畿」。《周禮·夏官·大司馬》云：

　　　　方千里曰國畿，其外方五百里曰侯畿，又其外方五百里曰甸畿，又其外方五百里曰男畿，又其外方五百里曰采畿，又其外方五百里曰衛畿，又其外

方五百里曰蠻畿，又其外方五百里曰夷畿，又其外方五百里曰鎮畿，又其外方五百里曰蕃畿。

可知九畿的分佈，是以方千里的王畿為中心，其四外的五千里之地，依次劃分為侯畿、甸畿、男畿、采畿、衛畿、蠻畿、夷畿、鎮畿、蕃畿等九層，大小相套，依次迭遠。相鄰之畿的間隔都是五百里。《尚書》中確有侯、甸、男、衛、采等外服的名稱，卻沒有如此類似於同心圓的分佈。

居民組織　《周禮》的居民組織有兩類：國都之外的四郊之地稱為鄉，郊外之地稱為遂。鄉之下細分為州、黨、族、閭、比等五級行政組織。遂之下細分為鄰、里、酇（ㄗㄢˋ）、鄙、縣等五級行政組織。根據《地官》的《大司徒》、《遂人》等記載，鄉、遂的民戶構成分別為：

一比：5家	一鄰：5家
一閭：25家	一里：25家
一族：100家	一酇：100家
一黨：500家	一鄙：500家
一州：2500家	一縣：2500家
一鄉：12500家	一遂：12500家

鄉、遂各級組織的編制極其整齊。此外，鄉和遂的數量都是六個。六鄉、六遂的居民數似乎恰好相合，既無不足，也無羨餘。如有天災人禍，民戶之數發生變化，無法滿足以上要求時當如何處理？《周禮》未曾提及。

農田規劃　《周禮》對於「野」的農田的規劃，也

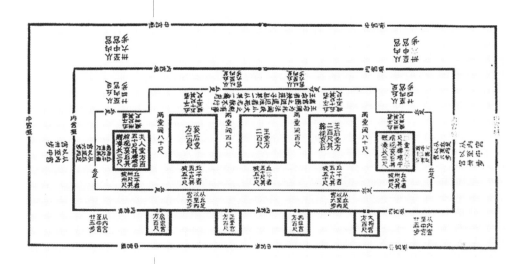

圖6-2　經整理的兆域圖

河北平山中山王陵中出土的陵園規劃圖是已知中國最早的一幅用正投影法繪製的工程圖（距今兩千三百年。世界上最早的正投影圖是埃及金字塔的平面圖，距今五千年）。圖上所標方位為上南下北，圖中的尺寸採用「尺」和「步」兩種單位表示，比例尺約為1比500。）

是整齊劃一的。《地官・遂人》云：

> 凡治野，夫間有遂，遂上有徑；十夫有溝，溝上有畛；百夫有洫，洫上有塗；千夫有澮，澮上有道；萬夫有川，川上有路，以達於畿。

這裏記載了兩個系統，一是農田系統，二是溝洫系統。農田以「夫」為基本單位，一夫受田百畝。夫田與夫田之間有稱為「遂」的水渠，遂上有稱為「徑」的道路。每十夫之田之間，有稱為「溝」的水渠，溝上有稱為「畛」的道路。每百夫之田之間，有稱為「洫」的水渠，洫上有稱為「塗」的道路。每千夫之田之間，有稱為「澮」的水渠，澮上有稱為「道」的道路。每萬夫之田之間，有稱為「川」的水渠，川上有稱為「路」的道路。如此通達於王畿。

需要指出的是，上述溝洫、道路系統有嚴格的丈尺

規定。據鄭玄的注，遂，寬、深各二尺；溝，寬、深各四尺；洫，寬、深各八尺；澮，寬二尋、深二仞。溝洫上的道路的寬度，徑可以讓牛馬通過，畛可以讓大車（車軌寬六尺）通過，塗可以讓一輛乘車（車軌寬八尺）通過，道可以讓兩輛乘車通過，路可以讓三輛乘車通過。

僅就以上數例，就不難發現《周禮》的制度有相當的理想化的成分。將國都建在「地中」，其理論色彩十分鮮明，實際上是無法操作的。整齊劃一的九畿制度、居民組織、溝洫道路系統，遑論古代中國，就是移山填海的大躍進時代也沒有實現過。因此，我們說《周禮》是理想國的藍圖。

三、以人法天的思想內核

《周禮》作者的立意，並非要實錄某朝某代的典制，而是要為千秋萬世立法則。作者希冀透過此書表達自己對社會、對天人關係的哲學思考，全書的謀篇佈局，無不受此左右。

儒家認為，人和社會都不過是自然精神的複製品。戰國時期，陰陽五行思想勃興，學術界盛行以人法天之風，講求人與自然的聯繫，主張社會組織仿效自然法則，因而有「人法地，地法天，天法道，道法自然」之說。《周禮》作者正是「以人法天」思想的積極奉行者。

　　《周禮》以天官、地官、春官、夏官、冬官等六篇為間架。天、地、春、夏、秋、冬即天地四方六合，就是古人所說的宇宙。《周禮》六官即六卿，根據作者的安排，每卿統領六十官職。所以，六卿的職官總數為三百六十。眾所周知，三百六十正是周天的度數。《周禮》原名《周官》，此書名緣何而起，前人曾有許多猜測。依筆者之見，所謂《周官》，其實就是「周天之官」的意思。作者以「周官」為書名，暗含了該書的宇宙框架和周天度數的佈局，以及「以人法天」的原則。其後，劉歆將《周官》更名為《周禮》，雖然有抬高其地位的用心，但卻是歪曲了作者的本意。

　　在儒家的傳統理念中，陰、陽是最基本的一對哲學範疇，天下萬物，非陰即陽。《周禮》作者將這一本屬於思想領域的概念，充分運用到了政治機制的層面。《周禮》中的陰陽，幾乎無處不在。《天官‧內小臣》說政令有陽令、陰令；《天官‧內宰》說禮儀有陽禮、陰禮；《地官‧牧人》說祭祀有陽祀、陰祀等等。王城中「面朝後市」、「左祖右社」的佈局，也是陰陽思想的體現。南為陽，故天子南面聽朝；北為陰，故王后北面治市。左為陽，是人道之所向，故祖廟在左；右為陰，是地道之所尊，故社稷在右。如前所述，《周禮》王城的選址也是在陰陽之中。所以，錢穆先生說，《周禮》「把整個宇宙，全部人生，都陰陽配偶化了」（《周官著作時代考》）。

　　戰國又是五行思想盛行的時代。陰、陽二氣相互摩

蕩，產生金、木、水、火、土五行。世間萬事萬物，都得納入以五行作為間架的體系，如東南西北中等五方，宮商角徵羽等五聲，青赤白黑黃等五色，酸苦辛鹹甘等五味，等等。五行思想在《周禮》中也得到了重要體現。在《周禮》的國家重大祭祀中，地官奉牛牲、春官奉雞牲、夏官奉羊牲、秋官奉犬牲、冬官奉豕牲。眾所周知，在五行體系中，雞為木畜，羊為火畜、犬為金畜、豕為水畜、牛為土畜。《周禮》五官所奉五牲，與五行思想中五畜與五方的對應關係完全一致，具有明顯的五行象類的思想。與此相呼應，地官有「牛人」一職，春官有「雞人」一職，夏官有「羊人」一職，秋官有「犬人」一職，冬官有「豕人」一職。

綜上所述，《周禮》是一部以人法天的理想國的藍圖。這樣說，絲毫不意味著《周禮》中沒有先秦禮制的素地。恰恰相反，作者對前代的史料作了很多吸收，但不是簡單移用，而是按照其哲學理念進行某些改造，然後與作者創新的材料糅合，構成新的體系。

蘊涵於《周禮》內部的思想體系，有著較為明顯的時代特徵。戰國時代百家爭鳴，諸家本各為畛域，《易》家言陰陽而不及五行，《洪範》言五行而不及陰陽；儒家諱論法治，法家譏談儒學。陰陽與五行，經由鄒衍方始結合；儒與法，經由荀子才相交融。儒、法、陰陽、五行的結合，肇於戰國末期的《呂氏春秋》。《周禮》以儒家思想為主幹，融合法、陰陽、五行諸家，呈現出「多元一體」的特點。其精緻的程度，超過

《呂氏春秋》，因而其成書年代有可能在《呂氏春秋》之後，而晚至西漢初。

四、學術與治術兼包

　　《周禮》一書，體大思精，學術與治術無所不包，因而受到歷代學者的重視，後儒歎為「非聖賢不能作」，誠非無稽之談。

　　所謂「學術」，是說該書從來就是今古文之爭的焦點。漢代經籍，用當時通行的隸書書寫的稱為「今文經」，用六國古文書寫的稱為「古文經」。漢初在孔子府宅的夾壁中發現的文獻，以及在民間徵得的文獻大多是古文經，而立於學官的都是今文經。今文經與古文經的記載不盡一致，因而雙方時有爭論。漢代古文學以《周禮》為大宗，今文學以《禮記‧王制》為大宗。為此，《周禮》每每成為論戰中的焦點，加之它傳授端緒不明，屢屢受到今文學家的詰難，如著名經師何休就貶之為「六國陰謀之書」；康有為《新學偽經考》則指斥它出於王莽篡漢時劉歆的偽造。相反，褒之者如劉歆、鄭玄等則譽之為「周公之典」。

　　儘管如此，《周禮》依然受到歷代學者的重視。唐人為「九經」作疏，其中最好的一部就是賈公彥的《周禮疏》，受到朱熹的讚賞。清儒為「十三經」作新疏，孫詒讓的《周禮正義》冠絕一世，至今無有出其右者。歷代學者圍繞《周禮》真偽等問題所作的種種考索，更

是浩繁之至。

所謂治術，是說《周禮》作為一部治國綱領，成為歷代政治家取法的楷模。古人言必稱三代，三代之英在周。古人篤信《周禮》出自周公，書中完善的官制體系和豐富的治國思想，成為帝王、文人取之不盡的人文財富。

《周禮》的許多禮制，影響百代。如從隋代開始實行的「三省六部制」，其中的「六部」，就是仿照《周禮》的「六官」設置的。唐代將六部之名定為吏、戶、禮、兵、刑、工，作為中央官制的主體，為後世所遵循，一直沿用到清朝滅亡。歷朝修訂典制，如唐《開元六典》、宋《開寶通禮》、明《大明集禮》等，也都是以《周禮》為藍本，斟酌損益而成。

又如「左祖右社、面朝後市」的都城格局，成為歷代帝王嚮往的楷模。但歷朝都城，大都沿用前朝舊址，故其格局難以刷新。元始祖忽必烈在北京建立元大都時，得以在金的上京附近重新規劃，乃以《周禮》為範本，建立面朝後市、左祖右社的格局。以後，明、清兩朝不僅沿用不廢，還仿照《周禮》，建天壇、地壇、日壇、月壇、先農壇等，形成今日的佈局。朝鮮的漢城，同樣有面朝後市、左祖右社的格局，乃是海外依仿《周禮》建都的典範。

《周禮》一書含有豐富的治國思想，《天官》概括為「六典」、「八法」、「八則」、「八柄」、「八統」、「九職」、「九賦」、「九式」、「九貢」、

「九兩」等十大法則，並在地官、春官、夏官、秋官中作了進一步的闡述，詳密嚴謹，宏織畢貫，對於提升後世的行政管理思想，有著深遠的影響。

《周禮》對官員、百姓，採用儒法兼融、德主刑輔的方針，不僅顯示了相當成熟的政治思想，而且有著駕馭百官的管理技巧。管理府庫財物的措施，嚴密細緻，相互制約，體現了高超的運籌智慧。書中有許多至今猶有生命力的，可以借鑒的制度。

歷史上每逢重大變革之際，多有把《周禮》作為重要的思想資源，從中尋找變法或改革的思想武器者，如西漢的王莽改制、六朝的宇文周革典、北宋的王安石變法等，無不以《周禮》為圭臬。清末，外患內憂交逼，為挽救頹勢，孫詒讓作《周官政要》，證明《周禮》所蘊涵的治國之道不亞於西方。朝鮮時代後期的著名學者丁若鏞（號茶山），曾撰作三十萬言的《經世遺表》，主張用《周禮》改革朝鮮的政治制度。

任何一位空想家都不可能脫離現實來勾畫理想國的藍圖，《周禮》也是如此，在理想化的框架之下，作者利用了大量歷史材料加以填充。不過，作者在使用時往往根據需要作了加工和改造，這是讀《周禮》時必須注意的，這也正是此書的複雜之處。

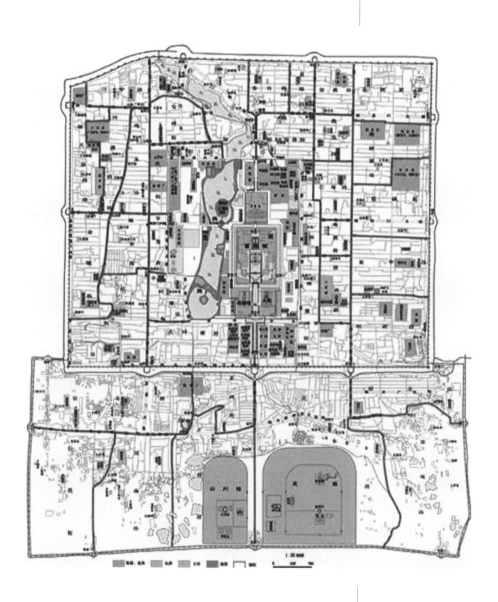

圖6-3　北京地圖
（示意圖）

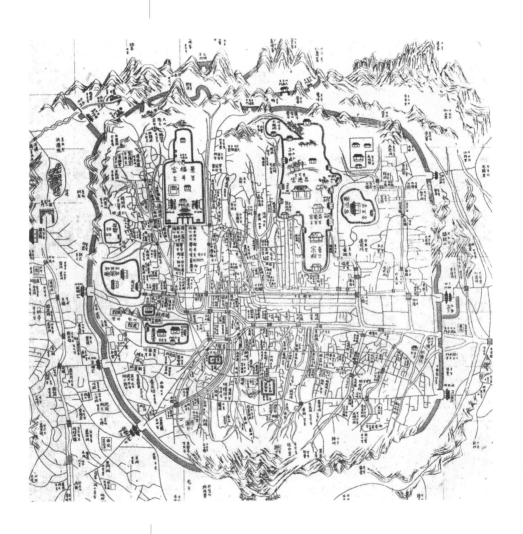

圖6-4　漢城地圖
（示意圖）

Chapter 7

第七章

貫串生死的
人生禮儀——
《儀禮》

　　《儀禮》是現存最早的關於禮儀的典籍。漢武帝建元五年（前136），初置五經博士，《儀禮》即居其一。入唐，有「「九經」；至宋，有《十三經》。《儀禮》均在其中，是為儒家經邦治國的煌煌大典之一，對中國文化的影響非常深遠。

一、《儀禮》的名稱、傳本和今古文問題

　　《儀禮》在「三禮」中，成書最早，而且首先取得經的地位，是禮的本經。《儀禮》本名《禮》。《漢書・景十三王傳》：「獻王所得書皆先秦古文舊書，《周官》、《尚書》、《禮》、《禮記》、《孟子》、《老子》之屬，皆經傳說記，七十子之徒所論。」其中的《禮》，就是指《儀禮》。《漢書・藝文志》也只稱「《禮》」，不稱「《儀禮》」。漢人還每每有把《儀禮》稱為《禮記》的，如《史記・孔子世家》說「故《書傳》、《禮記》自孔氏出」，此處的《禮記》，指

的就是《儀禮》。《後漢書‧盧植傳》也稱《儀禮》為
《禮記》。此外，郭璞注《爾雅》稱引《儀禮》文字，
屢屢稱之為《禮記》，這可能是《儀禮》的經文之後大
多附有「記」的緣故。何休《公羊》注在引用《儀禮》
經文或記時，則每每混稱，而不加區別。據清儒段玉裁
考證，漢代《禮》十七篇的標題前，並沒有「儀」字。
東晉元帝時，荀崧奏請置《儀禮》博士，才開始有《儀
禮》之名，但尚未成為通稱。如唐人張參《五經文學》
引《儀禮》文字很多，但都只說「見《禮經》」。唐文
宗開成年間石刻九經，《禮經》用《儀禮》之名，於是
成為通稱，沿用至今。但《禮經》之名也依然使用。

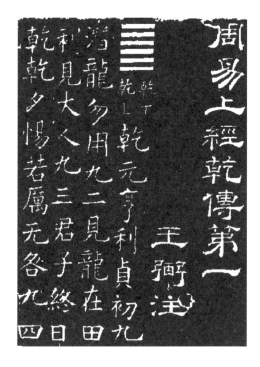

圖7-1　開成石經周易

圖7-2　武威漢簡

　　學者還每每稱《儀禮》為《士禮》，原因是先秦好以篇首的幾個字作為篇名或書名，《儀禮》十七篇的首篇是《士冠禮》，所以以其篇首之字而名之為《士禮》。也有學者認為，《士禮》的得名當由內容而起，因為《儀禮》所記，以士的禮儀為主。

　　漢代《儀禮》的傳本有四種，即大戴本、小戴本、慶普本和劉向《別錄》本，四種傳本都將《儀禮》十七

篇分為冠婚、朝聘、喪祭、射鄉等四類，但是十七篇的順序只有《士冠禮》、《士昏禮》、《士相見禮》三篇是相同的，其餘各篇則不盡相同。四種傳本的篇序，戴德本以冠、昏、喪、祭、鄉、射、朝、聘等八條大綱為序排列各篇，《喪服》一篇相傳為子夏所作、故列在最後。劉向《別錄》本則將有關冠、昏、鄉、射、朝、聘的十篇居先，而將有關喪、祭的七篇列後，這可能是前十篇為吉禮，後七篇屬凶禮的緣故，全書依吉、凶、人神為序。戴聖本的次序最為混亂，幾乎沒有條理可尋。1957年，甘肅武威磨嘴子6號漢墓出土一批西漢晚期抄寫的《儀禮》竹、木簡，共496支。據簡的形制及內容，可以分為甲、乙、丙三種文本。甲本木簡包括《士相見》、《服傳》、《特牲》、《少牢》、《有可》、《燕禮》、《泰射》等七篇；乙本木簡只有《服傳》一篇；丙本為竹簡，只有《喪服》一篇。其篇次不僅與今本《儀禮》不同，而且與二戴本不同，有學者認為，這可能就是東漢時即已失傳的後（蒼）氏之慶普傳本。從文字上看，丙本的《喪服》為單經本，經文之下沒有傳文；而甲本和乙本的《服傳》都只有傳文而沒有經文，即所謂「單傳本」，與今天所見經、傳合一的文本不同，證明西漢時經文和傳文是各自獨立城書的。鄭玄注《儀禮》時，認為二戴本「尊卑吉凶雜亂」，不可取從；而劉向《別錄》本「尊卑吉凶次第倫序」，所以採用的是劉向《別錄》本。

　　《儀禮》十七篇的內容，及於上古貴族生活的各個

方面。宋人王應麟依照《周禮‧春官‧大宗伯》對禮的劃分方法，將十七篇分為四類：《特牲饋食禮》、《少牢饋食禮》、《有司》等三篇記祭祀鬼神、祈求福佑之禮，屬於吉禮；《喪服》、《士喪禮》、《既夕禮》、《士虞禮》等四篇記喪葬之禮，屬於凶禮；《士相見禮》、《聘禮》、《覲禮》等三篇記賓主相見之禮，屬於賓禮；《士冠禮》、《士昏禮》、《鄉飲酒禮》、《鄉射禮》、《燕禮》、《大射禮》、《公食大夫禮》等七篇記冠昏、賓射、燕饗之禮，屬於嘉禮。其實，《儀禮》的篇數至今是一個懸而未決的疑案。鄭玄引劉向《別錄》，說《儀禮》為十七篇，但又說《別錄》稱《既夕禮》為《士喪禮下篇》，稱《有司徹》為《少牢下篇》，如此，則《別錄》所見《儀禮》應該只有十五篇，可能另有兩篇已經失傳。王充在《論衡‧謝短》篇中說「今《禮經》十六」，這是他所見《儀禮》的篇數。而荀悅《漢紀》則說：「高堂生傳《士禮》十八篇。」可謂莫衷一是。

　　據《漢書‧藝文志》，漢代的《儀禮》有古文經和今文經兩種。古文經是用先秦古文字書寫的。《漢書‧藝文志》目錄：「《禮古經》五十六卷，《經》七十篇。」前者為古文，後者為今文。所謂《禮古經》，出於魯淹中（或說出於孔子壁中），有五十六篇。「《經》七十篇」，即高堂生所傳的十七篇《士禮》，「七十」乃「十七」之誤倒。今文經只有十七篇。比古文經少三十九篇。今、古文《儀禮》都有的十七篇，

內容基本相同，只是文字上有差異，因此，《儀禮》實際上無所謂今古文的問題。古文經多出的三十九篇，因不在當時通行的禮經之中，人們多不傳習，後來漸漸失傳了，人們稱其為「逸禮」，其面貌今已不可知，甚至連篇名也很難考索。《周禮》、《禮記》的鄭玄注，以及其他一些古書的注疏中，曾經提到《天子巡狩禮》、《朝貢禮》、《烝嘗禮》、《王居明堂禮》、《古大明堂禮》等篇名，王應麟認為就是三十九篇「逸禮」之屬。元儒吳澄又將這些文字分類匯輯，附在《儀禮》各篇之後。但也有學者認為，三十九篇「逸禮」傳授不明，又無師說，可能是子虛烏有之物。清人邵懿辰認為，後人所引及吳氏所輯，內容與十七篇所記不相類，文字也不古樸，很可能是後人的偽作，而不是當時通行的禮。

二、《儀禮》的作者與撰作年代

關於《儀禮》一書的作者及其年代，自古以來就存在分歧。古文經學家認為是周公所作，今文經學家認為是孔子所作。古代的學者大都踵此二說。如崔靈恩、陸德明、賈公彥、鄭樵、朱熹、胡培翬等都持周公手作說，他們根據《禮記・明堂位》「周公踐天子之位，以治天下。六年，朝諸侯於明堂，制禮作樂」的記載，認定周公所制的「禮」，就是《儀禮》及《周官》等書，是周公損益三代制度而寫成的；他們還認為，《儀禮》

詞意簡嚴，儀節詳備，非周公不能作。而司馬遷、班固等則認為《儀禮》是孔子所作，說孔子慨歎周室衰微，禮崩樂壞，因而追跡三代之禮而作此書。

以上兩說，以孔子作《儀禮》說比較合理。據《禮記·雜記》記載，恤由死後，魯哀公曾派孺悲向孔子學習士喪禮，「《士喪禮》於是乎書」。也就是說，《儀禮》的《士喪禮》在這時經過孔子的傳授被正式記錄下來了。皮錫瑞《三禮通論》、梁啟超《古書真偽及其年代》據此認為，這是孔子作《儀禮》的明證，並進而推論其餘十六篇也是孔子所作。他們還認為，《儀禮》文字風格與《論語》非常相似，其內容與孔子的禮學思想也完全一致，例如孔子很重視冠、昏、喪、祭、朝、聘、鄉、射等八禮，而《儀禮》十七篇正是記述這八種禮儀的，這不能說是巧合。邵懿辰等斷言，《儀禮》十七篇並不是經歷了秦火而殘存的篇數，而是孔子教授弟子的原典，十七篇的內容已經足以總攬禮的大綱。但是，也有學者懷疑《雜記》所記的真實性，清人崔述《豐鎬考信錄》就說：「今《士喪禮》未必即孔子之所書。」從周代金文以及《尚書》、《逸周書》、《國語》、《左傳》、《毛詩》等文獻看，周代已經出現了一些比較程式化的儀禮，貴族們經常舉行各種典禮，如冠禮、覲禮、聘禮、饗禮、喪禮等，其儀節與《儀禮》所見有相同或相似之處。近人沈文倬先生認為，《禮記·雜記》所說的《士喪禮》，實際上包括《喪服》、《士喪禮》、《士虞禮》、《既夕禮》等四篇，後三

篇記述的是喪禮的連續過程，《喪服》記述的是喪禮中的服飾，內容貫通，缺一不可，著成的年代應該比較相近，大約在魯哀公末年至曾悼公初年，即周元王、定王之際。而《儀禮》一書，則是西元前5世紀中期到前4世紀中期的一百多年中，由孔門弟子及後學陸續撰作的。沈說較為公允。

《儀禮》十七篇，除《士相見禮》、《大射禮》、《少牢饋食禮》、《有司徹》等四篇之外，其餘各篇之末都有「記」。一般認為，記是孔門七十子之徒所作。《喪服》一篇體例較為特殊，經與記均分章分節，其下又有「傳」。傳統的說法認為，「傳」是孔子門人子夏所作。但是，也有人認為，此子夏為漢代人，與孔子的門人子夏同名，而非一人。

三、《儀禮》的傳授與研習

據《史記》記載，西漢初最早傳授《儀禮》的是高堂生。《漢書·儒林傳》：「漢興，然後諸儒得修其經藝，講習大射，鄉飲之禮。……諸學多言禮，而高堂生最本。禮固自孔子時，而其經不具。及至秦焚書，書散亡益多。於今獨有《士禮》，高堂生能言之。」一般認為，高堂生把《儀禮》傳給蕭奮，蕭奮傳給孟卿，孟卿傳給后蒼，后蒼傳給大戴（戴德）、小戴（戴聖）、慶普，這就是漢代的《禮》學的所謂五傳弟子。但是，《史記·儒林傳》所記，在蕭奮之前還有徐氏，蕭奮之

《禮》當得自徐氏，徐氏與高堂生的關係不詳。《禮》為五經之一，最初的《禮》博士是誰，今已不可考。宣帝時，博士后蒼以《詩》、《禮》名世。據《漢書‧藝文志》，后蒼以《禮》授「沛聞人通漢子方、梁戴德延君、戴聖次君、沛慶普孝公。……由是《禮》有大戴、小戴、慶普之學」。西漢政府設立的《易》、《詩》、《春秋》「五經博士」，都是今文經學。《禮》也不例外，大、小戴及慶氏三家也都是今文經學，其中，大、小戴列於學官，慶氏不立於學官。

　　最早為《儀禮》全書作注的是鄭玄，此前只有少數人為《儀禮》的某些篇作過注，如馬融作的《喪服注》即其例。鄭玄的情況已在介紹《周禮》時談到，此處不再重複。鄭玄的《儀禮注》和《周禮注》一樣，文字精審，要言不煩，博綜眾家，兼采今古文，受到廣泛的歡迎，成為《儀禮》研究的不祧之祖。魏晉南北朝時期，門閥士族嚴辨宗法血統，《儀禮‧喪服》根據服喪者的嫡庶親疏身份，對喪服的樣式作了嚴格的規定，因而《喪服》研究成為當時的時尚，著述極多。唐代學者在總結兩漢、魏晉南北朝經學的基礎上作《九經疏》，其中的《儀禮》疏是由賈公彥做的。遺憾的是，儘管賈氏的《周禮疏》贏得了很高的學術聲譽，但《儀禮疏》得到的評價並不高，原因是魏晉時《喪服》獨盛，其他各篇研究較差，所以賈氏作《儀禮疏》時，《喪服》一篇所引章疏有袁准、孔倫等十幾家，材料比較豐富，而其餘各篇所引，只有南齊的黃慶、隋的李孟哲兩家，詳略

十分懸殊，而且黃、李二家的注水平也不高，連賈氏自己都不滿意。

唐以《易》、《詩》、《書》、《三禮》、《三傳》等「九經」，考課取士。按經文字數的多少，將「九經」分為三等，《禮記》、《左傳》為大經，《毛詩》、《周禮》、《公羊》為中經，《周易》、《尚書》、《儀禮》、《穀梁》為小經。由於《禮記》的字數比《左傳》少，所以，攻大經者競相讀《禮記》；中經與小經之中，《周禮》、《儀禮》、《公羊》、《穀梁》四經或文字艱深，或經義晦澀，難收速效，故鮮有攻讀者，這是「三禮」之學中衰的重要原因。

宋神宗熙寧四年（1071），王安石改革科舉制度，宣佈廢罷詩賦及明經諸科，《儀禮》也在廢罷之列。古代科舉分房閱卷，從此之後，再無《儀禮》之房，因此，誦習《儀禮》的學者寥若晨星，《儀禮》屢經翻刻，訛脫衍倒之處多有，但由於誦習者少，很少有人問津。朱熹曾慨歎：《儀禮》人所罕讀，難得善本。元、明兩朝，學者高談心性理氣，多不願研究以名物制度為主的《儀禮》，所以《儀禮》之學益微。

有清一代，是《儀禮》之學的極盛期，名家迭出，著述宏富，學術水準也遠超前賢。清代的《儀禮》研究，始於顧炎武。康熙初，顧炎武以唐開成石經校明北監本「十三經」，發現《儀禮》脫誤最多，他在《九經誤字》中曾詳加臚列。稍後，張爾岐作《儀禮鄭注句讀》，附《監本正誤》、《石經正誤》二卷，詳校《儀

禮》經注之誤。其後有許多學者致力於《儀禮》的校勘和研究，由於他們不懈的努力，《儀禮》的原貌基本恢復，為《儀禮》研究的深入，奠定了堅實的基礎。清代《儀禮》研究的代表性著作，是胡培翬的《儀禮正義》。胡培翬，安徽績溪人，自祖父胡匡衷起，一門四世皆致力於《儀禮》研究，積澱深厚。胡培翬本人又以四十年之功，作《儀禮正義》四十卷，成為《儀禮》研究集大成的著作。胡氏把自己的工作概括為四點：一、「補注」，即補充鄭注之不足；二、「申注」，即申述鄭注之義蘊；三、「附注」，與鄭注相異而義又可通的說法，附而存之，以資研究；四、「訂注」，即訂正鄭注的錯誤。此書不僅對以往《儀禮》研究的成果作了全面總結，解決了許多難點，而且新見迭出，使《儀禮》研究躍上了全新的臺階。

四、《儀禮》的價值

　　《儀禮》一書，記載的是先秦的禮儀制度，時過境遷，它是否已經沒有任何價值可言了呢？回答是否定的。

　　首先，《儀禮》作為一部上古的經典，具有很高的學術價值。此書材料，來源甚古，內容也比較可靠，而且涉及面廣，從冠婚饗射到朝聘喪葬，無所不備，猶如一幅古代社會生活的長卷，是研究古代社會生活的重要史料之一。書中記載的古代宮室、車旗、服飾、飲食、

喪葬之制，以及各種禮樂器的形制、組合方式等等尤其詳盡，考古學家在研究上古遺址及出土器物時，每每要質正於《儀禮》。《儀禮》還保存了相當豐富的上古語彙，為語言、文獻學的研究提供了價值很高的資料。《儀禮》對於上古史的研究幾乎是不可或缺的，古代中國是宗法制社會，大到政治制度，小到一家一族，無不浸潤於其中。《儀禮》對宗法制度的闡述，是封建宗法制的理論形態，要深刻把握古代中國的特質，就不能不求於此。此外，《儀禮》所記各種禮典，對於研究古人的倫理思想、生活方式、社會風尚等，都有不可替代的價值。

其次，儘管宋代以後，《儀禮》一書在學術界受到冷落，但在皇室的禮儀制度中，《儀禮》始終是作為聖人之典而受到尊重的。從唐代的開元禮到宋代的《政和五禮新儀》、明代的《大明集禮》，乃至清代的《大清會典》，皇室主要成員的冠禮、婚禮、喪禮、祭禮，以及聘禮、覲禮等，都是以《儀禮》作為藍本，加以損益而成的。

再次，由於佛教的傳入，使民間的傳統生活習慣發生很大變化，如果聽之任之，則中國的傳統文化將有全面佛教化的可能。宋代的有識之士如司馬光、朱熹等，意識到《儀禮》中的禮制是中國儒家文化的典型，如果它從中國社會徹底消失，那將是儒家文化的徹底消失。他們順應時勢、對《儀禮》進行刪繁就簡，取精用弘的改革，摘取其中最能體現儒家人文精神的冠、婚、喪、

祭諸禮，率先實行，並在士大夫階層中加以提倡，收到了比較積極的成效。可見，《儀禮》在宋代時還起過捍衛民族文化的作用。

最後，《儀禮》在今天還有沒有價值可言呢？回答是肯定的。但這並不是說要恢復《儀禮》的制度，而是說應該利用《儀禮》禮義中的合理內核。《儀禮》中的許多禮儀，是儒家精心研究的結晶，有許多思想至今沒有過時。對於這一寶貴的歷史文化遺產，我們應該保持應有的尊重，並以科學的態度加以總結，為建設社會主義精神文明所用。今禮之中有古義，人們不自知罷了；古禮也可以今用，這正是我們應該像王安石、朱熹那樣，認真研究的課題。有關《儀禮》中的禮儀，我們將在後面作比較詳細的介紹，此處從略。

Chapter 8

第八章

闡發禮義的妙語集萃——

《禮記》

在《三禮》中，《禮記》最晚取得經的地位，但卻是後來居上，成為禮學大宗，大有取代《儀禮》、《周禮》之勢。《禮記》多格言妙語，文字生動，富有哲理，所以受到廣泛歡迎。不管自己是否意識到，中國士民很少有不受它的影響的。

一、《禮記》的成書

古人把解釋經典的文字稱為「記」，《禮記》原本是《儀禮》的「記」。《儀禮》的記有兩種，一種是附於《儀禮》各篇正文之後的「記」，旨在對儀節的語焉不詳之處作補充，而不涉及禮所蘊涵的深意。文字多為零句散語，不相連綴。另一種是單行的記，各自獨立成篇，既有對孔子言論的追記，也有禮學思想的闡發，還有對古代制度的描述等，內容要豐富得多，數量也明顯超過前者，《禮記》各篇就屬於這一類。單行的「記」戰國時期很流行，但秦火之後，一度銷聲匿跡。

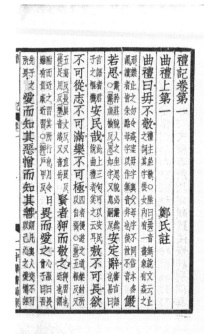

圖8-1　《禮記》書影

西漢景帝、武帝之際，河間獻王劉德從民間得到一批「古文先秦舊書」，其中有「禮記」，但未提及篇數。《漢書・藝文志》禮類有「《記》百三十一篇」，當是獻王所得《禮記》的篇數。西漢時，《記》是依附於《禮經》而流傳的，性質類似於今人所說的參考資料，不可能列入學官。西漢末年，劉歆校理秘府文獻，見到的「記」只有一百三十篇，但另有《明堂陰陽記》三十三篇、《孔子三朝記》七篇、《王氏史氏記》二十一篇、《樂記》二十三篇，總共有二百十四篇。劉歆作《別錄》，對《禮記》各篇所屬的門類逐篇作了說

明，如「屬通論」、「屬吉事」、「屬喪服」等。漢代流傳的《記》可能不止於此數，所以，近人洪業先生有「兩漢學者所傳之《禮》，經有三而記無算」之說。

　　《記》儘管沒有經的地位，但依然受到漢儒重視。宣帝甘露三年（前51）的石渠閣會議上，聞人通漢、戴聖在發言中就引用了《記》。當時許多學者都有自己的《記》的選輯本。經過比較和淘汰，到東漢中期形成了《大戴禮》和《小戴禮》兩種比較權威的輯本。鄭玄《六藝論》說，戴德、戴聖叔侄二人傳授禮學，「戴德傳《記》八十五篇，則《大戴禮》是也。戴聖傳《禮》四十九篇，則此《禮記》是也」（孔穎達《禮記正義》引）。

　　大小戴《禮記》與古文《記》是怎樣的關係，鄭玄沒有提到。晉人陳邵在《周禮論序》提出《小戴禮》是刪《大戴禮》而成的說法：「戴德刪古禮二百四篇為八十五篇，謂之《大戴禮》；聖刪《大戴禮》為四十九篇，是為《小戴禮》。後漢馬融、盧植諸家考諸家同異，附戴聖篇章，去其繁重，及所敘略而行於世，即今之《禮記》是也。」（《經典釋文・敘錄》引）《隋書・經籍志》大體沿襲此說，但又說馬融在《小戴禮記》中增入《月令》、《明堂位》、《樂記》等三篇，所以才有四十九篇之數。這一說法流傳很廣，但漏洞很多。清代學者戴震、錢大昕、沈欽韓、陳壽祺、毛奇齡以及洪業等都曾加以駁斥，其要點可歸納如下。

　　首先，若如其說，則二書篇目應該完全不同。但

是，今天見存的大、小戴《禮記》中都有《哀公問》和《投壺》。此外，《曲禮》、《禮器》、《祭法》、《祭義》、《文王世子》、《曾子問》、《間傳》、《檀弓》、《王制》是《小戴記》篇名，而《漢書》、《五經異義》、《白虎通》、《毛詩》等引及時，稱引自《大戴記》。說明它們也為大、小戴《禮記》所共有。

其次，《漢書·曹褒傳》說曹褒的父親曹充「持慶氏禮」，「傳《禮記》四十九篇」。「慶氏禮」是后蒼弟子慶普所傳之禮。慶普與二戴是同時代人，而慶氏禮已有四十九篇之數。《後漢書·橋玄傳》說戴聖的弟子橋仁「著《禮記章句》四十九篇」，說明四十九篇之數在馬融之前已有。而劉歆《別錄》的《禮記》篇目中有《樂記》，可見《樂記》也非馬融所增。

再次，大、小戴是武帝、宣帝時人，劉歆是哀帝、平帝時人。二戴怎麼可能去刪劉歆編次的《禮記》？此外，《大戴記》文字多有見於《小戴記》的，如《曾子大孝》見於《小戴記》的《祭義》；《諸侯釁廟》見於《小戴禮》的《雜記》。《朝事》與《聘義》，《本事》與《喪服四制》也頗有相同之處。如果說小戴為「去其繁重」而刪大戴，就無法解釋這種現象。

許慎《五經異義》多次引及《記》，但不稱「大戴」、「小戴」，而稱「禮戴」或「大戴」。洪業先生認為，可能最初有《禮戴記》，而後有《大戴記》。因為收錄的篇數多，故稱《大戴記》。「大戴禮」，猶言

「增廣戴禮」。東漢末，鄭玄作《三禮注》，《禮記》取的是《小戴禮》，也就是今天的《禮記》。鄭玄是著名的經學大師，《禮記》由此擺脫了經的附庸地位，一躍而與《周禮》、《儀禮》並列。《大戴禮》由此一落千丈，雖然有北周的盧辯為之作注，但很少有人傳習，到唐代就亡佚大半，僅剩三十九篇。

二、《禮記》的分類與作者

《禮記》四十九篇，內容龐雜，孔穎達《禮記正義》引《鄭目錄》分之為九類：

1. 通論十六篇：《檀弓上》、《檀弓下》、《禮運》、《玉藻》、《大傳》、《學記》、《經解》、《哀公問》、《仲尼燕居》、《孔子閒居》、《坊記》、《中庸》、《表記》、《緇衣》、《儒行》、《大學》

2. 喪服十一篇：《曾子問》、《喪服小記》、《雜記上》、《雜記下》、《喪大記》、《問喪》、《服問》、《奔喪》、《間傳》、《三年問》、《喪服四制》

3. 吉禮七篇：《冠義》、《昏義》、《鄉飲酒義》、《射義》、《燕義》、《聘義》、《投壺》

4. 制度六篇：《曲禮上》、《曲禮下》、《王制》、《禮器》、《少儀》、《深衣》

5. 祭禮四篇：《郊特牲》、《祭法》、《祭

義》、《祭統》

6. 明堂陰陽二篇：《月令》、《名堂位》

7. 世子法一篇：《文王世子》

8. 子法一篇：《內則》

9. 樂記一篇：《樂記》

　　四十九篇不出於一人之手，各篇的作者，學者間頗有異說。《漢書‧藝文志》禮類「《記》百三十一篇」下班固自注：「七十子後學所記者也。」認為是孔門弟子各記所聞而成，但沒有談到各篇的具體作者。《史記‧孔子世家》說「子思作《中庸》」。《隋書‧音樂志》引梁朝學者沈約之說：「《月令》取《呂氏春秋》，《中庸》、《表記》、《坊記》、《緇衣》，皆取《子思子》，《樂記》取《公孫尼子》。」孔穎達《禮記正義》則說：「《中庸》是子思伋所作，《緇衣》是公孫尼子所撰。鄭康成云：《月令》，呂不韋所修。盧植云：《王制》，謂漢文時博士所錄。其餘眾篇，皆如此例，但未能盡知所記之人也。」

　　但也有學者認為《禮記》是西漢的作品。如三國魏張揖《上廣雅表》說是「魯人叔孫通撰置《禮記》」，徐堅《初學記》說是西漢禮學家后蒼所撰。還有學者認為，《禮記》的基本材料出於七十子之徒，但經過了漢儒的加工或竄亂，如陸德明《經典釋文敘錄》云：「《禮記》者，本孔子門徒共撰所聞，以為此記，後人通儒各有損益。」趙匡《春秋集傳纂例》說：「《禮記》諸篇，或孔門之後末流弟子所撰，或是漢初諸儒私

議之，以求購金，皆約《春秋》為之。」何異孫《十一經問對》說，《禮記》「孔子說，七十二子共撰所聞以為之記，及秦漢諸儒錄所記以成編，多非孔子之言，凡『子曰』者，多假託」。

　　近人沈從文先生曾長期從事文物工作，他從周秦兩漢墓葬所反映的制度來判斷《禮記》的年代。他的方法是：「所發墓葬，其中制度，凡漢代者，以《禮記》證之皆不合；凡春秋、戰國者，以《禮記》證之皆合；足證《禮記》一書必成於戰國，不當屬之漢人也。」（《顧頡剛學術文化隨筆》，中國青年出版社，1998，176頁）

　　有關《禮記》作者和年代的爭論，曠代持久，長期不能定於一說。筆者認為，《禮記》中屬於「吉禮」的《冠義》、《昏義》、《鄉飲酒義》、《射義》、《燕義》、《聘義》的各篇，內容依附於《儀禮》；屬於「喪服」和「祭禮」的各篇，內容也與《儀禮》的喪祭之禮一貫；因此他們的年代當與《儀禮》不離左右。《曲禮》、《禮器》、《少儀》、《深衣》、《樂記》、《內則》等篇，學者多信為孔門弟子之作。「通論」各篇的年代一直有爭議。

　　近年，湖北荊門郭店1號楚墓出土一批儒家文獻，其中《緇衣》一篇與今本《禮記‧緇衣》基本相同。此外又有《性自命出》一篇，文中「性自命出，命自天降」等語，與子思《中庸》「天命之謂性，率性之謂道」的意思一致，證明沈約「《中庸》、《表記》、

《坊記》、《緇衣》，皆取《子思子》」的說法大致可信。有趣的是，上海博物館從香港購回一批走私出境的戰國楚竹書，其中不僅有《緇衣》、《性自命出》篇，而且有《禮記》中的《孔子閒居》和《大戴禮記》中的《武王踐阼》篇。兩批楚竹書與大小戴《禮記》的文字相同、類似，或者可以互相印證的地方很多。據此可以推斷，「通論」各篇當如班固所說，是「七十子後學所記者」，也是先秦的文獻（詳見拙作《郭店簡與〈禮記〉的年代》，載《中國哲學》第21輯）。

三、《禮記》的人本主義思想

禮的靈魂，是西周以來的人本主義思想。由於體例的限制，《儀禮》對於禮所要表達的思想幾乎沒有涉及。而《禮記》則對此作了相當充分的論述。作者每每通過對某些歷史事件的敘述，來凸現以人為本的立場。行文生動，娓娓道來，有很強的感染力。下面介紹《檀弓》所及的幾個例子。

殷代盛行「人殉」（用活人殉葬）、「人祭」（以人為祭品）的風俗。到了周代，由於人本主義思想的興起，這種風俗從總體上得到了抑制，但依然存在。因此，禮家的基本任務之一，就是繼續向這種野蠻的風俗作鬥爭。齊國大夫陳子車客死在衛國後，他的妻子和家宰準備用活人殉葬。陳子車的弟弟陳子亢到衛國奔喪，

聞訊後，堅決反對，認為「以殉葬，非禮也！」為了制止這一行為，他對陳子車的妻子和家宰說，如果一定要用活人殉葬，你們就是最合適的人選！陳妻等不得不罷休。無獨有偶，有一位名叫陳乾昔的，臨終之前要求兒子做一口大棺材，讓兩個婢女在他的左右兩邊殉葬。陳乾昔死後，他的兒子沒有照他的要求辦，說：「以殉葬，非禮也！」禮家對殉葬的態度如此。

　　禮緣人情而作，禮家十分看重人與人之間的情感，認為是判斷為政得失的重要標誌之一。宋國有一位守城的士兵死了，司城子罕「哭之哀」。晉國的探子回去報告了這一情況，認為這表明宋國統治者一定深得民心，所以千萬不能去進攻。孔子很讚賞晉國的探子，因為他懂得民心向背是決定戰爭勝負的關鍵。與此相反，晉大夫荀盈去世而尚未安葬，晉平公就飲酒作樂，並讓樂師師曠和近臣李調陪飲。杜蕢憤然上前責罰師曠、李調不能規勸國君的過錯，晉平公慚愧無以，表示要永遠記住杜蕢的勸戒。這種鮮明的以人為本的立場，在《禮記》中可謂觸目皆是，而且關懷的目光及於下層的普通民眾。魯國發生旱災，穆公按照傳統的風俗，要暴曬尪（ㄨㄤ）者，尪者是脊柱彎曲、面部向天的殘疾人，古人認為上天哀憐尪者，怕雨水會灌進其鼻孔，所以不下雨。後來又要暴曬負責祈雨的巫婆。縣子批評穆公「虐」、「疏（迂闊）」，並制止了這種殘忍不人道的行為。

　　禮家反對非正義的戰爭，尤其反對在戰爭中殺戮無

辜。吳國軍隊侵略陳國，砍伐陳國神社的樹木，殺死患有傳染病的百姓。陳國的太宰嚭（ㄆㄧˇ）指責說，自古以來，攻伐他國的軍隊都不砍伐神社的樹木，不殺害病人，不俘虜頭髮花白的老人，為的是體現人道。如今你們連病人都殺，可謂是「殺害病人之師」。禮家主張對為保衛正義而獻身的人予以特殊禮遇。魯國少年汪踦為保衛祖國而戰死。古代未成年而死稱為「殤」，殤者不得行成人喪禮。但魯人決定破格為之舉喪。孔子十分贊成，說他既然「能執干戈以衛社稷」，就應該用成人之禮。

《禮記》中處處投射出禮家人文關懷的光輝。最著名的無過於《檀弓》中「孔子過泰山側」一節，一位婦女的公公、丈夫和兒子都被老虎咬死，依然不肯離開荒野，原因是惟有此處才沒有苛政。孔子感慨地對學生說「苛政猛於虎也」。孔子此語成為後世反對暴政和苛捐雜稅的思想武器。

四、哲理與格言

《禮記》一書，還廣泛討論了禮的本質、理論、運用等問題，富有哲理，為後人留下了彌足珍貴的思想資源。

《禮運》通論禮的本原和禮制的演變，將五帝三王之政區分為「大同」與「小康」兩個階段。孔子關於大同世界的論述，展示了儒家理想的藍圖，洪秀全、康有

為、孫中山等都受到過「天下為公」思想的影響，他們的理想國中都有大同世界的影子。

《樂記》是中國最早的音樂理論著作，提出了「樂本於心」、「樂由中出，禮自外作」、「樂者天地之和」、「聲音之道與政通」、「樂以象德」等重要觀點。

《學記》是中國最早的系統記述教育制度、教學內容、教育理論著作，提出了教師在教學中的主導地位、教學相長、因時施教、啟發式教學、循序前進等一系列教學原則。

《經解》解說六經在教育中的不同目標，《詩》教使人溫柔敦厚，《書》教使人通達、知史，《樂》教使人廣博、馴良，《易》教使人潔淨、精微，《禮》教使人恭儉、莊敬；《春秋》之教使人知曉著史體例。六經失修，人民就會愚、誣、奢、賊、煩、亂。

《王制》是漢文帝命博士諸生雜採六經古注而作，意在損益虞夏商周之制，以定一王之法。篇中歷述王者頒爵制祿、封邦建國、設官分職、朝聘巡狩、井田、教化刑禁、述職考績、徵稅貢物、喪祭國用、選士養老等制度，頗似一篇完整的施政大綱。

《月令》採輯《呂氏春秋》十二紀首章而成，不僅完整地記述一年十二月的天文、氣象、物候，而且按照陰陽消長和五行相生的理論，安排四時十二月的政令、農事。

《禮記》中充滿傳誦千古的格言，琅琅上口，便於

記誦和引用，這是《禮記》得以流傳的重要原因之一。
例如：

> 毋不敬，儼若思，安定辭，安民哉。（《曲禮》）
>
> 臨財毋苟得，臨難毋苟免。（《曲禮》）
>
> 在朝言朝，朝言不及犬馬。（《曲禮》）
>
> 大學之道，在明德，在親民，在止於至善。（《大學》）
>
> 君子慎其獨。（《大學》）
>
> 富潤屋，德潤身。（《大學》）
>
> 君子不失足於人，不失色於人，不失口於人。（《表記》）
>
> 口惠而實不至，怨菑及其身。（《表記》）
>
> 小人溺於水，君子溺於口，大人溺於名，皆在其所褻也。（《緇衣》）
>
> 民以君為心，君以民為體。（《緇衣》）
>
> 儒有不寶金玉，而忠信以為寶；不祈土地，立義以為土地，不祈多積，多文以為富。（《儒行》）
>
> 不臨深而為高，不加少而為多。（《儒行》）
>
> 好學近乎知，力行近乎仁，知恥近乎勇。（《中庸》）
>
> 凡事豫則立，不豫則廢。（《中庸》）
>
> 人一能之己百之，人十能之己千之。（《中庸》）
>
> 博學之，審問之，慎思之，明辨之，篤行之。（《中庸》）

　　君子尊德性而道問學，致廣大而盡精微，極高明而道中庸；溫故而知新，敦厚以崇禮。（《中庸》）

　　君子貴人而賤己，先人而後己。（《坊記》）

　　善則稱人，過則稱己。（《坊記》）

　　安上治民，莫善於禮。（《經解》）

　　內亂不與焉，外患弗辟也。（《雜記下》）

　　張而不弛，文武弗能也。弛而不張，文武弗為也。一張一弛，文武之道也。（《雜記下》）

　　君子樂得其道，小人樂得其欲。（《樂記》）

　　玉不琢，不成器。人不學，不知道。（《學記》）

　　教學相長。（《學記》）

　　大道之行也，天下為公。（《禮運》）

在古代中國，《禮記》的思想和格言可謂家喻戶曉，代代流傳，成為人們立身、處事的準則。甚至不識字的民眾，也能熟知《禮記》中的許多格言，這正是《禮記》的魅力之所在。

五、《禮記》的流傳與影響

　　《儀禮》、《周禮》文字古奧，內容繁複，枯燥難讀。而《禮記》的文字每每可與《周禮》、《儀禮》聯繫，被認為是打通《周禮》、《儀禮》的橋樑；其內容，上可探索陰陽，窮析物理，推本性命，下而及於

修身齊家，民生日用。既能嚴禮樂之辨，又可究度數之詳。所以，兩漢以來，每每為學者所樂道。

宋代大儒都很推崇《禮記》。程顥認為《禮記》多傳聖門緒餘，「如《樂記》、《學記》、《大學》之類，無可議者；《檀弓》、《表記》、《坊記》之類，亦甚有至理，惟知言者擇之。如《王制》、《禮運》、《禮器》，其書亦多傳古意」。朱熹說：「《大戴禮》冗雜，其好處已被小戴採摘來做《禮記》了。」實際上是說《禮記》集中了古文《記》的精華。朱熹採擷《曲禮》等文，撰《學禮》十五篇，收入《儀禮經傳通解》中。

明儒柯尚遷說：「《曲禮》、《內則》、《少儀》實《古禮經》篇名。」又說：「《曲禮》『毋不敬』四言，實古帝王相傳格言」；「《內則》之教，先王所以立父子、夫婦之大倫矣。教子之道，必有《少儀》之禮，外傅之教始詳，亦古經也，而孝弟教本推及於長幼、朋友二倫，皆立於《少儀》之中矣。」（《曲禮全經類釋・自序》）

朱升說：「《儀禮》，經也，所記者名物制度；《禮記》則傳其意焉。遠古無傳，則求其數也難，不若姑因其義之可知者，使學者盡心焉，以求古聖製作之意，而通乎其餘，此設科者不得不捨經而求傳也。」（《經義考》卷一百三十九）

虞集說，《禮記》一書，「曾子、子思道學之傳在焉。不學乎此，則《易》、《詩》、《書》、《春秋》

未易可學也」，而且堯、舜、三代之遺說，「舍此幾無可求者」（《經義考》卷一百三十九）。

唐太宗命國子祭酒孔穎達等為《易》、《詩》、《書》、《禮》、《春秋》等五經作新疏，以資講習。其中，最引人注目的現象是用《禮記》代替了《儀禮》。孔穎達疏集南學與北學之長，廣採舊文，詞富禮博，猶如依山鑄銅，煮海為鹽，為學者提供了豐富的資料。唐以「九經」取士，按字數多少將九經分為三等：《禮記》、《左傳》為大經；《毛詩》、《周禮》、《公羊》為中經；《周易》、《尚書》、《儀禮》、《穀梁》為小經。由於《禮記》的文字比《左傳》少，文字也相對淺近，故儒生多捨《左傳》而讀《禮記》，使得《禮記》之學大盛。王安石在科舉考試中廢《儀禮》而存《禮記》之科，使《禮記》之學進一步壓倒《儀禮》。

使得《禮記》的地位日益上升的另一個原因，是學術界對《大學》、《中庸》的彰顯。韓愈為了建立儒家的聖學道統，從《禮記》中發掘出《大學》、《中庸》，認為是與《孟子》、《易經》同等重要的「經書」，「遂為千萬世道學之淵源」（陳澔《禮記集說‧自序》語）。宋儒唱和韓說，張載說：「《中庸》、《大學》出於聖門，無可疑者。」朱熹認為《大學》是「初學入德之門」，《中庸》是「孔門傳授心法之書」，並將它們從《禮記》中抽出，與《論語》、《孟子》合稱《四書》，與《六經》並行，以為天地立心，

為生民立命，為前聖繼絕業，為萬世開太平。從元朝皇慶二年起，考試科目必須在《四書》中出題，《四書》便成為士子必讀之書。

宋代《禮記》研究的重頭戲是衛湜的《禮記集說》。此書兼取鄭注、孔疏、陸德明《經典釋文》，博採一百四十四家之說，芟除蕪蔓，撮舉樞要，詳而且明，使讀者能「因眾說之淺深，採一經之旨趣，詳而度數，精而性理，庶能貫通而盡得之矣」（《禮記集說·自序》）。

圖8-2　宋人科舉考試圖
（宋代重視文人，相臣多出自進士。）

　　元儒陳澔作《禮記集說》三十卷，因陳氏號雲莊，故又名《雲莊禮記集說》。此書較衛湜書簡便，但多失古義，好以空言推義理，舛誤也比較多。明永樂十二年，胡廣奉詔修《五經大全》，其中《禮記大全》採諸儒之說共四十二家，為學者一時所重。

　　清代《禮記》之學的重要著作有《欽定禮記義疏》、納蘭性德《禮記集說補正》、李光坡《禮記述注》、方苞《禮記析疑》、朱軾的《禮記纂言》、朱彬《禮記訓纂》、孫希旦《禮記集解》等。其中以孫希旦《禮記集解》為成就最高，此書博參宋元以來諸家之說，以發明古義，新見疊出，讀者可以參閱。

Chapter 9

第九章————

冠者禮之始也：冠禮

　　遠古氏族社會時代，曾流行過一種「成丁禮」。氏族中的未成年者，可以不參加生產、狩獵活動，也不必參加戰爭，氏族對他們有哺育和保護的責任。但在他們到達成人的年齡後，氏族則要用各種方式測驗其體質與生產、戰爭技能，以確定其能否取得氏族正式成員的資格。隨著社會的發展，成丁禮在絕大多數地區都消失了，而中國的儒家看到了它的合理內核，將它加工改造為「冠禮」，作為人生禮儀的重要組成部分之一。《儀禮》有《士冠禮》一篇，詳細記載士之子舉行冠禮的詳細儀節。《禮記》有《冠義》一篇，說解冠禮的含義。

一、成人之者，將責成人禮焉

　　行冠禮之年，也就是進入成年的年齡，有一定講究。儒家認為，人的成長離不開學習，不同的年齡段有不同的學習內容。《禮記・內則》說，六歲，教以數目與四方之名；八歲，教以禮讓，示以廉恥；九歲，

教以朔望和六十甲子；十歲，離開家庭，住宿在外，向老師學習「書計」（文字）、「幼儀」（奉侍長者的禮儀），以及有關禮的篇章和日常應對的辭令；十三歲，學習音樂、誦讀《詩經》，練習稱為《勺》的舞蹈（文舞）；十五歲之後稱為「成童」，練習稱為《象》的舞蹈（以干戈為道具的武舞），以及射箭和禦車。經過七年的學習，也就是到了二十歲，已經具備了一定的文化知識的基礎，而且血氣強盛，身體發育成熟，能夠獨立面對社會，《禮記·曲禮》說「男子二十冠而字」，此時可以為之舉行成年禮。成年以後，還要進入更高層次的學習，學習的內容，《禮記·內則》有具體的記載。

　　人既成年，為什麼要舉行儀式？它究竟暗含了怎樣的意義？《禮記·冠義》說：「成人之者，將責成人禮焉也。責成人禮焉者，將責為人子、為人弟、為人臣、為人少者之禮行焉。將責四者之行於人，其禮可不重歟？」可知，舉行這一儀式，是要提示行冠禮者：從此將由家庭中毫無責任的「孺子」轉變為正式跨入社會的成年人，只有能履踐孝、悌、忠、順的德行，才能成為合格的兒子、合格的弟弟、合格的臣下、合格的晚輩，成為各種合格的社會角色。惟其如此，才可以稱得上是人，也才有資格去治理別人。因此，冠禮就是「以成人之禮來要求人的禮儀」。

二、筮日、筮賓，所以敬冠事也

　　冠禮既是如此重要，在儀式中就會有特別的體現。首先，舉行冠禮的日子要通過占筮的形式來選擇，不得隨意決定。選擇吉日的儀節稱為「筮日」。冠禮之所以要選吉日，《冠義》說是為了「求其永吉」，希望冠者從此有一個良好的開端。

　　冠禮是家庭繼承人的成年禮儀，是關係到家族的傳承和發展的大事。古時如此鄭重的儀式，必須在家廟進行。《冠義》解釋說：「行之於廟者所以尊重事，尊重事而不敢擅重事，不敢擅重事所以自卑而尊先祖也。」有著以祖先的名義行禮的含義，也就是《禮記·文王世子》所說的「冠、取妻必告（告廟）」的意思。

　　日期確定後，作為冠禮的主人（將冠者的父親），要提前三天通知各位同僚、朋友，邀請他們屆時前來觀禮。這一儀節稱為「戒賓」，戒是告知、通報的意思。

　　主人再次通過占筮的方法，從所通報的僚友中選擇一位德高望重的人擔任加冠的正賓，這一儀節稱為 “筮賓”。冠禮之日，正賓必須到場，否則不能成禮，所以，人選一經確定，主人要提前一天前往正賓家中作特別邀請。除此之外，還要特邀一位「贊者」，即協助正賓加冠的助手。通過占筮來確定冠日以及正賓的人選，都是鄭重其事的表現，所以《冠義》說：「古者，冠禮筮日、筮賓，所以敬冠事。敬冠事所以重禮，重禮所以為國本也。」

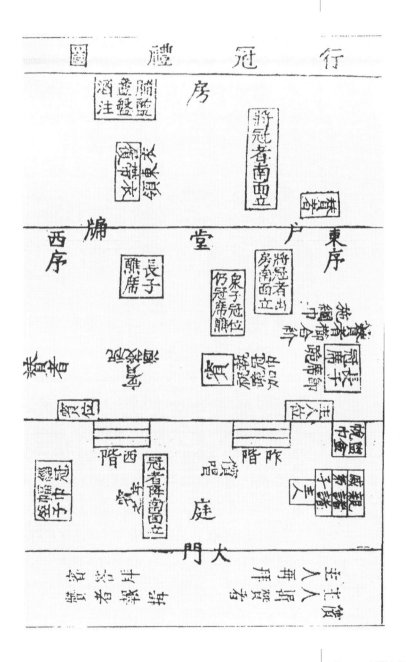

圖9-1　冠禮方位圖

三、三加彌尊，加有成也

　　冠禮的主體部分，是由正賓依次將緇布冠、皮弁、爵弁等三種冠加於將冠者之首。緇布冠實際上是一塊黑布，相傳太古時代以白布為冠，若逢祭祀，就把它染成黑色，所以稱為緇布冠，這是最初的冠。冠禮先加緇布

圖9-2　明朱檀九梁皮弁
（高21釐米，寬31釐米，1971年山東鄒縣魯王朱檀墓出土。）

圖9-3　明朱翊鈞皮弁
（漆竹絲作胎，面敷烏紗，內襯紅素絹，前後各十二縫，每縫綴五彩玉珠九顆、珍珠三顆。1958年北京定陵萬曆棺內出土。）

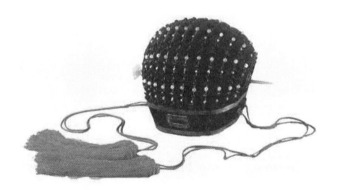

冠，是為了教育青年人不忘先輩創業的艱辛。周代貴族生活中已經不戴緇布冠，所以冠禮之後就擱置不用。其次是加皮弁，皮弁的形制類似於後世的瓜皮帽，用白色的鹿皮縫製而成，與朝服配套穿戴，地位要比緇布冠尊。最後加爵弁，「爵」通「雀」，爵弁所用質料與雀頭的顏色（赤而微紅）相似，故名。爵弁是國君祭祀等莊重的場合戴的，地位最尊。三次加冠，將地位最卑的緇布冠放在最前，地位

圖9-4　爵弁

稍尊的皮弁在其次，而將爵弁放在最後，每加愈尊，是隱喻冠者的德行能與日俱增，所以《冠義》說：「三加彌尊，加有成也。」

　　加冠之前，三種冠分放在三個竹器中，由三位有司捧著，從西階的第二個臺階依次往下站立。加冠者在堂上有專門的席位，其位置因身份的不同而不同。嫡長子的席位設在阼階之上，庶子（嫡長子的同母弟和異

母兄弟）的席位在堂北偏東的地方。堂的面向都朝南，堂前有東、西二階，東階供主人上下堂專用，所以稱為主階，也叫阼階；西階供來賓上下堂，所以稱為賓階。《儀禮・士冠禮》說：「嫡子冠於阼，以著代也。」「著」是彰顯的意思，「代」是替代，阼階之上是主人之位，讓嫡長子在此加冠，意在突出他將來有資格取代父親在家中的地位。

　　加冠之前，先由贊者為冠者梳頭，再用帛將頭髮包好，做好一切準備。為了表示潔淨，正賓都要先到西階下洗手，然後上堂到將冠者的席前坐下，親手將冠者頭上包髮的帛扶正，然後起身，從西階走下一級臺階，從有司手中接過緇布冠，走到將冠者席前，先端正其容儀，然後致祝辭說：「月份和時日都很吉祥，現在開始為你加冠。拋棄你的童稚之心，慎養你的成人之德。願你長壽吉祥，廣增洪福。」（譯意）祝畢，親手為他戴上緇布冠。接著由助手為冠者繫好冠纓。冠者進房，脫去采衣，換上與緇布冠配套的玄端服出房，面朝南，向來賓展示。

　　二加、三加之禮的儀節與此基本相同，只是第二次加冠時，正賓要從西階走下兩級臺階；第三次加冠時要走下三級臺階，因為捧持皮弁和爵弁的有司站在不同的位置。此外，每次加冠的祝辭略有變化，但意思相同，無非是勉勵加冠者拋棄幼小嬉戲惰慢之心，而樹立進德修業之志。這是前輩對冠者的衷心祝願，是成年教育的重要內容。祝辭之後，冠者都要應答。每次加冠之後，

冠者都要進房換上相應的服裝，然後出房，向來賓展示。

不難發現，冠禮的重要內容之一，是進行容體、顏色、辭令的教育，內中有很深的含義。《冠義》說：「禮義之始，在於正容體，齊顏色，順辭令。容體正、顏色齊、辭令順而後禮義備，以正君臣，親父子，和長幼。君臣正、父子親、長幼和而後禮義立。」人之所以區別於禽獸，是因為人懂得禮儀，而禮儀是以容貌端正、神色莊敬、辭令恭順為基礎的。要責以成人之禮，首先要從容體、顏色、辭令的教育開始，惟其如此，贊者、正賓才不厭其煩地為之梳理頭髮、扶正帛巾，並且讓他展示體貌。《冠義》說「冠者，禮之始也」，正是這個意思。劉向在《說苑》中說，冠禮的意義在於「內心修德，外被禮文」，是「既以修德，又以正容」，又引孔子的話說：「正其衣冠，尊其瞻視，儼然人望而畏之，斯不亦威而不猛乎？」可謂深得其旨。

三加之禮完成後，舉行醴冠者的儀式。冠者的席位在堂上的室門之西，正賓向冠者敬醴酒，並致祝辭：「甘美的醴酒醇厚，上好的脯醢芳香。請下拜受觶，祭獻脯醢和醴酒，以奠定你的福祥。承受那上天的美福，長壽之年猶不忘懷。」冠者按照規定的禮節飲酒，然後起身離席，為冠禮圓滿完成而拜謝正賓，正賓答拜還禮。

四、已冠而字之，成人之道也

　　古人有姓、有名，還有字，如杜甫姓杜、名甫，字子美。諸葛亮複姓諸葛、名亮，字孔明。據《禮記・內則》記載，上古時代，孩子生下來三個月，由母親抱著去見父親，父親「咳（ㄏㄞ）而名之」，意思是拉著孩子的右手，用食指輕撓他的下巴，為之取名。二十年之後，當孩子長大成人，則要在冠禮上由正賓再為他取一個表字。

　　在姓名之外取表字，為了表示對父親所起之名的敬重。在古代的社會交往中，只有長輩對晚輩或者尊者對卑者可以直呼其名。平輩之間、晚輩對長輩則要以字相稱，以示尊敬，否則就是失禮。也就是說，「字」是成人交際時使用的，所以《冠義》說：「已冠而字之，成人之道也。」

　　正賓為冠者取字有嚴格的儀式。正賓從西階下堂，站在正對西序之處，面朝東。主人從東階下堂，站在正對東序之處，面朝東。冠者站在西階下的東側，面朝南。正賓為冠者取表字，並致祝辭：「禮儀已經齊備，在此良月吉日，宣佈你的表字。你的表字無比美好，宜為英俊的男士所有。適宜就有福佑，願你永遠保有。你的表字就叫『伯某甫』。」周代的表字，首字表示排行，用伯、仲、叔、季表示，視情況而定；末字「甫」，或作「父」，是對男子的尊稱；中間的「字」，一般與名的字義有聯繫，如孔丘，字仲尼父，

仲是排行，尼與丘對應，丘是山丘，尼是尼山，是孔子出生的地方。末一字可以省略，所以孔子的字通常可以稱仲尼。

目前中國大陸地區的民眾已經很少有人再取字，但在海外華人區，以及韓國、日本等漢文化圈的文化人中，依然流行取字的風氣。

五、以成人之禮見尊者、長者

冠禮完畢，冠者要拜見有關的尊長。先從西階下堂，折而東行，出廷院的東牆，面朝北，拜見在這裏等候的母親，並獻上乾肉，以表敬意。母親拜受後準備離去，冠者拜送，母親又拜。這一過程中，作為兒子的冠者只對母親拜一次，而母親卻拜了兩次，這是上古時代婦人對成年男子的拜法，稱為「俠拜」，這一禮節如今在中國已經失傳，但在韓國依然保留著。

冠者又去見站在堂下的親戚。親戚向冠者行再拜之禮，冠者答拜還禮。然後出廟門、進寢門，去見姑姑和姊姊，儀節與見母親一樣。冠者拜見母親、兄弟等，是表示在家中從此以成人之禮相見，所以《冠義》說：「見於母，母拜之；見於兄弟，兄弟拜之；成人而與為禮也。」

冠者回家脫去爵弁服，換上玄冠、玄端和雀色的蔽膝，手執一隻雉，前往拜見國君。見面時，要將雉放在地上，不能親手交給國君，因為親手授受是尊者與尊者

之間的禮節。禮畢，再執雉分別去拜見卿大夫和鄉先生。所謂「鄉先生」，是指退休還鄉的卿大夫。這是冠者首次以成人的身份拜見國君、鄉大夫、鄉先生，所以《冠義》說：「玄冠、玄端，奠摯於君，遂以摯見於鄉大夫、鄉先生，以成人見也。」

冠者拜會尊長完畢，主人用醴酒酬謝正賓，用的是一獻之禮。所謂「一獻之禮」，包括獻、酢、酬，即主人先向賓敬酒（獻），賓用酒回敬主人（酢），主人先自飲、然後斟酒再敬主人（酬）。為了表示對正賓的感謝，主人以五匹帛和兩張鹿皮相贈。冠禮至此結束，正賓告辭，主人送到門外，再拜，並派人將盛有牲肉的禮俎送到正賓的家中。

鄉大夫、鄉先生接見冠者時，要對冠者有所教誨。如何教誨，《士冠禮》未曾提及。所幸者，《國語・晉語》對趙文子行冠禮後往見諸卿的情況有詳細的記載，可以彌補《士冠禮》的闕失。趙文子先去見欒武子（欒書），武子說：「我曾與你的父親趙朔共過事，他這人有些華而不實，希望你今後注重務實。」又去見范文子（范燮），文子說：「從今以後你要懂得戒懼。有賢德的人，在恩寵加身時總是更加謹慎，只有德行不足的人才會因恩寵而驕奢。」又去見韓獻子（韓厥），獻子說：「記住！你成年之初就應該向善，要不斷地由善進入更善的境界，這樣，不善就無法靠近你了。如果你一開始就不能向善，不斷由不善進入到更加不善的地步，那麼，善就與你無緣了。猶如草木的生長，事物總是

依類相從的。人之有冠，好比宮室之有牆屋，要勤加修整。除此之外，我還有什麼可說的呢？」又去見智武子（亦稱荀罃），武子說：「孩子要記住：你曾祖趙成子的文采，祖父趙宣子的忠誠，難道可以忘懷嗎！孩子要記住：有趙宣子的忠誠，再加上趙成子的文采，侍奉國君就沒有不成功的。」最後去見張孟，先把前面幾位的教導敘說了一遍，張孟說：「他們說得太好了！如果你聽從欒書的話，就可以達到范燮所教導的境界，就可以弘揚韓厥的告誡，將來就可以成就圓滿。如果你牢記智罃說的道理就好了。這都是先王的陰德在滋潤你啊！」冠禮與教育的密切關係，於此可見。

六、古代社會中的冠禮

周代實行以嫡長子繼承制為核心的宗法制度，在位的帝王去世，嫡長子無論年紀長幼，都可以即位。但是，只要即位的新王沒有成年，就不能執掌朝綱。例如，周武王去世時，成王尚在襁褓之中，雖然入承大統，但不具備親政的能力，只能由周公攝政。直到成王成年之後，周公才返政於成王。原因很簡單，未成年者不具備南面之資。又如嬴政十三歲就即秦王之位，據《史記·始皇本紀》，直到九年後的四月己酉，也就是二十二歲時，才「冠，帶劍」，開始親政。可見，對於帝王而言，冠禮具有特殊的意義。不僅如此，一般的士人如果沒有行冠禮，也不得擔任重要官職。據《後漢

書‧周防傳》，周防十六歲仕郡小吏。世祖巡狩汝南，召椽史試經，見周防「尤能誦讀」，欲拜為守丞。周防因尚未行冠禮，不能從命。

西漢王朝對於帝王的冠禮非常重視。據《漢書‧惠帝本紀》，漢惠帝行冠禮時，曾經宣佈「赦天下」，這是歷史上因帝王行冠禮而大赦天下的開始。其後，又有因太子行冠禮而賜民以爵位的，據《漢書‧景帝本紀》，景帝後三年正月，「皇太子冠，賜民為父後者爵一級」。又據《漢書‧昭帝本紀》，元鳳四年，昭帝加冠，「賜諸侯王、丞相、大將軍、列侯、宗室，下至吏民，金帛、牛酒各有差。賜中二千石以下及天下民爵。

圖9-5　東漢周公輔成王畫像石
（高76釐米，寬67釐米，畫面以減地陽文為主，陰文線刻相輔。1978年山東嘉祥漢墓出土。）

毋收四年、五年口賦。三年以前逋更賦未入者，皆勿收。今天下酺五日」。頗似普天同慶的節日。

為了與臣下的冠禮相區別，漢昭帝的冠禮還專門撰作了冠辭。據《博物記》（《續漢書・禮儀志》注引）所記，其冠辭為：「陛下摛顯先帝之光耀，以承皇天之嘉祿，欽奉仲春之吉辰，普尊大道之邦域，秉率百福之休靈，始加昭明之元服，推遠沖孺之幼志，蘊積文武之就德，肅勤高祖之清廟，六合之內，靡不蒙德，永永與天無極。」這是後世帝王另撰冠辭之始。

東漢伏波將軍馬援的次子馬防，在肅宗時擔任過衛尉，其子馬鉅常跟從左右。據《後漢書・馬防傳》，肅宗六年正月，馬鉅年及冠齡，特拜為黃門侍郎。肅宗親至章台下殿，「陳鼎俎，自臨冠之」。可惜，史書中皇帝親臨臣子冠禮的記載僅此一見。

從南北朝到隋唐，冠禮一度廢而不行。柳宗元在答韋中立的書信中談到，「冠禮，數百年來人不復行」，說當時有一位名叫孫昌引的人，「獨發憤行之」，冠禮畢，仿當年趙文子見欒書等的故事，次日上朝，希望眾卿士能對他有所教導。到外廷後，孫氏薦笏對卿士說：「某子冠畢。」不料眾卿士莫名其妙，京兆尹鄭叔則佛然曳笏卻立說：「這與我有何相干？」文武大臣哄然大笑。可見，朝廷的大臣已不知冠禮為何物。

從唐到宋，「品官冠禮悉仿士禮而增益，至於冠制，則一品至五品，三加一律用冕。六品而下，三加用爵弁」（《明集禮》）。可知唐宋時代曾在品官中實行

過冠禮，按照品階高下，加不同的冠。

宋代的一些士大夫痛感佛教文化是對大眾層面的強烈衝擊，造成固有文化的迅速流失，主張要在全社會推行冠、婚、喪、祭等禮儀，以此弘揚儒家文化傳統。司馬光痛心疾首地說：「冠禮之廢久矣。近世以來，人情尤為輕薄，生子猶飲乳。已加巾帽，有官者或為之制公服而弄之。過十歲猶總角者蓋鮮矣。彼責以四者之行，豈能知之？故往往自幼至長，愚騃如一，由不知成人之道故也。」（《朱子家禮》引）認為廢除冠禮，使得人情輕薄，自幼至長不知成人之道，從而造成嚴重的社會問題。所以，司馬光在他的《書儀》中，制訂了冠禮的儀式，規定：男子年十二至二十歲，只要父母沒有期以上之喪，就可以行冠禮。為了順應時變，司馬光將《儀禮》的《士冠禮》加以簡化，使之易於為大眾掌握。此外，還根據當時的生活習俗，將三加之冠作了變通：初加巾，次加帽，三加襆頭。《朱子家禮》沿用了司馬光《書儀》的主要儀節，但將冠年規定為男子年十五至二十，並從學識方面提出了相應的要求，「若敦厚好古之君子，俟其子年十五以上，能通《孝經》、《論語》，粗知禮義之方，然後冠之，斯其美矣」。

程頤也極力倡導冠禮，認為「冠禮廢，則天下無成人」。《左傳》襄公九年載，晉悼公宴請魯襄公時，問及魯襄公的年齡，季武子說只有十二歲。有人援引此例，主張將冠齡提前到十二歲，遭到程頤的堅決反對，說：「此不可。冠所以責成人，十二年非可責之時。」

認為，既行冠矣，就必須責以成人之事，否則就成了虛禮；如果冠禮之後不能責以成人之事，則終其一身都不能期望他成人，因此，「雖天子諸侯，亦必二十而冠」（《二程遺書・伊川先生語一》）。

據《明史》，明洪武元年詔定冠禮，從皇帝、皇太子、皇子、品官，下及庶人，都制訂了冠禮的儀文，《明史》中有關皇帝、皇太子、皇子行冠禮的記載很多，說明在皇室成員中依然保持著行冠禮的傳統，「然自品官而降，鮮有能行之者，載之禮官，備故事而已」（《明史・禮志八》）。可見在官員和民間已經很少有人行冠禮了。清人入主中原後，政府頒定的禮儀制度發生很大變化，雖然還有五禮的名目，但長期作為「嘉禮之重者」的冠禮不再出現在「嘉禮」的細目之中。

七、女子的笄禮

古代男子有冠禮，女子則有笄禮。《禮記・曲禮》說：「女子許嫁，笄而字。」可見女子是在許嫁之後舉行笄禮、取表字。笄禮的年齡小於冠禮，《禮記・雜記》說：「女子十有五年許嫁，笄而字。」如此，則許嫁的年齡是十五歲。如果女子遲遲沒有許嫁，則可以變通處理，《禮記・內則》鄭玄注說：「其未許嫁，二十則笄。」笄禮的儀節，文獻沒有記載，學者大多認為應當與冠禮相似。

到了宋代，一些學者為了推行儒家文化，構擬了士

庶女子的筓禮，司馬光的《書儀》以及《朱子家禮》都有專門的儀式。《書儀》，女子許嫁，筓。主婦女賓執其禮。筓禮行之於中堂，執事者用家內的婦女婢妾充任。席以背設梳櫛總首飾置桌子上，冠筓盛於盤中，上面蒙以帕，由執事者執之。主人於中門內迎賓。賓致祝詞後為之加冠、筓，贊者為之施首飾，賓揖筓者，適房，改服背子。既筓，所拜見者僅限於父及諸母、諸姑、兄姊。其餘儀節都與男子冠禮相同。《朱子家禮》的筓禮與《書儀》大體相同。女子許嫁，即可行筓禮。如果年已十五，即使沒有許嫁，也可以行筓禮。筓禮由母親擔任主人。筓禮前三日戒賓，前一日宿賓，賓選擇親姻婦女中賢而有禮者擔任。陳設，在中堂布席。厥明，陳服，如冠禮。序立，主婦如主人之位。賓至，主婦迎入，升堂。賓為將筓者加冠筓，適房，服背子。為筓者取字。筓者見尊長，最後禮賓，儀節與冠禮相同。

　　公主的筓禮，文獻語焉不詳，《政和五禮新儀》的《冠禮》沒有提及，而《宋史》有之，皇帝親臨於內殿，估計是仿照庶子冠禮製作的。明代筓禮不見於記載。

Chapter 10

第十章

合二姓之好：婚禮

　　古代男子行冠禮之後，就有了婚配的資格。《儀禮》有《士昏禮》一篇，記載先秦士的婚禮的儀式；《禮記》則有《昏義》一篇，論述婚禮的人文內涵。兩篇文獻是我們瞭解和研究先秦婚禮的主要材料。婚禮涉及到兩姓聯姻的品質和穩定性，涉及到宗族是否昌盛，所以《昏義》說：「昏禮者，將以合二姓之好，上以事宗廟，而下以繼後世也，故君子重之。」

一、婚姻之義

　　兩性結合的開始是種族得以繁衍的基礎，因而是動物界的普遍現象。但是，為什麼唯獨人類的兩性結合需要經由「禮」的種種形式呢？這是首先需要回答的問題。

　　人類在邁入文明時代之前，曾經經歷過雜交亂婚、「知母而不知父」的階段，異性的結合相當隨便，甚至不需要區別輩份、血緣。隨著民智的開化，人們發

圖10-1　光緒大婚慶隆舞
（皇帝婚禮，既要大宴百官，
又要歌舞慶祝。）

現，亂婚的結果，不僅使族群中的弱智或病態兒童大為
增多，還造成了倫常關係的混亂。《禮記・曲禮》說：
「夫唯禽獸無禮，故父子聚麀。是故聖人作，為禮以教
人。使人以有禮，知自別於禽獸。」為了杜絕「父子聚
麀」（父子用同一個性配偶）之類的落後現象，「聖
人」對異性的結合作種種的限定，使人類遠離於禽獸。

　　禮緣人情而作，性情以男女為大，人類的性本能難
以自發地控制，為了引導人們正確把握男女之情，使性

情之道萬世不廢，儒家制訂了婚姻之禮。只有經過婚姻之禮的女子，才能成為自己的配偶；對於其他的女子，則必須恪守男女之大防，所以《禮記・經解》說：「昏姻之禮，所以明男女之別也。故昏姻之禮廢，則夫婦之道苦而淫辟之罪多矣。」

儒家特別看重婚姻之禮，並作了種種理論闡述。首先是倫理哲學方面的意義。儒家以人法天，自然界的萬物，乃是天陽、地陰所化生。男女則是社會的陰陽兩極，是衍生億萬人類的淵源。《周易・序卦傳》：「有天地，然後有萬物；有萬物，然後有男女；有男女，然後有夫婦；有夫婦，然後有父子；有父子，然後有君臣；有君臣，然後有上下；有上下，然後禮義有所錯。」人類社會的君臣、父子等等的一切人倫關係，都是由夫婦的結合而派生出來的。這與自然界的陰陽二氣相和合，化生了四時和萬物，在本質上是一致的。從這個意義上說，夫婦是人倫之基，「萬世之始」（《禮記・郊特牲》），婚禮是「禮之本」（《禮記・昏義》）。

其次是穩定家國方面的意義。《史記・外戚世家》說，自古帝王的為政得失，往往與配偶的賢否相關，如「夏之興也以塗山，而桀之放也以末喜。殷之興也以有娀，紂之殺也嬖妲己。周之興也以姜原及大任，而幽王之禽也淫於褒姒」，聖人的經典，都以夫婦之道為首，「《易》基乾坤，《詩》始《關雎》，《書》美釐降，《春秋》譏不親迎。夫婦之際，人道之大倫也。」

因此，在古代中國，天子與后的婚姻具有垂範天下的意義。《昏義》說：「天子之與后，猶日之與月，陰之與陽，相須而後成者也。」在儒家的經典中，治理天下，說到底是治理男女民眾，因此天子與后有一種自然分工，《昏義》說：「天子理陽道，后治陰德；天子聽外治，后聽內職；教順成俗，外內和順，國家理治，此之謂盛德。」所以在官職的設置上，兩者有對等的關係：天子立六官，三公九卿，二十七大夫，八十一元士，后立六宮，三夫人、九嬪、二十七世婦，八十一御妻，只是前者聽外治，後者聽內治而已。儒家把由男女而起的陽道與陰德、外治與內職的和順，看作是盛德至治的標誌。明清故宮以皇帝所居之處名之為乾清宮，以后之所居為坤寧宮，顯然是以天子與后為人間陰陽的象徵。

二、議婚和定親

從《儀禮・士昏禮》可知，士娶妻，要經過納采、問名、納吉、納徵、請期、親迎等六個主要儀節，稱為「六禮」。前五個儀節都比較簡單，核心內容是議定婚姻。

「納采」，後世稱為「提親」，采是採擇、選擇的意思，是女方謙虛的說法，意思是自家女兒不過是聊備男家選擇的對象之一。男家先請媒人到女家提親，得到允諾後，就派使者到女家致辭，並送上禮物——雁。女家若同意議婚，就收納其禮物。

　　這裏有幾點要注意。首先，古代議婚，男女雙方一定要通過媒人、使者來交接，而不能彼此直接接觸，之所以要作這樣的規定，是為了避免男女草率苟合，因此鄭玄《士昏禮》注說是「皆所以養廉恥」。《詩經‧齊風‧南山》說「取妻如之何？匪媒不得」，可見這已成為一種普遍的風氣，也是東方女子講羞澀的表現。反之，如果男女私定終身，就會受到家庭和社會的恥笑，《孟子‧滕文公下》說：「不待父母之命、媒妁之言，鑽穴隙相窺，逾牆相從，則父母、國人皆賤之。」

　　其次，婚禮是繼宗傳代大事，所以要經過種種的程序，以示鄭重。而且納采、問名、納吉、納徵、請期等五個儀節，都在女方的禰廟（父廟）舉行，並且要像侍奉生者一樣，在禰廟為父親的神靈設坐席以及供憑依的几，含有聽命於宗廟的意思，也都是尊重其事的表現。

　　第三，除納徵之外，在六禮的其他五個儀節中，男家使者帶往女家的見面禮物都是雁，這可能是一種相沿而來的習俗，但儒家對此也注入了新的禮義。《白虎通》說：「取其隨時而南北，不失其節，明不奪女子之時也。又是隨陽之鳥，妻從夫之義也。又取飛成行，止成列也，明嫁娶之禮，長幼有序，不相逾越也。」使古老的習俗有了新的象徵意義。

　　納采禮畢，使者出廟門，但並不回家，稍後再次進入女家之門「問名」，即詢問女子母親的姓氏，以瞭解對方的血緣關係，避免出現同姓婚配的情況。同姓相婚，子孫不能蕃息昌盛。《左傳》僖公二十三年，鄭叔

詹說：「男女同姓，其生不蕃。」《左傳》昭公元年，子產說：「內官不及同姓，其生不殖。美先盡矣，則相生疾，是以君子惡之。故《志》曰：買妾不知其姓則卜之。」避免同姓婚配、近親繁殖，是為了保持族群的優生，是社會進步的表現。

從先秦文獻來看，同姓不婚已經成為周代社會的婚姻法則，娶同姓為妻是違反禮制的行為，要受到輿論抨擊，這裏有一個十分著名的例子。魯哀公十二年夏五月甲辰，昭公的夫人孟子卒。孟子姓吳，照理應該稱「吳孟子卒」，可是，《春秋》卻寫作「孟子卒」，原因何在？《左傳》說，「昭公娶於吳，故不書姓」。《公羊傳》、《穀梁傳》也都說是「諱娶同姓」。意思是說，吳國是周太伯的後裔，與魯國是同姓之國。昭公違反了「娶妻不娶同姓」的規定，娶吳孟子為夫人，是失禮的行為。出於為尊者諱的考慮，所以隱去「吳」姓，只稱「孟子」。孔子提到這件事也非常生氣，說「君娶於吳，為同姓，謂之吳孟子。君而知禮，孰不知禮」！（《論語‧述而》）

男家得知女子姓氏後要占卜，如果得到吉兆，就派使者到女家通報，稱為「納吉」。主人聞訊後謙虛地回答說：「小女不堪教育，恐不能與尊府匹配。但既已占得吉兆，我家也同有這吉利，所以不敢推辭。」

「納徵」，相當於後世的訂婚，徵是成的意思，雙方的婚姻關係由此確定。納徵時致送的聘禮是玄色和纁色的帛共五匹，鹿皮兩張。

　　男家通過占卜選定了婚期，為了表示對女家的尊重，派使者到女家，請求指定婚期，這一儀節稱為「請期」。女家主人謙辭說：「還是請夫家決定吧。」於是，使者將已卜定的吉日告訴女家。

三、親迎

　　親迎，今稱迎親，是婚禮的核心。以上「納采」等五個儀節都是由男方派使者到女家進行，而且都是在早晨行事；唯獨親迎是由新郎親自前往女家，而且時間是在「昏」時。娶妻為什麼要在昏時呢？這是有緣由的。古代「昏」是與「旦」相對的時間概念，指日沒後二刻半（古人將一天的時間長度分為100刻，今天則分為96刻，一刻的長度很接近）。據梁啟超、郭沫若等學者考證，昏時成婚，是上古時代搶婚習俗的孑遺，因為搶婚需要借助夜色的掩護。《易·睽卦》上九有這樣一段文字：「見豕負涂，載鬼一車，先張之弧，後說之弧，匪寇婚媾。」大意是說，有人夜行，見一豕伏在路中，又見一輛車，上面載著許多鬼，於是張弓欲射。仔細一看，不是鬼而是人，於是弛弓不射。再細看，不是寇盜，而是為婚媾之事而來的人。梁啟超等認為，《睽卦》所記，實際上就是氏族時代的搶婚。隨著時代的進步，搶婚的風俗消失了，昏時成親的習慣卻被保留下來了，而儒家則賦予了新的哲學詮釋：新郎到女家迎親，新娘則隨之到夫家，含有陽往陰來之意，昏時是

迎親

圖10-2　清朝末年的迎親場景

（迎親的時候，新郎赴女家，對岳父、岳母盡子婿之禮，然後迎新婦返回男家。）

陰陽交接之時，所以說，「必以昏者，取其陰來陽往之義」（鄭玄《三禮目錄》）。新婚於昏時而來，所以叫「昏」（先秦文獻寫作「昏」，後世寫作「婚」）；新娘則因之而去，所以叫「姻」。這就是後世「婚姻」一詞的來歷。

　　婚禮的重要任務之一，是要為家庭選擇一位內主，這一角色，既要相夫教子，又要奉養老人，終日與娣姒妯娌相處，還有絲麻布帛之事，她是否具備「婦順」的德行，和順上下，關係到家庭的穩定和興盛。《昏義》說：「是故婦順備，而後內和理，而後家可長久也。」為此，女子在出嫁前三個月必須向女師接受有關「婦順」的教育，地點是在公宮或者宗室，施教的科目有婦

德（貞順）、婦言（辭令）、婦容（容色）、婦功（絲麻）等科目，為婚後的生活做好各方面的準備。教成之後，要在宗廟舉行告祭，祭品要用代表陰類的魚、蘋藻等水中之物。

新郎出發迎親之前，父親教導說：「去迎接你的內助，以繼承我們的宗室之事。勉勵和引導她恭敬從事，以嗣續我們先妣的美德。你的言行要有常法。」兒子回答說：「是，只怕我不能勝任，但決不敢忘記父親的訓誡。」新郎乘坐漆車前往女家，隨行者分乘兩輛副車，從役們手持燭炬，在馬前開道照明。

女家在禰廟為祖先的神靈設席，右面放著供神靈憑依的几。新娘戴著髮飾，在房中面朝南而立，等待丈夫的到來。姆站在新娘右邊。陪嫁者站在新娘後面。新郎到達門外時，新娘的父親出門迎接，並導引他進門。上堂後，新娘的父親在阼階上面朝西而立，母親在房外面朝南而立。新郎東房之前、面朝北向岳父行再拜叩首之禮，然後走下西階，出門。女兒出房，跟從新郎從西階下堂，這時，站在阼階上的父親告誡女兒：「切記要恭敬從事，從早到夜，都不要違背公公、婆婆的意志！」並贈以衣服、髮簪等托戒之物，讓她日後見物思今，永志不忘。母親給女兒繫好小帶、結好佩巾，告誡說：「要努力，要謹慎，白天黑夜，都要恪守婦道！」庶母送到門內，給她繫上盛佩巾用的絲囊，告誡說：「恭恭敬敬地聽從你父母的話。白天黑夜都不要有過錯，經常看看這個絲囊，就不會忘記父母的告誡了！」新娘登

上迎親的車，姆為她披上避風塵用的罩衣。新郎驅車前進，車輪轉動三圈後，由車夫代替新郎駕車。新郎乘自己的漆車先回家，再在家門外等候新娘。

婚禮的「六禮」，一直延續到唐代。到了宋代，「六禮」被簡化為納采、納幣（相當於古禮中的納吉）、親迎等三種儀節，又相沿到清代。儒家認為，陽動陰靜，而且女子羞澀，因此必須由男子主動上門娶妻。這一思想成為中國人普遍的心理定式和文化特徵之一。不管時代如何變化，親迎始終作為婚禮中最重要的儀節而被廣泛遵守。從《左傳》等文獻可知，春秋時期，兩國交好往往互通婚姻。由於親迎不能深入到對方國土之中，所以女方送婚的隊伍只能送到國境上，男方即使貴為諸侯，也必須到國境上迎娶，這是更高一級的親迎方式。當今中國的婚禮，變化很大，古禮的面貌幾乎蕩然無存，但親迎的形式依然頑強地保存著。無論是大陸、港臺，還是旅居世界各地的華人，無論作為新郎的當事人自己是否意識到，都會在大喜之日親自到新娘的府上迎親。闊氣的新郎用高級轎車組成的車隊迎親，貧寒的新郎則用自行車或毛驢，工具不同，內涵卻是相同的。這是古禮可以今用，或者說今禮中保存有古禮的典型例證之一。

四、成婚

新房設在新郎的寢室。侍者交替為新郎、新娘澆水

洗手，贊禮者為新人安排好了新婚第一餐的饌席。新人的坐席和飯菜的放置略如下圖。

圖10-3　夫婦對席、共牢而食圖

古人食俗，有些類似今天的分餐制，各種食物每人一份。所以，新郎、新娘的席前，主食黍和稷，以及調味用的醬、菹（醃製的冬葵菜）、醢（螺醬）、湇（肉湯）都是各有一份。但是婚禮的情況有些特殊，魚俎、豚俎、臘（風乾的全兔）俎僅有單獨的一份，放在兩人的飯菜之間，供新郎、新娘一起食用，這一安排稱為「共牢而食」，「牢」指俎或者俎裏的食物。

由上圖可知，新婚第一餐的飯菜很簡單。進食帶有禮儀的性質，吃得也不多，贊禮者將黍移到新郎、新娘的席前，又把豚俎上的肺和脊夾給他們。夫婦先吃黍，再喝肉湯，然後用手指咂醬吃，這一過程稱為「一飯」。一共要三次，稱為「三飯」。古禮，三飯告飽，食禮完畢。古人飯後要「酳（ㄧㄣˋ）」，就是用酒漱口，這既是為了清潔口腔，同時也有安食的作用。

「醋」有三次，稱為「三醋」。婚禮中三醋的酒器，前兩次用爵，最後一次用巹（ㄐㄧㄣˇ）。所謂巹，就是將葫蘆對剖而成的瓢，夫婦各執一片而飲。這一安排稱為「合巹而飲」。

新人從素昧平生到成為結髮至親，在儀節上不能沒有一個過渡。共牢而食、合巹而飲，正是要體現夫婦一體、彼此親愛的意思。《昏義》說：「共牢而食、合巹而飲，所以合體同尊卑，以親之也。」在當今的婚禮中，客人鬧新房時有一個幾乎是必不可少的節目，就是讓新郎、新娘一起咬同一顆糖，或者同一個蘋果，也是為了表示夫婦從此結為一體。這正是「共牢而食、合巹而飲」的遺風流亞，只是當事人不自知罷了。

五、拜見舅姑

婚禮最後一個重要儀節是拜見舅姑，這是涉及到家庭管理權交接的大事。舅姑是古代對公公、婆婆的稱呼。婚禮次日的清晨，新娘早早起身沐浴，穿戴整齊後，以新婦的身份拜見公公、婆婆。公公以主人的身份在阼階上即席，婆婆以內主的身份在房門外的西側即席。新娘捧著盛著棗、栗的竹籃，提梁上覆蓋著巾，從西階上堂，到公公席前行拜見禮，禮畢，將竹籃放在席上。公公撫摸竹籃，表示收下禮物。新娘又到婆婆席前行拜見禮，然後將另一只盛著乾肉的竹籃放在席上。婆婆舉起竹籃，表示收下禮物。接著，贊禮者代表公婆用

醴酒向新娘致禮，表示接納新娘為家庭正式成員。之後，新娘向公婆「饋特豚」，就是進獻一隻煮熟的小豬。小豬經左右對剖之後，先一起放入鼎中，食前取出，分別盛放在公公、婆婆的俎上。饋特豚，是表示新娘開始以媳婦的禮節孝敬公婆。最後，公婆設食款待新娘，以及女家的有司等人，並贈給禮物。禮畢，公婆從西階下堂，新娘從東階下堂，這裏含有「著代」的意思，表明新娘從此代替婆婆成為家庭的主婦。

如果成婚時公婆已經去世，就只能在宗廟祭祀時，另外用「奠菜」的禮儀拜祭公婆。周人實行四時之祭，春夏秋冬，每季一祭，所以是每三月祭祀一次。新娘過門後，不出三個月就會遇到一次祭祀。因此，奠菜之祭一定是在婚後的三個月之內，這就是《士昏禮》說的：「若舅姑既沒，則婦入三月乃奠菜。」到了宋代，人們認為三月而廟見，相隔的時間太長，於是，《朱子家禮》改為三日，遂成定格，流傳後世。

六、古代婚禮的幾個特色

古代婚禮與今日婚禮迥異其趣或相因不絕之處甚多，下面略舉其要。

由《士昏禮》可知，先秦婚禮相當簡樸，不僅夫婦成婚的菜餚僅有數品，而且沒有慶賀和舉樂的儀節，與今日競奢鬥富的婚禮相比，反差非常鮮明。《禮記・郊特牲》說：「昏禮不用樂，幽陰之義也。樂，陽氣

也。」用陰陽之義作解釋；又說：「昏禮不賀，人之序也。」認為婚禮是異姓之間的聯姻，目的是繁衍宗族，家家都有，人人必經，因此無喜可賀，無樂可舉。《禮記・曾子問》則引孔子的話說：「嫁女之家，三夜不息燭，思相離也。取（娶）婦之家，三日不舉樂，思嗣親也。」意思是說，婦家因女兒出嫁而離別，父母思念，無心舉樂；夫家則將因娶新婦而取代年老的母親在家中的地位，不免哀戚，也無心舉樂。但是，從漢代起，婚禮就不斷朝著奢靡的方向發展。據《漢書・宣帝本紀》，五鳳二年秋，宣帝下詔說「昏姻之禮，人倫之大者也。酒食之會，所以行禮樂也」，指責某些官員「禁民嫁娶不得具酒食相賀召」是「苛禁」。以後，帝王以及皇室成員婚禮的規格不斷攀升。到唐代，民間也有借

圖10-4　完婚吉日，新婦被擁上花轎，抬往夫家。

婚禮大肆鋪陳揮霍的，政府曾用《士昏禮》為軌則加以干涉，但成效不大。

新婚夫婦沒有特別的服飾。新郎穿的是爵弁服，下裳為纁色，鑲有黑色的邊。新娘頭戴髮飾，身穿鑲有黑邊的純玄色衣裳。都是以黑色為主調的衣服。連新郎、新娘乘坐的車，也是黑色的。這與後世婚禮喜歡大紅大彩的風氣完全不同。

此外，新娘沒有「蓋頭」。杜佑《通典》「拜時婦三日婦輕重議」條說，在社會動盪或有重大變故，但是恰逢婚嫁的好日子，雙方急於嫁娶，則儀式可以變通，「以紗縠幪女氏之首，而夫氏發之，因拜舅姑，便成婦道。」蒙住新娘之首的「紗縠」與後世的蓋頭有些類

圖10-5　20世紀20年代中西合璧的婚禮

似，但這是特殊情況下的權宜之法，並非常禮。

　　《世說新語・假譎》說晉人溫嶠的堂姑母委託溫嶠為其女兒物色夫婿。幾天後，溫嶠說已經物色好，門第與身世不低於自己。婚禮時，新娘用手撥開紗扇，發現新郎就是溫嶠。這就是「卻扇」一詞的出典。清代平步青的《霞外捃屑》說：「古時婚禮，侍兒以紗扇蔽新婦，徹扇曰卻扇。」南北朝庾信的《為上黃侯世子贈婦》詩說：「分杯帳裏，卻扇床前。」也是用溫嶠娶婦的典故。

　　到唐代，卻扇已經成為普遍的禮俗。《資治通鑒》記載，唐中宗景龍二年，賜婚御史大夫竇從：「內侍引燭籠、步障，金縷羅扇，自西廊而上，扇後有人。」兩人相對而坐之後，中宗命竇從「誦卻扇詩數首，扇卻，去花易服而出。」胡三省的注說：「唐人成婚之夕，有催妝詩、卻扇詩。」新娘要等新郎做了卻扇詩之後，才肯除去擋臉的扇子，確實很有文人婚禮的情趣，於此也可見唐代詩風之盛。唐封演的《封氏聞見記》說：「近代婚嫁有障車、下婿、卻扇及觀花燭之事。」「上自皇室，下至士庶，莫不皆然。」

　　直到宋代，才出現了如同今日的蓋頭。宋代吳自牧《夢粱錄》卷十二，記當時婚禮，要請男家一位福壽雙全的女親，用秤桿或紡梭挑起新娘的蓋頭。後來，變為由新郎親手掀起蓋頭。

　　從先秦時代起，婚禮使用的器物就有超越身份的現象，例如，士親迎用的墨車，是大夫的車；用作見面禮

的雁，也是大夫的規格。鄭玄將這種現象解釋為「攝
盛」，意思是在婚禮這種特殊的場合，可以允許稍有越
位的行為。後來，「攝盛」成為一種習俗而流傳千年，
新郎即使是平頭百姓，在結婚之日也可以戴紗帽、穿官
服，大家還可以稱他為「新郎官」。至於車、轎之類就
更不用說了。如今的婚禮，接新娘不僅用卡迪拉克等政
府首腦或巨富乘坐的豪華轎車，甚至可以住進「總統套
房」的，「攝盛」的規格，大概是無以復加了。

Chapter 11

第十一章 —————

禮尚往來：士相見禮

　　人與人交接、相見，是生活中最常見的現象。古代中國有知識的人相見，不是拍拍肩膀、套套近乎就可以完事，而是要經過相當程式化的禮儀，以表達內心的誠敬。《儀禮》有《士相見禮》一篇，記敘入仕的士初次去見職位相近的士的禮節，以及貴族之間相交的雜儀。《禮記・曲禮》說：「禮者，自卑而尊人。」意思是說，所謂禮，就是通過自謙的方式來表示對他人的敬意。這一觀念在《士相見禮》中表現得非常突出，儀節似乎有些瑣碎，但卻散發著典雅的氣息。

一、不以摯，不敢見尊者

　　初始入仕的士，要去見另一位職位相近的士，是一件很鄭重的事。彼此素昧平生，對方是否願意接見不得而知，如果貿然闖到對方家中求見，則有強加於人之嫌，是不禮貌的表現。或者雖然對方不會拒絕接見，但時間上不方便，不速之客會使主人無所措手足，同樣是

失禮的表現。因此，事先一定要通過「將命者」去轉達求見之意，「將命」是「傳命」的意思，指居中溝通雙方意願的人。

古禮，彼此身份相當者，可以「分庭抗禮」；只有當彼此身份有尊卑之別時，才需要通過對方的下人來遞話，例如，大臣稱天子為「陛下」，意謂不敢與天子對話，而只能通過階下的執事傳話。士去見另一位士，身份相當，按理可以平起平坐，而求見者依然以自卑的姿態說話和行事，並通過「將命者」傳遞信息，以表達自卑、謙遠的心情。這種方式在書信中普遍使用，例如給朋友寫信，彼此身份、年齡相當，但為了表示對對方的尊敬，信封上寫「某某先生書童收」，意謂不敢直接交給對方，而只能請其書童轉呈。或寫作「某某先生俯收」，以表示彼高己卑之意。類似的表達方式，今日依然在某些文人雅士中使用。

求見一方得到主人一方的同意之後，要帶著「摯」（見面的禮物）前往拜訪，這是一種表示鄭重的方式，所以《士相見禮》說「不以摯，不敢見」。士與士相見用雉（野雞）作為禮物，由於雉無法生養，所以一般情況下都是死雉。如果適逢炎熱的夏天，則要用風乾的雉，以防腐臭。

古人之所以用雉作為士相見的禮物，富其寓意，《白虎通》解釋說：「士以雉為摯者，取其不可誘之以食，懾之以威，必死不可生畜，士行威介，守節私義，不當轉移也。」可見，當時的士人以雉為禮物，是取雉

不受引誘、不懼威懾、寧死不屈的特點，來隱喻自己的節操。

為了行文的方便，我們把求見者稱為「賓」，將求見的對方稱為「主人」。賓到達主人家大門外時，先不能與主人直接見面，而要通過「擯者」（協助主人行禮的人）與主人對話。彼此的遣詞極為謙敬，而且有固定的辭令格式。賓說：「某人一直想來拜見，但無緣自達。今天將命者終於以您的命令讓我前來。」雙方的地位相當，而對方親自上門求見，是屈尊的表現，如果直接讓客人進來見面，是自大的表現，所以主人要「請返」，請客人返回，以便自己能登門拜見，主人說：「某人請將命者向您轉達希望相見之意。不料您今天屈尊先來，真是不敢當，請先回尊府，某人隨即前往拜見。」來賓表示還是在此相見，說：「您的命令某人實在不敢當，還是請就此賜見。」此時，主人要謙虛地「再請返」，說：「某人絕非虛情假意，務請先回尊府，某人隨即前往拜見。」賓說：「某人也絕非虛情假意，所以再次請求。」在來賓再次表達在此見面的願望之後，主人表示同意接見來賓。

但賓是執摯而來，而執摯是向主人表示敬意的禮節，主人若不經推辭就「受摯」，也是自大的表現，所以主人要「辭摯」，以示謙虛，主人說：「既然某人一再推辭而不能得到您的允許，理應隨即出門相迎。但聽說您執摯而來，實在是不敢當，謹辭謝您的禮物。」賓說：「某人若不帶著禮物而來，就不敢見所尊敬的

人。」此時，主人要「再辭摯」，說：「某人實在不敢
當此大禮，謹再次辭謝。」賓說：「某人如果不憑藉
禮物來表達敬意，就不敢前來拜見，所以再次請求收
下。」在再辭摯之後，主人方可以正式同意接見來賓。
主人說：「某人一再推辭而不能得到您的允許，豈敢不
恭恭敬敬地從命！」

於是，主人出大門迎接賓客，行再拜之禮。賓以再
拜之禮作答。主人揖請賓入內，自己先從門的右側進
入。賓捧著雉，從門左側進入。賓、主雙方首先行受摯
之禮。來賓授摯，主人再拜之後受摯，賓也行再拜之
禮。

禮畢，賓出門。主人讓擯者向來賓轉達希望敘談之
意。賓乃返回，與主人相見，敘畢退出。主人送賓到大
門外，行再拜之禮。

二、來而不往，非禮也

主人經過請返、再請返、辭摯、再辭摯，然後受
摯、會客、送客，以今人的眼光來看，見面的禮儀已經
結束。古禮不然。《禮記・曲禮》說：「禮尚往來。往
而不來，非禮也；來而不往，亦非禮也。」古代禮儀講
究對等，只有單方面的行為，就不成其為禮。既然對方
屈尊而來，則自己應當登門回訪，否則依然是自大的表
現。在主、賓雙方相互拜見之後，相見的禮儀才算完
成。之所以稱為「士相見禮」，而不稱為「士見面禮」

正是這個意思。

　　回訪的時間，一般是在對方來訪的次日。回訪之日，主、賓身份發生了轉換，昨天的主人變成了賓，而賓則變成了主人。回訪者手持昨日客人來訪時帶來的雉來到主人家的大門外，通過擯者與主人對話，說：「昨日，承蒙屈尊光臨敝舍，使某人得以拜見。請允許某人將雉奉還給將命者。」來賓不說「將摯奉還給您」，而說「奉還給您的將命者」，是自卑謙遠的說法。主人說：「彼此已經見面，不敢煩勞尊駕前來，謹辭謝。」賓說：「某人卑微，不敢求見尊敬的主人，只是希望將雉奉還給將命者。」主人說：「某人昨日已經拜見，不敢再勞尊駕，故再次辭謝。」賓說：「某人不敢以還雉之事驚動您，所以再次求見將命者。」主人回答說：「某人一再地推辭而不能得到您的允許，敢不恭敬從命？」得到主人同意後，賓執摯入門，主人向賓再拜後收下摯。賓出門。主人送賓到大門外，行再拜之禮。

　　至此我們可以發現，古人執摯相見，不過是借此表達內心的敬意和忠信的一種方式，其中絲毫沒有猥瑣的動機。士以德行相交，而不以錢財衡量友誼。惟其如此，受摯的一方在次日就將禮物奉還對方，否則就有貪財之嫌，真所謂「君子之交淡如水」。在人際關係日益商業化的今天，動輒以禮物相贈，送禮者表面上客客氣氣，內心卻是希望對方給予某種方便，全無誠敬之心；受禮者則認為，以權受禮，天經地義；禮物的授受，已經完全變了味道。

　　禮尚往來的傳統，在近現代社會依然殘留著，這裏有一個廣為人知的例子。1925年，清華大學決定延聘王國維先生為國學研究院導師。最初，以校長曹雲祥的名義，給王國維先生寄送了聘書。吳宓先生認為，對於像王國維這樣的大師，以一紙聘書相邀，是不鄭重、不誠敬的表現。所以，吳宓先生親自到王國維先生家中，行三鞠躬之禮，然後轉達校長的聘請之意。王先生見其執禮甚恭，決定應聘，並在不久之後，到吳宓先生家回訪。王國維先生熟知傳統禮儀，故處事非常得體。

　　士與士平等相待的原則，可以引申到大夫與大夫、諸侯與諸侯、國與國等各種關係。從《左傳》可知，春秋時期，國與國的交往，同樣遵循著平等的原則。在當今的國際外交事務中，國與國的對等，是世界各國交往的準則之一，例如A國總統出訪B國，B國總統必須在適當的時候回訪A國，彼此所受到的禮遇也是對等的，而這一原則，中國早在先秦時期就已經確立。

三、士、大夫、國君交往的雜儀

　　《士相見禮》除了記載士與士相見的禮節之外，還記載了由此推及的士見大夫、大夫相見、士大夫見於國君等儀節，有助於我們進一步瞭解貴族階層的交際禮儀，下面略作介紹。

　　士與大夫的身份有尊卑之別，因此，彼此見面的禮儀也有所不同。士初次拜見大夫，大夫不需要到門外迎

接。士到來後，只要在他進門後行一拜之禮即可。士告辭時，大夫以再拜之禮送別，但不必像士相見那樣送到大門口。

不同身份的人見面，地位高的一方如何處理對方的「獻摯」，是一個很複雜的問題，需要視具體情況而定。士向大夫獻摯，大夫三次「辭摯」之後，依然不能接受禮物。其原因是，地位平等的雙方（如士與士），主人可以接受賓的摯，但回訪時要還摯；地位相差懸殊的，如國君與臣相見，國君是一國的至尊，可以接受臣下的獻摯，而不必回訪和還摯。大夫與士的關係不然，如果受摯後不回訪、還摯，則有僭君之嫌；如果受摯後回訪、還摯，則有將自己降同於士之嫌，所以只能「終辭其摯」。

如果來賓曾經在大夫家當過家臣，即所謂的「舊臣」，則來賓在入門之後，要先把禮物放在地上，再向主人行再拜之禮。主人以一拜之禮作答。來賓獻摯，因為彼此的關係非同一般，所以大夫謙辭一次就可以收下，說：「某人辭謝你的禮物而不能得到允許，不敢再次辭謝。」但來賓出門後，主人要派擯者到門口將禮物還給賓，說：「主人讓某人將禮物奉還於您。」來賓回答說：「某人已經獻摯而且拜見主人，因此不能接受您的要求。」擯者說：「主人吩咐我：『送還禮物的事決不能虛情假意。』所以務請收下。」賓回答說：「某人不過是主人卑賤的私臣，豈敢讓主人行賓客還摯之禮，所以再次辭謝！」擯者說：「某人奉主人之命來辦此

事，不敢對您虛情假意，再次請您收下！」賓回答說：「某人屢次辭謝而不能得到同意，敢不從命？」於是再拜之後收下禮物。

如果是外邦之臣來見國君，由於不是自己的臣下，禮節也就不同。雙方行禮完畢，擯者奉命將摯退還客人，不能說受摯的話，只說還摯：「寡君派某人還摯。」賓不能說推辭的話，只能說：「君不願以外臣為臣，豈敢再推辭。」於是再拜叩首後收下禮物。

大夫之間相見所執的摯，不能用雉，那是士相見用的禮物。具體用什麼為摯，而要視大夫的等級身份而定。如果是下大夫之間初次相見，則用鵝為摯。鵝身裏著繪有紋飾的布，雙足用繩子繫著。捧持鵝的方式和士相見時一樣，鵝頭朝左。如果是上大夫之間初次相見，則以羔羊為摯。羊身上用繪有紋飾的布裹著，四足兩兩相繫，繩子要在羊背上交叉後回到胸前打結。捧持時，羊頭朝左，執持的方式與秋天行獻麛禮時執麛的方式相同。大夫相見的儀節與士相見禮相同，只是所用的摯不同罷了。

君在朝或者燕息時，臣下求見都不必執摯，惟獨新臣首次拜見國君，一定要執摯。新臣走到國君的堂下時，容貌要愈加恭敬。

士大夫首次見君，要先將摯放在地上，然後行再拜叩首之禮。國君通常不對臣下行答拜禮，因為是首次見面，所以要答以一拜之禮。

古代國君因巡行、田獵而到達鄉間，與庶人見面

時，庶人以鶩為摯，往見國君時，不必像貴族那樣作奔走翔行的儀容，只是進退時要疾走，以表示敬意。

四、燕見國君的雜儀

士大夫與國君在朝上見面，有正式的禮儀。退朝之後私見國君（文獻稱為「燕見」），禮儀不如朝中那樣繁瑣，但也有必須遵守的規範。燕見時的君臣之位，也是以國君面朝南的位置為正位。如果國君站立的不是面朝南，則要取國君正東面或正西面的方位行禮，不因為國君的方位不正就草草地在斜方向行禮。國君在堂上時，臣走哪個臺階沒有嚴格的規定，君靠近哪個臺階，就從哪個臺階上堂。

貴族彼此相見時，議論的話題、說話時的神態，也都屬於禮的範圍，於此可以窺知談話者的禮的修養。凡是向國君進言，而不是回答國君的發問，一定要等國君安坐之後再開口。閒處時談論的話題，因對象的不同而不同，但都要有利於提升德行道藝：與國君，應該談如何使用臣下；與卿大夫，應該談如何奉事君上；與年老的長輩，應該談如何教育弟子；與年輕人，應該談如何孝悌於父兄；與一般人，應該談如何以忠信慈祥處世；與士以下的官吏，應該談如何忠信奉公。

向尊長進言時，視線的方向很重要。視線高於對方的面部，就顯得傲慢；視線過低，在對方的腰帶以下，則顯得憂愁；目光游移不定，則顯得漫不經心。與卿大

夫說話時，開始時視線要落在對方臉部，觀察其氣色，看是否可以開口說話；話說完後，視線要移到對方的胸部，以示尊敬，並給對方以思考的時間；停頓一段時間之後，再將視線移到對方臉部，觀察對方是否已採納自己的意見；整個過程，體態容顏不要隨便變動。對在座的其他卿大夫，也是如此。如果是與父親說話，因為關係特別親密，則不必過於拘謹，目光可以略有游移。如果父親不再說話，那末視線要落在他行走時最先動作的部位：站立則視其足部，坐則視其膝部。

如果是在卿大夫或國中的賢者左右陪坐，則要隨時觀察他們的體態反應，以便作出相應的舉措。如果卿大夫或賢者不時打呵欠、伸懶腰，詢問時間的早晚，這時要告訴他晚餐準備的情況，以便適時就餐。如果卿大夫或賢者在座位上不斷變動姿勢，表明已有倦意，這時可以請求告退。如果是在夜間陪坐，而卿大夫或賢者詢問鐘鼓漏刻的時數，或者用蔥韭等辛菜作夜宵解睏，表明他已經勞累，這時可以請求告退。

如果國君賜士一起用餐，國君要先作食前的祭祀。依禮，祭祀前應先由膳宰代國君嘗食，如果膳宰不在，則要由士代為嘗食，再遍嘗各種菜餚、喝飲料，然後等候國君的命令。國君命令開始吃，再正式吃。如果有膳宰代嘗飲食，則要等國君開始吃之後再吃。如果國君以酒爵賜給臣下，臣要離席，對國君再拜叩首，接過酒爵，然後登席獻祭，將爵中的酒飲完，等國君也將爵中的酒飲完之後，再把酒爵交給贊禮者。退席後下堂，要

跪著取鞋，然後到隱蔽之處把鞋穿好。國君要起身相送，要說：「請別為我起身，否則，臣不敢告辭。」如果國君下堂相送，則不敢回頭告辭，逕直出門。如果客人是大夫，則可以向國君告辭，大夫起身退席時國君起身；下階時，國君也下階；到門口時，國君送行。在這三處儀節，大夫都可以辭謝國君。

如果有退休的官員或者在職的卿大夫，因為仰慕某士的德行而往見，由於彼此的地位及年齒相差懸殊，士要推辭，表示不敢當。如果他們執意要見，就說：「某人沒有德行可以讓您辱臨敝舍，但真誠的辭謝又得不到你們允許，某人只有隨即前往拜見。」於是出門，率先拜而見之。

如果大夫不是奉國君之命出使，而是因私事出訪，則稱呼上要有所不同，擯者不得向對方稱他為寡君的某人，而只能直稱其名。如果是大夫卿士奉國君之命出使，則擯者可以向對方稱他為「寡君之老」。凡是在國君面前的自稱都要謙恭，士大夫都統稱為「下臣」；退休的官員，如果居宅在國中就自稱「市井之臣」，在野外的就自稱「草茅之臣」；庶人則自稱「刺草之臣」。如果是其他國家的士大夫，則自稱「外臣」。

面見國君時，一舉手、一投足，都要體現出內心的敬意和鄭重。例如，手執幣帛去見國君，要謹慎，不要飛快地行走，越是走近國君，容貌要越恭敬。執玉器去見國君時，步伐要緩而小，前腳拖著後腳走，腳跟不離地，以免不小心將玉器摔碎。

Chapter 12

第十二章

吾觀於鄉，
而知王道之易易：
鄉飲酒禮

鄉飲酒禮始於周代，最初不過是鄉人的一種聚會方式，儒家在其中注入了尊賢養老的思想，使一鄉之人在宴飲歡聚之時受到教化。秦漢以後，鄉飲酒禮長期為歷代士大夫所遵用，直到道光二十三年，清政府決定將各地鄉飲酒禮的費用撥充軍餉，才被下令廢止，前後沿襲約三千年之久，在中國歷史上產生過深遠的影響。

一、賓興賢能：在鄉學舉行的鄉飲酒禮

據《周禮》記載，天子所居為都城，距離都城一百里之內稱為郊。百里之郊分為六鄉，鄉之下依次劃分為州、黨、族、閭、比等五級行政單位。民戶的具體數目是，五家為比；五比為閭，一閭二十五家；四閭為族，一族百家；五族為黨，一黨五百家；五黨為州，一州二千五百家；五州為鄉，每鄉一萬二千五百家。各級行政區的長官分別為鄉大夫、州長、黨正、族師、閭胥、比長。諸侯國的行政區劃與此相同，但只有三鄉。

禮書所見的周代教育體系，鄉有鄉學，州有州學。鄉學稱為「庠」，州學稱為「序」。鄉學的教師稱為「鄉先生」，由「致仕」（相當於今天的退休）回鄉的官員擔任。致仕前為中大夫的稱為「父師」，為士的稱為「少師」。

鄉學招收鄉中弟子入學，三年學成，稱為「學士」。每隔三年的正月，各鄉都要「大比」，就是選舉學士中的賢能者薦獻給天子或諸侯，以備國家任用，所以《周禮・鄉大夫》說「三年則大比，考其德行道藝而興賢者、能者」。為了表示尊隆，鄉大夫先要以主人的身份在鄉學庠（或序）中與賢能之士飲酒，意在倡導尊重人才的風氣，此即鄉飲酒禮。這種制度，《周禮・大司徒》稱為「賓興」，「興」是「興舉」；「賓興」是興舉賢能而賓禮之的意思。《儀禮・鄉飲酒禮》記載的是由侯國鄉大夫主持的鄉飲酒禮。《禮記》有《鄉飲酒義》一篇，說解在鄉學、州學舉行鄉飲酒禮的禮義。

鄉飲酒禮的主要儀節有：謀賓、迎賓、獻賓、樂賓、旅酬、無算爵樂、賓返拜等。孔子說：「吾觀於鄉，而知王道之易易。」孔子所說的「鄉」，是指鄉飲酒禮；「易易」，是「易」字的重複，是為了語句的順暢而有意作的疊加，猶言「平平」；意思是說，看了鄉飲酒禮，才知道實行王道是多麼容易。一場飲酒的禮儀，何以會得到孔子如此高度的讚譽？儒家究竟賦予它一些怎樣的禮義呢？

1. 謀賓和迎賓

鄉飲酒禮的主角是賓，因此，行禮之前最首要的儀節就是確定賓的人選。鄉大夫與鄉先生根據學成者德行才能的高下來確定賓的人選，稱為「謀賓」：以德行才能最優的一位為賓（正賓），其次者一位為介（陪客），再次者三人為眾賓之長。此外，主人還要從屬吏中選定一位德行較優者擔任「僎（ㄓㄨㄢˋ）」，輔助自己行禮。

賓、介的人選一旦確定，主人要親自到其家中通報，並致邀請之意。先邀請賓，賓謙辭後接受，主人行再拜之禮，以示為國求賢的鄭重。接著邀請介，儀節也是如此。行禮之日，主人先後到賓、介的家中召請。於是，介和眾賓先到賓的家門口，然後一起前往鄉學。主人在鄉學的門前迎接賓客。主人向賓行再拜之禮，賓答拜；又向介行一拜之禮，介答拜；又向眾賓拱手行禮。然後，客人跟隨主人入門。眾賓入門後在門內等候，賓、介與主人前行。

上古時代庠的建築格局與貴族的家居類似，門與堂都不是正對著的，所以，入門後要三次拐彎才能到達堂前的臺階。每次拐彎，賓主都要互相作揖謙讓。主賓到達各自的臺階前，彼此要三次謙讓，然後才登堂。

賓登堂後，主人要「拜至」，即拜謝賓的到來。主賓彼此行禮後入席。賓主在堂上的席位有嚴格的規定：賓在西北方，面朝南；主人在東南方，面朝西；介在西

南方，面朝東；僕在東北方，面朝西。賓是鄉飲酒禮中最主要的人物，必須面朝南而坐之外，其餘三人都是相向而坐，《鄉飲酒義》說：「四面之坐，象四時也。」

在今人看來再簡單不過的主賓名分和座位的方位，儒家卻賦予了很深的象徵意義。《鄉飲酒義》說，賓主象天地，介僕象陰陽，三賓象三光。至於賓主四人席位的安排，《鄉飲酒義》解釋說，天地之間的嚴凝之氣，起始於西南方而極盛於西北方，是天地的尊嚴之氣，即「義」氣，主人為了表示對賓的尊敬，又鑒於賓以義與人交往，所以將賓的席位安排在此，以與天地的義氣相對應。介是賓的陪客，所以安排他坐在西南方來輔助正賓。天地之間的溫厚之氣，發生於東北而極盛於東南，是天地的盛德之氣，也是天地的「仁」氣。主人以仁德寬厚接人待物，所以坐在東南方，以與天地的仁氣相對應。僕是主人的副手，所以安排他坐在東北方來輔助主人。

2. 獻賓

獻賓是整個鄉飲酒禮的重心，分為獻、酢、酬三大節。主人向賓獻酒稱為「獻」；賓回敬主人稱為「酢」；主人先自飲，再勸賓一起飲，稱為「酬」；三者合稱為「一獻之禮」。古代獻酒，禮數最高為「九獻之禮」，如《左傳》僖公二十三年提到：「楚子入饗於鄭，九獻。」《國語・晉語四》晉公子重耳到楚，楚成

王以國君之禮待之，「以周禮享之，九獻」。鄉飲酒禮是鄉大夫向處士獻酒，雖說是尊賢，但畢竟地位相差懸殊，所以只能用一獻之禮。

獻賓的每一個儀節都相當講究、相當程式化。主人獻酒之前，先要下堂洗爵。賓不敢獨自在堂上安坐，那樣有役使主人之嫌，所以隨之下堂，此時主人要辭謝賓的下堂，稱為「辭降」；賓謙辭作答。洗畢，主人上堂，然後再次下堂洗手，準備斟酒，此時，賓要辭謝主人，稱為「辭洗」；主人作答後洗手。洗畢，主人拱手行禮，請賓先上堂，雙方謙讓一次後登階。上堂後，賓要拜謝主人為自己洗爵，稱為「拜洗」。主人斟滿酒，高高舉起，稱為「揚觶」，然後獻給賓，賓要先拜而後受爵，稱為「拜受」。賓接爵後，主人要「拜送」，即拜送爵。彼此拜謝時，受拜者都要稍稍後退，以示謙避。賓按照當時的禮節，要先作食前的祭祀，再將爵中的酒飲盡，此時主人要「拜既爵」。

賓酢主人的儀節大致相同，只是主賓的行動發生了轉換，因為是賓向主人回敬，所以下堂洗爵、洗手的人變成了賓，而不敢在堂上安坐的變成了主人。經過辭降、辭洗、拜洗、揚觶、拜受、拜送、拜既爵等儀節洗畢上堂，賓完成了回敬主人的禮節。

主人酬賓的儀節與上面大略相似，但有省簡。主人下堂洗觶，賓隨之下堂，主人辭降，但賓不必辭洗。洗畢，賓主拱手謙讓後登堂。主人斟酒，拜請賓飲酒。賓拜謝主人。於是，主人作食前祭，然後將觶中之酒

飲畢，拜賓。賓答拜。主人再次下堂洗觶，然後斟酒，捧觶於賓，賓拜受，主人拜送。主賓的一拜之禮至此完成。

接著是主人與介為禮，分為兩節：先由主人獻介，然後介酢主人。主人與賓先下堂，以便讓主人與介上堂行飲酒禮。主人拱手請介上堂，彼此揖讓、登堂、相拜的儀節與迎賓時一樣。主人下堂洗爵，介隨之下堂，彼此辭謝的儀節與獻賓時一樣，只是雙方升堂後，介不必拜洗。主人斟酒獻給介，介謝受，主人拜送。介作食前祭祀的方式比賓簡略，祭畢，將爵中的酒飲完，拜謝主人。主人答拜。主人獻介的儀節至此完成。介酢主人的儀節，與賓酢主人時一樣，此不贅述。

最後是主人與眾賓行飲酒禮。主人向介拱手行禮後下堂，介隨之下堂。主人走到大門內側，向等候在此的眾賓行三拜之禮，眾賓都以一拜之禮作答。走到庭中後，主人向眾賓拱手行禮後登堂，接著下堂洗爵、上堂斟酒，在西階上獻給眾賓。三位眾賓之長登堂拜受，主人拜送。食前祭祀之後，他們將酒飲畢，然後回到堂下。其他的眾賓，接受主人的獻酒不必拜謝就可以接爵，然後祭祀、飲酒。在所有來賓都行過飲酒禮之後，主人持空爵下堂，放入篚內，不再使用。

3. 樂賓

樂賓是為賓客演奏樂曲，以示尊敬和慰勞，意在使

賓歡愉。樂賓包括升歌、笙奏、間歌、合樂等四段。

升歌　四位樂工（鼓瑟者2人，歌者2人）升堂，在堂上歌唱《詩經‧小雅》的《鹿鳴》、《四牡》、《皇皇者華》，用瑟伴奏，稱為「升歌」。

《鹿鳴》篇有「我有嘉賓，德音孔昭」，「我有旨酒，以燕樂嘉賓之心」的詩句，故用作迎賓之辭。《四牡》篇有「王事靡盬，不遑啟處」，「不遑將父」，「不遑將母」的詩句，故藉以讚揚賓客的辛勞。《皇皇者華》篇有「周爰咨諏」，「周爰咨謀」，「周爰咨詢」的詩句，用以表達希望請教賓客的心情。以上歌曲都是鄉飲酒禮中的正式節目，故稱「正歌」。歌畢，主人向樂工獻酒。

笙奏　吹笙者入場，站在堂下的磬架之前，吹奏的樂曲是《詩經‧小雅》中的《南陔》、《白華》和《華黍》。奏畢，主人在西階上向奏樂者獻酒。吹笙者中的一位年長者走到最高的一級臺階拜謝主人，接過酒爵；主人拜送。長者下階，在階前坐下祭酒，站著飲酒，飲畢不必拜謝主人。其餘的吹笙者則不必拜謝主人就可以受爵，在階前坐下祭酒，站著飲酒，但不必祭脯醢。《南陔》、《白華》和《華黍》三篇早已亡佚，內容已無從考索。

間歌　堂上升歌與堂下笙奏交替演奏樂歌：堂上鼓瑟唱《魚麗》之歌，堂下則笙奏《由庚》之曲；堂上鼓瑟唱《南有嘉魚》之歌，堂下則笙奏《崇丘》之曲；堂上鼓瑟唱《南山有台》之歌，堂下則笙奏《由儀》之

曲。《魚麗》原詩讚美太平之年物產豐饒，此處暗含酒旨菜美、優禮於賓的意思。《南有嘉魚》原詩說太平之年君子有美酒，樂與賢者分享，此處含有禮賢下士、與之燕樂的意思。《南山有台》原詩說太平之治以賢者為本，此處含有禮遇賢者為邦國之本的意思。《由庚》、《崇丘》、《由儀》三首詩，也早已亡佚，內容已經不可得知。

合樂　升歌與笙奏同起，奏唱《詩經・周南》的《關雎》、《葛覃》、《卷耳》，《召南》的《雀巢》、《采蘩》、《采蘋》。歌罷，樂工報告樂正：正歌備！樂正再報告賓。正式的禮樂到此結束。

主人與賓拱手禮讓後先登堂。賓向介長揖後接著登堂，介向眾賓長揖後也隨之登堂，最後，眾賓依次登堂就席。贊禮者在庭中洗觶後上堂，代表主人向賓舉觶；接著斟酒，拜賓，賓在席末答拜還禮。贊禮者祭祀，然後將觶中的酒飲完，拜賓，賓答拜。贊禮者下堂洗濯自己剛用過的觶，再上堂斟酒，賓拜謝準備受觶。贊禮者在賓席西坐下，把觶放在脯醢西邊，表示不敢親授於尊者。賓謙辭後接觶。舉觶的贊禮者拜送賓，然後下堂。

主人向樂工獻酒。樂工左瑟而避，樂工之長拜謝主人，不起身而受爵。主人在阼階上拜送受爵者。有司為樂工進上乾肉和肉醬。主人命人贊助樂工祭祀。樂工飲酒，飲畢不必拜謝，只要將酒爵授給主人。眾工則不必拜謝主人就可受爵，祭酒之後方可飲。每人都備有乾肉和肉醬，但不必祭祀。如果是向太師獻酒，則主人先要

為他洗爵。賓和介下堂時，主人要辭謝。工不必下堂辭
謝。

4. 旅酬

　　賓將告辭。主人命司正「安賓」，請賓安座。賓謙
辭後同意。主人在阼階上行再拜之禮，感謝賓的留坐，
賓答拜還禮。於是，開始旅酬，旅酬是尊者酬於卑者，
是自上而下的勸酒。旅酬的順序是：賓酬主人、主人酬
介、介酬眾賓，眾賓再依年齒長幼依次相酬。

　　司正盥手洗觶，賓取觶，到阼階上酬主人。主人離
席，賓向主人行拜禮，主人答拜。賓不必祭酒，可以站
著飲酒，也不必拜主人，飲畢不必洗觶；然後斟酒授給
主人。主人拜受觶，賓拜送。主人在西階之上酬介，儀
節與賓酬主人相同。酬畢，主人拱手行禮，回到自己的
席位。

　　由於場內飲酒的人多而雜，為了防止有人在旅酬過
程中放肆失禮，所以命令司正負責監禮。司正上堂，按
年齒的長幼順序招呼：「某子前來接受酬酒。」被點名
者立即離席上堂。司正退立於西序的端頭，面朝東方而
立，以便為上下的眾賓讓道。受到介酬酒的眾賓從介的
右側走過，其餘的接受酬酒者從介的左側走過，他們的
拜、起身、飲酒等儀節，都和賓酬主人時一樣。酬酒遍
及於堂下的每位眾賓。最後一位接受酬酒的人，要拿著
觶下堂，坐下將觶放入庭中的籃內。然後司正下堂，回

到自己原來的位置。

5. 無算爵、無算樂

樂賓之後，主賓飲酒不必再像獻酒時那樣有嚴格的爵數。主人與來客頻頻舉爵，不計其數，盡興而止，故稱「無算爵」。同時樂工不斷歌奏，盡歡而止，是為「無算樂」。

「無算爵」是從司正命二位小吏舉觶向賓、介進酬酒開始的。二位先下堂洗手、洗觶，然後上堂斟酒，向賓、介行拜禮，賓、介答拜。二位小吏將觶中之酒飲完，向賓、介行拜禮，賓、介再次答拜。二位小吏下堂洗觶，再升堂斟酒；賓、介拜謝之。二位小吏分別將觶放在賓、介的席前，表示不敢親授，賓、介辭謝後取觶。

主人請賓安坐。賓推辭說，有俎在堂，不敢坐下。因為俎是諸多餚饌中最為尊貴的禮器，有它在，就不敢進行後面的比較隨便的儀節。於是，經主人同意後賓捧起俎，交給司正，司正捧俎下堂，賓、主人、眾賓等也隨之下堂。

接著，主人、賓、介、眾賓按先前登堂的順序，再次揖讓、登堂，就席。有司進上菜餚。由賓、介起，用兩觶交錯進酬酒，不限次數，一醉方休。堂上堂下的音樂或間或合，歌奏不已，盡歡。

賓告辭，出門時奏《陔》的樂曲，「陔」是「戒」

的意思，以《陔》作為出門時的樂節，說明整個儀式沒有失禮之處。主人送到門外，行再拜之禮。

次日，賓前往主人家，拜謝昨天的款待。主人迎見，拜謝賓屈尊光臨。會見結束後，主人慰勞昨日儀式中擔任司正等職務的屬隸，儀式比較隨便，賓和介都不再參加，以司正為賓，不設陪客，也不設俎，食品用家中現有的進就行。昨天無法邀請的親友，今天都可以邀請，對於鄉中已退休或在職的卿、大夫，只向他們通報一下，來不來隨意。宴飲時，《周南》、《召南》中的六首樂章可以隨意點奏。

二、在鄉序齒：養老的鄉飲酒禮

唐代學者孔穎達《禮記正義》認為，周代的鄉飲酒禮並非只有三年大比、賓興賢能的一類，還有另一種類型的飲酒禮，如州長在每年春、秋舉行的射禮之前而舉行的飲酒禮；又如黨正在每年十二月大蜡祭時在黨中舉行的飲酒禮；它們雖然是州、黨行政長官主持的飲酒禮，但州黨同為鄉的屬地，所以也稱為鄉飲酒禮。

兩類鄉飲酒禮的儀節基本相同，不同之處是，上面提到的鄉飲酒禮的宗旨是賓興賢能，所以賓、介、眾賓之長都是根據德行道藝選定的青年後學；後一類鄉飲酒禮不然，其主旨是序正齒位，提倡尊老養老的風氣，所以賓、介、眾賓之長都由老邁年高者擔任，其餘的老人為眾賓。六十歲以上的老人都在堂上就座。正賓以下的

老者，依次排在正賓的右側（西側）面朝南而坐，如果人數比較多，可以折而往南坐，面朝東。六十歲以上的老者可以坐著飲酒，五十歲的只能在堂下面朝北而立，聽憑差遣，《禮記·鄉飲酒義》說「所以明尊長也」，是為了昌明尊敬長者的風氣。

中國自古有尊老、養老的傳統。所謂「養老」，是用酒食招待老人的禮儀。年齡越大，身體越差，《王制》說：「五十始衰，六十非肉不飽，七十非帛不暖，八十非人不暖，九十雖得人不暖矣。」人到五十歲就開始衰老；到六十歲，不吃肉食就覺得沒吃飽；到七十歲，不穿絲帛就覺得不暖和；到八十歲，沒有人伴睡就覺得不暖和；到九十歲，即使有人伴睡也不覺得暖和了。因此，《王制》說，必須在飲食上對老人有所優禮，五十歲的人可以吃細糧，六十歲的人有預備的肉食，七十歲的人每餐應該有兩個好菜，八十歲的人應該常吃美食，九十歲的人飲食都在寢室，偶爾外出，侍從應該攜帶酒漿以應不時之需。

老人可以享受各種優待，《王制》說，七十歲的官員朝見國君後就可以告退，不必等到朝儀結束；八十歲的致仕官員，天子每月派人去存問；九十歲的致仕官員，天子要每天派人饋贈食品。人到了五十歲就可以不服力役，六十歲就可以不服兵役，七十歲就可以不參加應酬賓客的活動，八十歲連齋戒、喪禮都可以不參加。

除了家庭的照顧之外，老人必須得到國家的關心。《禮記·王制》記載了虞夏商周四代的養老制度，四代

養老禮的名稱：「有虞氏以燕禮，夏后氏以饗禮，殷人以食禮，周人修而兼用之。」一代比一代複雜和完善。四代的養老機構是：「有虞氏養國老於上庠，養庶老於下庠；夏后氏養國老於東序，養庶老於西序；殷人養國老於右學，養庶老於左學；周人養國老於東膠，養庶老於虞庠，虞庠在國之西郊。」上庠、東序、右學、東膠，是國學，也是國家款待退休的卿大夫的地方；下庠、西序、左學、虞庠是小學，是款待退休的士和年老的平民的場所。

通過對《王制》的瞭解，我們就不難明白鄉飲酒禮序正齒位的禮儀了。鄉飲酒禮中除了六十者坐、五十者立的規定之外，還按照年齡的高低配設不等的豆數：六十歲者三豆，七十歲者四豆，八十歲者五豆，九十歲者六豆。豆內所盛，是奉養老人的食物。豆數不同，則所受到的奉養也不同，《鄉飲酒義》說「所以明養老也」。中國人有一句老話，叫做「在朝序爵，在鄉序齒」。朝廷中以官爵大小為序，而民間不然，是以年齒為序，少不越長。鄉飲酒禮正是要提倡對尊老的風氣。

《鄉飲酒義》說：「民知尊長養老，而後乃能入孝弟。民入孝弟，出尊長養老，而後成教。成教而後國可安也。」意思是說，參加了鄉飲酒禮，人們就會懂得尊長養老的道理，回去之後就會有孝悌的行動。人民在家裏懂得孝悌，出外懂得尊長養老，就能形成良好的風教。有了良好的社會風教，國家就安定了。儒家倡導倫

理思想，而倫理思想的基礎是孝悌。儒家提倡孝悌，不是用空洞的說教，而是「教之鄉飲酒之禮，而孝弟之行立矣」。

三、吾觀於鄉，而知王道之易易

兩類鄉飲酒禮的儀節，我們已經有了大致的瞭解，那麼它究竟蘊涵了怎樣的禮義呢？下面我們來回顧和分析主要儀節的內涵。

舉行鄉飲酒禮之日，主人只到賓和介家中迎接，而眾賓則自行跟從賓來鄉學；賓、介等到達庠門之外時，主人與他們行拜禮，對眾賓只是拱手致意，這是因為他們的德行道藝有高下之別，需要體現出其中「貴賤之義」。

主人與賓入門後，每逢拐彎處都要作揖，經過三次作揖來到各自的臺階前；又經過三次作揖謙讓才上堂；上堂之後，彼此又有拜至、獻酬等複雜的禮節。而主人與介飲酒的禮節就有所省略，主人與眾賓飲酒的過程就更為簡單。可見，對於德行道藝高者禮數要隆，對於德行道藝低者禮數要殺減，這是制禮者所要表明的「隆殺之義」。

樂賓時，堂上的樂工用瑟伴奏，演唱三首詩歌，唱畢，主人向他們獻酒。接著，堂下的樂工吹奏三首詩歌，奏畢，主人向他們獻酒；接著，堂上、堂下的樂工輪流交替，各演奏三首詩歌；最後，堂上、堂下合奏三

套詩歌。正歌演奏結束，場上歡樂的氣氛達到高潮。在旅酬開始前，先立司正監酒，以防止有人醉後失態，流於放肆，這就叫「和樂而不流」。

旅酬時，先是賓酬主人，然後是主人酬介，接著是介酬眾賓，再往下則按照年齡的大小，依次而酬，一直到「沃洗者」，也就是協助賓主洗手洗爵的人，可見，鄉飲酒禮能做到「弟長而無遺」，惠及在場的每一個人。

旅酬之後，雖說是「無算爵」，但君子懂得「飲酒之節，朝不廢朝，莫不廢夕」的道理，早晨不會影響上朝，晚上不會影響夜間要處理的事務。所以，賓告辭出門，主人拜送，依然禮節秩然。可見，鄉飲酒禮能做到「安燕而不亂」。

所以，《鄉飲酒義》說：「貴賤明，隆殺辨，和樂而不流，弟長而無遺，安燕而不亂，此五行者，足以正身安國矣。彼國安而天下安，故曰：『吾觀於鄉，而知王道之易易也。』」整個鄉飲酒禮，賓客的尊卑分明；禮數的高低有別；一鄉之人快樂而不放肆；無論長幼都得到惠澤，沒有人被遺忘；安樂而有秩序。做到這五條，就足以正身安國。能做到正身安國，天下也就安定了。

此外，鄉飲酒禮還處處體現出君子之交的原則。例如，賓主入門後，彼此三揖、三讓才登堂，這是君子交往時「尊讓」的原則。主人獻酒用的爵，儘管事先已經洗過，但在獻酒前還要再次下堂洗滌；斟酒之前

又要專門下堂洗手，這是君子相交時「潔淨」的原則。
獻酒時，賓主之間又有拜至、拜洗、拜受、拜送、拜既
等等的儀節，這是君子相交時「恭敬」的原則。《鄉飲
酒義》說：「君子尊讓則不爭，潔、敬則不慢；不慢不
爭，則遠於鬥辨矣；不鬥辨，則無暴亂之禍矣。」彼此
懂得尊讓，就不會爭鬥；懂得用潔和敬的態度與人相
交，就不會怠慢他人。不與人爭鬥，不怠慢他人，就能
遠離鬥辨，與暴亂無緣。

　　鄉飲酒禮名為飲酒，其實旨在教化，這往往在一些
看似不經意的地方表現出來。例如，賓在食前祭祀之後
嘗酒，一定要移到坐席的末端，而不敢在坐席的正中進
行，因為坐席的正中之位是為行禮而設的，而不是為飲
食而設的。因此，在席末啐酒，含有「貴禮而賤財」的
意思。賓的移席有示範的意義，意在使「民作敬讓而不
爭」。

　　《鄉飲酒義》還說，賓主以仁義相接，堂上的俎豆
有一定之數，就是「聖」。以聖為基礎，持之以敬，就
是「禮」。用禮來體現長幼之道，就是「德」。所謂
德，就是得於自身。研究德行道藝，就是要使自己在身
心上有所得，所以，聖人努力踐行這種隱含仁義道德的
賓主之禮。

　　儒家的教化之道，主要在於尊賢和養老。尊賢是治
國之本，養老是安邦之本，而鄉飲酒禮兼有尊賢和養老
兩義，孔子如此重視它，不正是在情理之中嗎？

Chapter 13

第十三章

立德正己之禮：
射禮

弓箭是人類在中石器時代發明的狩獵工具，同時也是一種武器，在社會生活中具有重要作用。相傳黃帝發明弓箭，夏代有羿射十日的傳說。甲骨文中「侯」字寫作「疾」，有學者研究，「侯」字像箭射向箭靶之形。上古崇尚勇武，射中者得為首領，這就是諸侯之侯的來歷。

春秋時期，諸侯紛爭，弓箭愈益成為戰爭中不可或缺的角色，出現了諸如養由基那樣能百步穿楊的高手。意味深長的是，正是在這崇尚武力的時代，儒家卻將弓箭變成禮樂教化之具，引導社會走向平和，這就是射禮。

一、射禮梗概

從傳世文獻來看，先秦時期可能有四種射禮。一是大射禮，是天子在重大祭祀之前，為了挑選助祭者而舉行的射禮，大射禮的禮法，見於《儀禮》的《大射

儀》；二是鄉射禮，是每年春秋各州為教民禮讓、敦化成俗而舉行的射禮，參加者有卿、大夫、士等，鄉飲酒禮的禮法，見於《儀禮・鄉射禮》；三是燕射，是國君與大臣在燕飲之後舉行的射禮，旨在明君臣之義，燕射的禮法文獻失載。四是賓射，此說僅見於《周禮》，據載，是與故舊朋友的射禮。《禮記》有《射義》一篇，綜論射禮的禮義。大射禮與鄉射禮的級別不同，參加的人員也不同，但儀程基本相同，故本文主要介紹鄉飲酒禮。

　　鄉射禮的地點在州的學校「序」舉行。行鄉射禮之前，先行鄉飲酒禮，其儀式與前面《鄉飲酒禮》大致相同，這裏不再重複。需要說明的是，主持鄉射禮的是賓，而不是地方行政長官，這一點與鄉飲酒禮相同。賓是尚未獲得官爵的處士，但德行卓著，由賓來擔任射禮的主角，顯然是為了提倡尊賢的風氣。人選一經確定，州長要親自登門約請。行禮之日，州長要在序的門外迎接賓。

　　射禮的具體指揮者是司射，司射與前面鄉飲酒禮中的司正是同一個人，換了一個稱呼而已。射位在序的堂上，用空心的「十」字做標誌。箭靶稱為「侯」，設置在堂的正南方三十丈遠的地方，侯的左前方有一曲圓形的皮製小屏，是報靶者的藏身之處，稱為「乏」，意思是箭到此處已經乏力。一切準備完畢後，司射上堂報告賓，賓說可以宣佈射禮開始。州學的弟子們把弓、箭、算籌以及各種器具全部搬到西堂下陳設好。

圖13-1　弋射收穫
（四川漢畫像磚）

　　鄉射禮的核心活動是三番射，「番」是次、輪的意思，三番射就是射手之間的三輪比射。第一番射側重於射的教練。司射挑選六名德才兼備的弟子，將射藝相近者兩兩配合為一組，一共是三組，分別稱為上耦（ㄡˇ）、次耦、下耦，是所謂「三耦」，每耦有上射、下射各一名。每番比射都是發射四支箭，所以比賽之前，每位射手都到堂前各取四支箭。

　　射禮正式開始，報靶者將報靶用的旌旗倚靠在侯的中央，為全場指示箭靶中心的位置。司射命令三耦：「依次而射，不得雜越！」三耦都脫去左手的外衣衣袖，在右手拇指上戴上鉤弓弦用的扳指，在左手臂上套好臂衣。三耦都手執弓，所取的箭，三支插在腰帶中，

另一支夾在右手的指間。

第一番射　三耦在堂下站定，司射在堂上作射儀的示範：先將左足踩到射位符號上，面朝西，再扭頭向南，注視靶的中部，表示心志在射箭，然後俯身察看雙足，調整步武，最後開弓射箭，直至將四支箭全部射完。

於是，上耦的兩位射手上堂射擊，按照司射的要求，先用左足踩住射位符號，然後調整好面、頭向和步式，目光盯住靶心，等待司馬和司射的命令。司射在堂下注視著上射，命令道：「不許射傷報靶者！不許驚嚇報靶者！」上射向司射行禮後開始射擊，射出一箭後，從腰間抽出一支箭搭在弦上，然後由下射射，如此輪流更替，直到將各自的四支箭全部射完。報靶者揚聲向堂上報告射中的結果。由於一番射是習射，所以不管射中與否，都不計成績。

接著，上耦下堂，由次耦上堂習射，雙方在西階前交錯時，彼此相揖致意。次耦習射的儀式與上耦相同。最後，次耦下堂，下耦上堂習射，儀節也都是一樣。於是，司射上堂稟告賓說：「三耦都已射畢。」

第二番射　第二番射是正式的比賽，參加者除三耦之外，還有主人、賓、大夫和眾賓。主人與賓配合為一耦，主人擔任下射，以示謙敬；大夫身份比較高，但為了表示謙虛，都與士一一配合為耦，以示自謙。堂下的眾賓全部配合成耦。二番射的最後，要根據射箭的成績，分出勝負。

首先由三耦比射，到箭架前輪流取滿四支箭。堂下的眾賓也各自取四支箭，然後在三耦的南面順序而立，以北面的位置為尊。以有大夫的耦為尊。

司射命令上耦開始射擊，兩位射手相互拱手行禮後上堂，報靶者迅速離開靶位。司射宣佈說：「凡是沒有射穿箭靶的，一律不計成績！」兩位射手像第一番射時那樣，輪流開弓射箭，如果射中箭靶，負責計算成績的有司，就抽出一支算籌丟在地上。上射的算籌丟在右邊，下射的算籌丟在左邊。如此這般，三耦全部射畢。

圖13-2　　陝西省乾縣唐代章懷太子墓壁畫「狩獵出行圖」

（章懷太子墓，為唐高宗與武則天合葬陵乾陵的陪葬陵。墓內有保存基本完好的壁畫五十多幅，包括出行圖、馬球圖、演奏圖等。）

　　接著是由賓與主人配合成的耦上堂比射，然後由大夫與士配合成的耦比射，程序與三耦比射時相同。最後由眾賓之耦習射。計算中靶次數的方法與三耦一樣。射畢，計算成績的有司拿起剩餘的算籌報告賓：「左右射都已射完。」司馬命令將射出的箭送回，報靶者聞聲應諾，拿著旌旗背朝箭靶站好。

　　於是，計算成績的有司開始統計左右射的算籌數量，先數右面那一堆算籌。計數時，以兩根算籌為一「純」，右手一純一純地取起放在左手上；取滿十純則作一堆，縱向放在盛籌器的西側；再取滿十純時，應另作一堆分開放；剩下的籌，如果是雙數，就按「純」為單位，橫向放在十純一堆的西側，如果是單數，則要把零單的籌豎向放在「純」的西側，使總數一目了然。然後數左獲的算籌。釋籌者將勝方淨勝的算籌拿在手上，向賓報告比賽結果。如果是右獲一方勝，就說：「右方勝了左方。」如果是左獲一方勝，就說：「左方勝了右方。」淨勝數如果是雙數，要以「純」為單位報告；如果有單數，則在純數之後再報單數。如果左、右獲算籌的數量相等，就從雙方的算籌中各取出一支報告賓，說：「左、右方算籌的數量相等。」

　　司射命令三耦和眾賓：「勝方射手一律脫去左袖，戴上扳指，套上護臂，手執拉緊弦的弓，表示能射。負方射手一律穿上左衣袖，脫下扳指和護臂，將弓弦鬆開。」在司射的指揮下，三耦以及其餘的射手先後上堂，由負方喝罰酒。負方射手上堂後，站著將罰酒

圖13-3 射禮

喝完，再向勝方射手行拱手禮。接著，是賓、主人、大夫與合耦者上堂，飲罰酒的儀式與三耦相同；但如果負方是賓、主人和大夫，則不必執弓，以示尊優。最後，眾賓上堂，直至負方的射手全部上堂飲過罰酒。

司射酌酒向報靶者獻酒，並到靶前的左、中、右三處致祭。司射酌酒向堂下的釋籌者獻酒，第二番射至此完成。

第三番射 第三番射的過程與二番射基本相同，只是比射時有音樂伴奏。在賓的授意下，司射命令三耦和眾賓進入射位。接著，三耦到箭架前取箭。然後是賓、主人、大夫和眾賓先後取箭。

　　樂工開始演奏《詩經·召南》中的《騶虞》，按照司射和樂正的命令，樂曲的節拍，演奏得均勻如一。司射在堂下宣佈：「不按鼓的節奏射箭的，不得計數！」三番射開始。如同二番射時那樣，先由三耦比射，然後是賓、主人、大夫和眾賓順序比射。凡是應著鼓的節拍而射中靶心者，計算成績的有司就抽出一支算籌扔到地上。其餘的儀節與二番射時都一樣。最後，計算成績的有司將比賽的結果稟告賓：勝方贏若干籌，或者是雙方射平。三耦、賓、主人、大夫、眾賓順序上堂，負方射手喝罰酒。三番射至此結束。

　　旅酬　旅酬是射禮的餘興節目，程序與鄉飲酒禮的旅酬基本相同，從身份高的人開始，依次向下進酬酒，先由賓酬主人，大夫酬眾賓之長。按照尊卑之序，兩只觶交替向下酬酒。如此，將在堂上就坐的所有賓客都一一進了酬酒；最後二位受酬者站在西階上向堂下的各位眾賓酬酒，依尊卑之序一一進酬酒，直到全部輪遍。贊禮者也受酬。贊禮者又取觶洗濯、酌酒，然後放在賓和大夫的席前，準備下一輪酬酒。整個酬酒的過程中，堂上堂下的音樂或間或合，歌奏不已，盡歡而止。

　　賓起身告辭，走到西階時，樂工奏《陔》的樂曲。賓出大門，眾賓也都隨之出門，主人在門外以再拜之禮相送。次日，賓到主人家拜謝，隨後，主人到賓家拜謝。

二、射以觀盛德

　　射禮的性質是什麼？也就是說，儒家為什麼要制訂射禮？這是首先要回答的問題。有學者認為，射禮「具有軍事訓練的性質」；也有學者見古代國學、鄉學中有教射的科目，故認為是軍事教育。由於人們通常把弓箭理解為武器，所以，這些說法很少有人懷疑。射禮的性質究竟如何，對射禮的內容和相關文獻作仔細分析之後，自然就能明白。

　　在古代社會素樸的自然分工中，射屬於男子之事。所以，上古的風俗，男孩出生之初，父母要做的第一件事，就是用弓箭射向天地和四方，希冀他將來志在天地四方，成為一名優秀的男子漢。

　　高超的射藝，原本是勇力與技巧相結合的技藝。例如，養由基百步穿楊，孟子說，「其至，爾力也；其中，非爾力也」（《孟子‧萬章下》），能射出百步之遠，是勇力過人的表現；而能射穿百步之外的楊樹葉，就不僅僅是勇力所能達到的了，還必須有技巧。

　　但是，儒家反對暴力，所以並不強調勇力和技藝。春秋時期，人們習射注重力量和準確性，《左傳》成公十六年記載，潘黨與養由基將七副盔甲疊在一起，居然一箭射穿。古代的箭靶用獸皮或布製作，但通常用「皮」來概稱，這種以較量射中、射穿為目的的比賽，稱為「主皮之射」。孔子對這種把人們的注意力引向力量的比賽很不以為然，認為違背了「古之道」，他說：

「射不主皮，為力不同科，古之道也。」（《論語·八佾》）孔子認為，能否射中「皮」，主要取決於射手的體能，不值得看重；所當注重的，應該是射手的德行和修養。因此，儒家的射禮與軍隊的射擊訓練有著本質的區別，它是一種「飾之以禮樂」（《禮記·射義》）的、寓教於射的活動。

儒家認為，要想射中目標，必須「內志正，外體直」，「持弓矢審固」（《禮記·射義》）。正如我們在前面所介紹的，儒家禮樂思想的主旨，正是強調用樂來引導心志的中正、用禮來規範形體的正直。因而，儒家巧妙地抓住了射與禮樂的結合點，在保留比射的形式的同時，重塑了射禮的靈魂。由射禮的禮法可知，射手一步一式都必須體現禮樂之道，「進退周還必中禮」（《禮記·射義》）。四肢發達、勇力無比而不知禮義者，在射禮中將會無所措手足。

射禮並非軍事教育的證據，還見於《周禮》。據《周禮·地官·鄉大夫》記載，行鄉射禮時，鄉大夫要向圍觀的眾庶徵詢對射手表現的評價。評價的專案有五條：「一曰和，二曰容，三曰主皮，四曰和容，五曰興舞。」其中的第一項是「和」，第二項是「容」，第四條是「和容」，三者有重複之處，彼此關係究竟如何？歷來不得其解。清人凌廷堪在總結前人成說的基礎上，提出了如下的解釋，得到多數學者的認同。凌廷堪認為，這是指鄉射禮的三番射。第一番射，不計成績，只要求容體合於禮，所以說是「容」。第二番射，屬於

正式的比射，射中箭靶才能計算成績，所以說是「主皮」。第三番射，射手不僅要容體合於禮，而且要按照樂節發射，所以說是「和容」；由於射姿與樂節相配合，所以又說是「興舞」（《禮經釋例》卷七《周官鄉射五物考》）。由此可見，在鄉射禮的評價體系中，所注重的是「和」與「容」。漢儒馬融將「和」解釋為「志體和」，就是心志與體態相和，很是有理。「和容」是射禮所要求的最高境界，是射手深層修養的外現。

可見，儒家的射禮，實際上是逐步誘導射手學習禮樂、使心志與形體都合於「德」的教化過程。

三、「發而不中，反求諸己」

儒家將往昔的田獵之射，提升為富有哲理的普遍之道，其內涵十分豐富，其中之一，就是把射禮作為正心修身、反躬自省的一種方式。

《射義》說：「射之為言者繹也，或曰舍也。繹者，各繹己之志也。故心平體正，持弓矢審固；持弓矢審固，則射中矣。故曰：為人父者，以為父鵠；為人子者，以為子鵠；為人君者，以為君鵠；為人臣者，以為臣鵠。故射者各射己之鵠。」意思是說，所謂射，是尋繹的意思。射者身份各不相同，都應該在射禮的過程中尋繹自己的志向。只有心氣平和，體態正直，緊握弓箭，瞄準目標，才可能射中。所以，做父親的射箭時，

要把箭靶當作為父的標準來射；做兒子的要把箭靶當作為子的標準來射；做人君的要把箭靶當作為人君的標準來射；做人臣的要把箭靶當作為臣子的標準來射；都要把箭靶作為自己的道德標準來射。所以，雖然是同一個箭靶，但各人所要射的「鵠」，也就是所要達到的具體道德目標卻是不同的。射鵠的過程，就是反覆內省、存養、進取的過程。因此，孔子說：「發而不失正鵠者，其唯賢者乎！」（《禮記‧射義》）

儒家提倡修身、齊家、治國、平天下，其中，修身是第一位的。人生不會一帆風順，如何對待失敗，培養起百折不回的毅力，從失敗走向成功等等，都可以從射禮中得到體悟。《禮記‧射義》說：「射求正諸己，己正然後發，發而不中，則不怨勝己者，反求諸己而已矣。」（《孟子‧公孫丑上》也有類似的說法）射箭的成敗，關鍵在於能否調整好自己的體態和心志。發而不中，根本原因在於自身，因此，不要怨天尤人，尤其不要埋怨射中者，而是要「反而求諸己」，反躬自問。

中國古代的射禮傳入朝鮮半島後，對當地的儒家文化產生了重要影響。這種影響，至今仍能強烈地感覺到。韓國人把射箭稱為「弓道」，認為它不是一種簡單的體育運動，它含有深刻哲理，在健身的同時，可以涵養心性和道德。目前，韓國弓道協會有二十多萬會員。筆者數年前曾在韓國漢城參觀過白雲山弓道俱樂部，見到了古代的角弓，教練為我作了使用的示範。牆上貼著的「練功八法」中，就有「發而不中，反求諸己」等

《禮記・射義》中的文句，這是中國內已經看不到了的場面，令人既感到親切，又感到失落。

四、「君子無所爭，必也射乎！」

人在社會中生存，就必然會與他人之間出現競爭，甚至發生利益衝突，如果沒有健康的競爭心態，就很容易引發爭鬥、影響社會安定。如何處理這類問題，關係到國家長治久安。

圖13-4　　清代任熊繪《投壺圖》

（投壺即把箭桿投到壺中去，也是古代宴會上的一種具有禮制意味的娛樂活動，由射禮發展而來，春秋時已在上層社會流行。）

圖13-5　漢代投壺畫像石

　　孔子認為，只要人們都注重提升精神境界，自然就會淡泊名利，就會平心靜氣地對待競爭。他說：「君子無所爭，必也射乎！揖讓而升，下而飲，其爭也君子。」（《論語・八佾》）意思是說，君子以修身進德為本，所以不妄與別人爭高低，如果一定要說有的話，那就是比射了，比射是要分勝負的，輸了要當眾飲罰酒，這是很不體面的事，所以君子在比賽中要力爭勝利，但在爭勝時，卻是揖讓而升，下來後一起飲酒，是所謂君子之爭。

　　所謂「揖讓而升」，包括兩個方面，一是指與合耦的射手上堂比射時的一連串禮節。例如，第一番射開始時，上耦的兩位射手拱手謙讓後，從庭西並排往東走，上射在左側，下射在右側；走到正對著西階的地方，兩人拱手謙讓，然後北行；到西階下，彼此再次拱手謙讓。於是，上射先登階，走到第三級臺階上時，下射才走上第一級臺階，兩人之間要空一級臺階。上射走到堂上後，要略向左側站立，以便為下射讓出登堂的地方，並在此等待；下射登堂後，上射面朝東向他拱手行禮，

然後並排向東走去。當兩人都走到正對著射位符號的地方時，面朝北行拱手禮，然後北行；走到射位符號前時，再次面朝北行拱手禮。司射在合耦時，充分考慮到了他們的水準，每一耦的上射與下射，水準都比較接近，競爭必然比較激烈，二者之間必有勝負。但是，競爭者有較高的修養，所以，在每一個儀節都彼此敬讓。每一番射都是如此。

二是指耦與耦相遇時的禮節。比賽的勝負，是以三耦的上射為一組、下射為另一組來計算的，因此，除了自己的一耦中有自己的對手外，其他兩耦中也有自己的對手。在射禮中，耦與耦相遇，也有詳密的禮儀，以示尊敬。例如，上耦射畢，並排下堂，上射在左側。此時，中耦已開始上堂，在西階前與上耦交錯，對方都在各自的左側，此時彼此拱手致意。再如，在取箭的途中，上耦取箭完畢離開時，與正在走往箭架的中耦相遇，對方都在各自的左側，此時雙方拱手致意。又如，飲罰酒時，負方射手下堂時，在西階之前與接著上堂飲酒的下一耦射手交錯而過，對方都在各自的左側，此時彼此拱手行禮。可見，儘管射禮是一種計算勝負的禮儀，競爭激烈，但頗有些「友誼第一」的意思。

儒家的這一思想，在東亞文化圈中有著重要影響，時至今日，我們依然可以看到，日本、朝鮮的相撲、跆拳道等傳統競賽項目，在比賽之前，雙方都要作揖或者鞠躬等，互致敬意，比賽結束時也是如此，顯示了君子之爭的風度。

五、射禮與擇士

射禮還有一種功能，就是天子選拔人才。《禮記‧射義》說，天子在舉行重大祭祀之前，「必先習射於澤。澤者，所以擇士也」。「澤」是天子的射宮名，之所以取名為澤，是因為這裏是擇助祭的諸侯的地方。《射義》還說，古代聖明之時，諸侯每年都要向天子述職，天子則要借此機會在射宮「試射」，以測驗諸侯的射藝。只有容體合於禮，動作合於樂，而且屢屢射中者，才准許他們參與祭典。不僅如此，凡被選中者，得「進爵納地」，參與祭典越多，就越會受到獎賞，甚至要增加其領地，把更多的人民、土地交給他來領導。反之，射禮中的表現不佳，一定是德行不佳。德行不佳者，怎能有資格參與國家的祭典？作為責罰，對他們要「讓」，就是責讓、訓斥，並且要「削以地」，收回部分統治權。

《射義》說：「射者，所以觀盛德也。是故古者天子以射選諸侯、卿、大夫、士。」可見，不僅天子用射禮選諸侯，而且用射禮選卿、大夫、士。射禮中的表現，是被作為治政資質的重要內容來對待的。

六、孔子射於矍相之圃

儒家不斷在射禮中注入人文思想，《禮記‧射義》記載的一件事，有相當的代表性。孔子與弟子在矍相之

地的園圃中舉行射禮，圍觀者層層密密如同牆一樣。鄉飲酒禮結束，立司馬，孔子派子路手執弓矢，延請圍觀者入內參加即將開始的射禮，說：「除了敗軍之將，對國家滅亡負有責任的大夫，以及為了貪財而成為別人後嗣的人不得入場，其餘的人都可以入內。」於是，大約有一半的人慚愧地自動離去，另外一半人留下了。比賽結束，即將舉行旅酬的儀式，孔子又讓公罔裘和序點兩人，舉著酒觶對大家說話。公罔裘舉起酒觶說：「從少年到壯年都有孝悌之行，到了六七十歲依然好禮，不從流俗，修身以盡天年，有這樣的人嗎？請到賓位就座。」於是又走了一半人，留下了一半人。接著，序點舉起酒觶說：「好學不倦，好禮不變，到了八九十歲甚至一百歲依然言行合於道，有這樣的人嗎？請到賓位就座。」於是，剛才留下的人幾乎走光了。可見，孔子賦予了射禮太多的內涵，只有有德行者，才配參加射禮；那些在國難當頭貪生怕死，或者為了貪圖財產而捨棄家庭的人，沒有資格與鄉人序齒，參與射禮。射禮中的賓，更是作為道德形象要求人們取法的，只有德行超群者，才有資格擔任。這對於提倡正氣，形成公眾輿論，警世導民，具有重要意義。

抗日戰爭期間，北平淪陷，當時的輔仁大學校長、著名史學家陳垣先生在一次集會中，引用並發揮了孔子在矍相之圃的典故含義，他說：「古代的運動會，有三種人不能參加：『賁軍之將，亡國之大夫，與為人後者不入。』」陳垣先生把不能保衛國家、不能抵禦敵人入

侵的將軍，國亡後在敵偽政權任職的官員，以及為了個
人目的而認賊作父的人，都排斥在人民生活之外（《勵
耘書屋問學記》），大大激勵了全校師生抗日的意氣。
於此，也正可以看到射禮所蘊涵的另一層深意。

Chapter 14

第十四章

明君臣上下
相尊之義：燕禮

圖14-1　《萬樹園賜宴圖》
（郎士寧、王致誠所繪，描繪乾隆帝在承德避暑山莊萬樹園會見厄魯特蒙古杜爾伯特首領並賜宴的情景。）

　　燕禮之「燕」通「宴」，義為安閒、休息。燕禮是古代貴族在政餘閒暇之時，為聯絡與下屬的感情而宴飲的禮儀。燕禮可以是為特定的對象而舉行的，如出使而歸的臣僚、新建功勳的屬官、聘請的貴賓等，也可以是無特殊原因而宴請群臣。天子、諸侯、族人各有燕禮，

但多已亡佚，本篇為諸侯宴請臣下之禮。燕禮的儀節比較簡約，以飲酒為主，有折俎而沒有飯，只行一獻之禮，意在盡賓主之歡。《儀禮》有《燕禮》一篇記燕禮的禮法，《禮記》有《燕義》一篇記燕禮的禮義。

一、燕禮的陳設

　　燕禮是在路寢舉行的。古代天子有六寢，路寢一，小寢五。諸侯有三寢：路寢一、小寢一、側室一。路寢是正寢，天子、諸侯在此聽政、處理事務；小寢是休息的地方。

　　燕禮開始之前，有司們要陳設好各種器物。膳宰將餚饌陳設在路寢的東側。編鐘、編磬、鐘、鎛、鼓等樂器陳設在堂下的東、西兩階之間。在正對著堂屋東側屋簷滴水處的地方，放著洗手時接棄水用的盆——洗；洗的東邊是盛水器——罍；洗的西邊是稱為「篚」（ㄈㄟˇ）的竹筐，裏面陳放著爵、觶等供卿大夫用的酒器。國君使用的酒器是用象牙裝飾的，稱為「象觚」。陳放象觚的篚稱為「膳篚」，設在洗的北邊。

　　國君與卿大夫的酒尊也是分開的。卿大夫用的是兩只方壺，陳設在堂上的東楹柱之西。國君專用的酒尊稱為「膳尊」，陳設在卿大夫的酒尊之南，上面用粗葛布或細麻布覆蓋，尊的底部有托架。參加燕禮的還有許多尚未得到爵命的士，稱為「士旅食者」，他們用的是兩把圓壺，陳設在門內的西側。

　　順便要提到的是，燕禮吃的是狗肉。狗肉香氣濃郁，又能補益身體，是古人喜愛的食品。古人在十分鄭重的場合用牛、羊、豕；在相對隨意的場合則用犬。古代寢廟門外的東、西兩側都有灶，吉禮用東邊的灶，凶禮用西邊的灶。燕禮的狗肉在東邊的灶上烹煮。

二、席位與尊卑

　　參加燕禮的人很多，身份與地位有很大差別，因此，席位的安排要體現出尊卑與等差。

　　《燕義》說：「君席阼階之上，居主位也；君獨升立席上，西面特立，莫敢適之義也。」國君的席位設在阼階之上，居於整個禮儀的主位。儀式開始時，惟有國君一人上堂，獨自面朝西而立，其餘的人都站在堂下。「適」與「敵」通，是匹敵的意思，「莫敢適」是說國君是一國的至尊，沒有人敢以與國君相匹敵的身份與之行禮。

　　國君就位之後，卿、大夫、士、士旅食者等在小臣的引導下進入寢門。卿大夫在門內的右側、面朝北、按照尊卑的順序並排而立，尊者在東。士在門內的左側、面朝東並排而立，尊者在北。士旅食者在門內左側、面朝北而立，尊者在東。

　　卿大夫等站定後，「君立阼階之東南，南鄉，爾卿，大夫皆少進，定位也」（《燕義》），意思是說，國君下堂，站在阼階東南，「南鄉」，「鄉」

通「向」，南向就是面朝南；「爾卿」，「爾」通「邇」，是靠近的意思，爾卿就是說國君向諸卿行禮，讓他們近前來。於是，諸卿的佇列轉而面朝西，尊者在北；國君又向大夫行拜禮，讓他們近前來，大夫只是稍稍上前，佇列的方向不變；士的佇列依然在原地。如此，國君面朝南，卿、大夫、士等分立於東、南、西三面，圍擁著國君。君臣的這一方位，正是燕朝之位，所以這一程序含有定君臣之位的意思。

在燕禮進行的過程中，賓和卿大夫先後要登堂入席，他們在堂上的席位也預先作了安排：賓的席位在堂上的戶、牖之間；上卿的席位在賓席的東側，上卿中的尊者席位在東首。大小卿的席位在賓席的西側，其尊者的席位在西首，靠近賓席；大夫的席位接著小卿的席位往西排，如果大夫的人數較多，西側排不下，可以在西序之前折而往南坐。席位安排的原則是，地位越尊，離國君的距離越近。士沒有資格在堂上就坐，席位安排在庭中的東方。

三、賓與主人

古代宴飲之禮，一定要設主人和賓，否則就不成其禮。前面介紹過的鄉飲酒禮和鄉射禮都是如此，燕禮自然不能例外。

按照常理，燕禮的主人應該由國君擔任，賓則由卿中的尊者擔任。但是，禮儀中的主人與賓平起平坐，彼

圖14-2　陝西長安縣韋氏家族墓出土的宴飲圖

此匹敵。如此一來，就會發生兩個問題：其一，卿在朝臣中的地位最高，地位僅次於國君，尊卑最為接近。如果以國君為主人、卿為賓，則國君勢必要處處與卿分庭抗禮，不免有「國有二主」之嫌；其二，如果讓國君擔任主人、卿擔任賓，則兩人始終為繁瑣禮儀所累，難以盡興暢飲。因此，燕禮使用了一種變通的方法：讓主管膳食的宰夫擔任主人，宰夫的爵等是士；另選一位大夫擔任賓。讓宰夫和大夫去周旋揖讓，不僅沒有了君臣無別的顧忌，而且可以使國君和卿得到解脫，坐觀其成，歡聚燕飲。所以，《燕義》說：「設賓主，飲酒之

禮也；使宰夫為獻主，臣莫敢與君亢禮也；不以公卿為賓，而以大夫為賓，為疑也，明嫌之義也。」

賓的人選，由國君指名決定，被指名者要稍稍上前婉言推辭，表示不敢當。在國君重申剛才的決定之後，賓這才再拜叩首，接受任命，並到大門外等待主人的正式邀請。於是，國君在庭中向卿大夫行拜禮，然後上堂入席。接著，有司迎賓入門，來到庭中。儘管燕禮中的賓並非嚴格意義上的賓，但在形式上依然是燕禮中的重要人物，所以，在賓進入中庭之後，國君要從堂上走下一級臺階向他作揖，以表示優禮。

同樣，宰夫雖然擔任主人，但他只是代替國君獻酒的主人，並非燕禮上真正的主人。因此，宰夫在上、下堂時都不得走阼階，而只能與其他人一樣走西階。

四、賓主的一獻之禮

燕禮從賓、主行一獻之禮開始。賓主上堂後，彼此行禮。然後，主人準備向賓獻酒。獻酒的儀節是程式化的，在燕禮中反覆出現，為了行文簡明起見，這裏先將獻酒的禮節作一介紹，後面從略，不再重複。按照宴飲禮節，主人在斟酒之前，要先下堂到庭中的「洗」之前洗手、洗酒爵（或觚），以表示鄭重和潔敬。此時，賓不能獨自在堂上安坐，那樣有役使主人之嫌，是自大的表現，所以要隨之下堂。此時，主人要辭謝對方下堂；賓則以禮作答。洗手、洗爵畢，雙方一起上堂。接著，

圖14-3　陝西乾縣章懷太子
墓中的禮賓圖壁畫

主人再次下堂洗手，以示為對方酌酒的鄭重。出於同樣
的原因，賓要再次下堂，彼此之間辭讓的儀節與剛才一
樣。於是，雙方再次上堂，主人酌酒之後，向賓獻酒。
賓拜謝後接過爵，入席坐下作食前祭祀，即先用脯醢祭
祀，再用酒祭酒，意在紀念先世創造這些食物的人。賓
祭畢，要稱讚酒的甘美；主人答拜；賓將爵中之酒飲
盡，拜謝主人。主人答拜。這是主人向賓獻酒，稱為
「獻」。

　　接著是賓酌酒回敬主人，即所謂「酬」，儀節與
「獻」基本一樣，只是賓、主的角色發生了轉換：賓成

了敬酒者，而主人成了接受敬酒者，因此，兩人的禮節正好與前面相反。唯一的不同是，主人喝完酒之後，不能讚美酒的甘美，因為酒是自己的。酬畢，主人執持空觚下堂，放入庭中的篚內。

照例，此時再由主人酬賓，一獻、一酢、一酬，一獻之禮才算完成。但是，燕禮中的主人不是正主，賓也不是嚴格意義上的賓，主賓之禮不得掩蓋國君。所以，燕禮在儀式上不得不有所變通，在保持賓主儀式的同時，要兼顧到國君的尊嚴。為此，在賓、主獻、酢之後，插入了主人向國君獻酒的儀節，這是其他宴飲禮節所沒有的現象。

主人向國君獻酒時，賓不敢在堂上安處，主動下堂回避。國君請賓上堂，以示優禮，賓這才上堂站在西序的內側。主人下堂洗手、洗象觚（國君專用的酒器）；然後上堂酌酒獻給國君。國君拜謝後接過象觚。主人下堂面朝北向國君行拜送禮。於是，國君作食前祭，祭畢，將象觚中的酒飲盡，拜謝主人。主人在堂下答拜，然後上堂接過象觚，再下堂放入膳篚。

按理，接著要由國君洗手、洗爵，酌酒之後酢主人，但是主人不敢與國君行此大禮，所以只能自己為自己酢酒。主人下堂，另取一爵洗濯，再上堂酌酒。由於這酒是代表國君而酢，所以要從膳尊中酌取。然後下堂，在阼階下向國君再拜叩首。國君答以再拜之禮。接著，主人作食前祭祀，祭畢，將酒飲盡，向國君再拜叩首。國君答以再拜之禮，主人將空觚放入篚中。

主人酬賓的儀節，此時方才得以繼續進行。主人下堂洗手、洗觶，上堂從方壺中酌酒後，向賓行拜禮。賓答拜還禮。主人代替國君祭酒，接著飲酒；賓不敢當此大禮而推辭。主人將觶中的酒飲盡後拜賓；賓答拜。主人洗觶之後從膳尊中酌酒，賓拜謝後接過觶，主人拜送。賓入席祭酒，祭畢，將觶放在脯和醢的東側。

五、四舉旅酬

　　主賓的獻酬禮完成之後，是國君自上而下地為臣下進酒勸飲，即所謂「旅酬」。燕禮的旅酬，每次都以「舉爵」作為開始的信號。而國君所舉之爵，要由專門的人（《燕禮》稱為「媵爵者」）準備好，並放在國君的席位前。

　　由於與禮的人數很多，身份等級彼此不同，而且每人都要被輪到，燕禮的程序相當漫長而繁複。《燕義》把這一系列程序概括為如下的幾句話：「獻君，君舉旅行酬；而後獻卿，卿舉旅行酬；而後獻大夫，大夫舉旅行酬；而後獻士，士舉旅行酬；而後獻庶子。」

　　「獻君，君舉旅行酬」，是為賓舉旅酬。「而後獻卿，卿舉旅行酬」，是為卿舉旅酬。「而後獻大夫，大夫舉旅行酬」，是為大夫舉旅酬。「而後獻士，士舉旅行酬」，是為士舉旅酬。庶子的地位卑微，不再為之舉旅酬。所以，在燕禮中先後要為賓、卿、大夫、士等四次舉爵勸酒，即所謂「四舉旅酬」。

圖14-4　1965年出土於成
都百花潭的戰國銅壺上的有
關宴樂的紋飾

　　燕禮旅酬的大致過程是：主人向賓獻酒之後，向國君獻酒，國君飲盡後，往爵中酌滿酒、高高舉起，向在座者酬酒勸飲；接著，主人向卿獻酒，卿飲盡後酌酒高舉，向大家酬酒勸飲；主人又向大夫獻酒，大夫飲盡後酌酒高舉，向大家勸飲；主人又向士獻酒，士飲盡後酌酒高舉，向大家酬酒勸飲；最後，主人向庶子獻酒。如此由上而下，酬及每一位與禮者。整個過程如同接力賽，一環扣一環，緊湊而又熱烈。

　　其間，先是堂上的樂工在瑟的伴奏下，歌唱《鹿鳴》、《四牡》、《皇皇者華》等樂曲。演唱完畢，主人向樂工獻酒。接著，吹笙者站在鐘、磬的中間，吹奏《南陔》、《白華》、《華黍》等樂曲。演奏完畢，主人向吹笙者獻酒。之後，堂上堂下交替歌奏樂曲：堂上鼓瑟《魚麗》之歌，堂下則笙奏《由庚》之曲；堂上鼓瑟《南有嘉魚》之歌，堂下則笙奏《崇丘》之曲；堂上鼓瑟《南山有台》之歌，堂下則笙奏《由儀》之曲。接著歌奏地方樂曲：《周南》中的《關雎》、《葛覃》、《卷耳》，《召南》中的《鵲巢》、《采蘩》、《采蘋》。此時，往往要用射箭的方式來樂賓，儀節與鄉射禮一樣。

　　正式的禮節至此結束，接著進入「無算爵」的階段。每人的席前都擺上了佐酒的餚饌，此時飲酒，相互勸酒，不再計算行爵的次數，可以隨意酌飲、相勸，至醉而休。需要指出的是，即使是在無算爵之時，也絕對不允許因醉失禮，為此而專門指定了監酒者對與禮者進

行督責。

入夜，阼階、西階、庭中以及門外，都有火燭照明。賓微醉時，取走自己席前的脯，下堂。樂工奏《陔》的樂曲，賓將所取的脯賜給敲鐘的樂工，然後出門。卿、大夫隨之出門。

六、燕禮所要表達的君臣大義

中國古禮的高妙之處在於，每一個看似平淡的儀節，都賦予了很深的禮義，行禮之時，即不知不覺受到德的浸潤，即使在燕禮這樣的閒暇燕飲之禮中也不例外。

例如，國君舉酬酒於賓，或者賜爵於其他人，受賜者都要特地下堂、面朝北行再拜稽首之禮，這是臣子對國君應有的禮節。之所以如此，是因為國君是國家的代表，不如此則不足以表達內心的崇高敬意。制禮者希望通過這樣的禮節，來培養臣下勤勉於國事的意識。

國君雖然是一國的至尊，但禮是雙方的行為，中國古禮的原則之一，是講究禮尚往來。如果一方虔敬地行禮，而另一方卻毫無表示，是非常失禮的。即使尊卑如君與臣，也是如此。因此，國君為了表示謙讓，讓小臣下堂加以阻止，於是受賜者上堂完成拜禮。不僅如此，每次臣下向國君行禮之後，國君都要以禮答拜，這就是《燕義》所說的「禮無不答」。禮無不答就是禮尚往來，是東方人交往和溝通時尊重對方的特有方式。由答

拜之禮可以引申到君臣之道，就是《燕義》所說的「禮無不答，言上之不虛取於下也」。不虛取於下，是儒家提倡的君臣之道的重要原則，《燕義》解釋說：「臣下竭力盡能以立功於國，君必報之以爵祿，故臣下皆務竭力盡能以立功，是以國安而君寧。」禮無不答是對國君的一種提示：不能只是要求臣下盡心竭力，而自己沒有相應的表示。在禮儀場合是如此，在治國之道上也是如此，對於為國家建功立業的臣下，國君應該用爵祿來報答。如此，所有的臣下也都會努力地去建功立業，因而也才會有君臣的和諧與國家的長治久安。所以，《燕義》又說：「燕禮者，所以明君臣之義也。」這就是儒家所說的君臣上下之大義。

　　由君臣關係可以引申到君民關係。《燕義》說：「上必明正道以道民，民道之而有功，然後取其什一，故上用足而下不匱也；是以上下和親而不相怨也。」意思是說，國君必須用「正道」來引導人民，人民接受了正確的引導，勉力去從事各自的工作，就一定會創造出充足的物質財富來。即使如此，國君依然輕徭薄賦，僅僅徵取其十分之一用於政府開支。君民相親無怨就是「和」，上下財用都不缺乏就是「寧」；「和寧」就可以走向天下大治。所以，《燕義》又說：「和寧，禮之用也。」可見，燕禮並非一場簡單的宴請，而有深義存焉，不過處處自然合理，毫無說教的痕跡罷了。

Chapter 15

諸侯相接以敬讓：聘禮

第十五章

在古代，天子與諸侯、諸侯與諸侯之間，一般要在盟會等場合才有機會見面。如果長期沒有盟會，為了聯絡感情，要派卿大夫相互聘問，此即聘禮。聘禮是貴族之間的高級會見禮。天子與諸侯相聘問的禮節文獻闕如，今已不能得知。諸侯之間的聘禮，有大聘、小聘之分，兩者的儀節基本相同，只是使者的身份、禮物的多少等有所不同。《儀禮・聘禮》記載了大聘的儀節，《禮記・聘義》則闡述了聘禮的禮義。

一、聘禮梗概

組團　告廟　出發　　出聘的國家和使者，由國君和諸卿商定，並選擇一位卿擔任正使，稱為賓；一位大夫擔任副使，稱為上介；隨行的其他正式成員由士擔任，稱為眾介，由司馬任命。

出行前一天，有國君在場，逐一核驗禮品，確認齊備無誤後裝車，禮單交給使者。出行之日，使者要先

圖15-1　洛陽西漢古墓壁畫
「車馬出行圖」
（原發掘於洛陽老城西北，
為西漢中期遺物。）

在自家的禰廟進行告廟儀式，把行將出聘的事向廟主報告。出行之初，使者及隨行者要以物祭祀道路神。卿大夫在土堆旁用酒和乾肉致祭，接著飲酒，為使者餞行。

　　入境　郊勞　設館　致飧　到達聘問國國境前，使團要演習聘問的儀式。先堆土為壇，再畫上臺階，模擬宮殿的殿堂；北面設置帷圍，象徵國君所在的方位；演習是鄭重的表示。入境時，所有人員起誓，決不違反聘問國的禮法。接著，謁見關人，說明來意。經國君同意後，使團入境。

　　使者到達近郊後，國君派卿帶著束帛前往慰勞，代國君致慰問之辭。使者用皮和束錦酬謝卿。接著，國君夫人派下大夫帶著棗和栗前往慰勞，使者用皮和束錦酬謝下大夫。

　　使者來到聘往國的外朝，大夫為使團安排館舍，上卿在此致國君之命，請使者在此下榻，使者再拜叩首致謝。宰夫在堂上陳設饋贈給使者的食品，門外有米、禾

草等物，對副使和隨行人員也分別饋贈食品。正式的食禮，應該包括腥（宰殺後尚未煮的牲）、飪（宰殺後煮熟的牲）、餼（未經宰殺的活牲）三類，而此時提供給使團的食品只有腥和飪，屬於非正式的禮儀，稱為飧。

聘享　聘享是聘禮中最核心的部分，分為聘國君、享國君、聘國君夫人、享國君夫人等四個儀節。聘享之日，國君派下大夫到賓館迎接使者。使者將幣帛等禮品在廟門外展陳。國君任命卿為上擯，大夫為承擯，士為紹擯，自己在大門內迎請使者。國君與使者上堂。使者面朝東代表自己的國君致詞，並將圭呈給國君。國君面朝西向使者行再拜之禮，親手接過圭。

聘畢，使者下堂出門，然後再次入門行享禮。使者奉束帛加璧，上堂面朝東代表自己的國君致詞，並向國君贈送幣帛。國君面朝西向使者行再拜之禮，親手接過幣帛。

向國君夫人行聘禮時，玉器用璋；行享禮時則用琮，儀節與聘享國君時一樣。但夫人不親自接受，而由國君代為接受。

私覿　聘享之禮是代表自己的國家而進行的，此後，使者等還要以個人的名義拜謁國君，這一禮儀稱為私覿（ㄉㄧˊ）。私覿之前，先要由國君禮賓。國君出廟門迎賓入內，雙方上堂後，國君親自將漆几授於使者，並用醴酒款待他。有司在庭中陳設作為禮物的四匹馬。接著，國君向使者贈送束帛，使者再拜接受。

使者私下見國君，一手捧束錦，一手總攬四匹馬的

彎繩而入。國君與使者相互揖讓後上堂。使者向國君呈
獻幣帛，國君親手接受。副使、隨行人員私見國君的儀
式與此類似。

歸饔餼　　國君出廟門送使者。即將到大門口時，國
君詢問對方國君的起居情況。使者回答後，國君行再拜
禮，祝他平安無恙。國君又問及對方卿大夫的情況，並
對使者辛勞而來表示慰問，又慰問隨行人員。

國君向使團饋贈駐在期間的食物，稱為歸饔餼。饋
贈的食物為飪一牢、腥二牢、餼二牢，總共五牢；醴酒
和肉醬共一百甕，米一百筥；此外還有米三十車，禾草
三十車，柴薪和草料六十車。國君的夫人、卿大夫等也
有饋贈。副使、隨行人員也分別受贈有相應的食物。

其間，國君邀請使團觀國之光，參觀宗廟和宮殿
等。國君還以饗禮、食禮、燕禮等形式款待使者和副
使；卿也以饗禮、食禮款待之。

問卿大夫　　使者以國君的名義問候諸卿，隨後又以
私人的名義拜見諸卿。副使等只以私人的名義拜見諸
卿。

還玉贈禮　　使團行將歸國之前，國君派卿將使者
在聘禮中致送給自己的圭、致送給夫人的璋一併交還使
者。之後，國君將束紡交給使者，請他轉交給他的國
君，這一禮儀稱為「賄」；又用幣帛等物作為對享禮的
回贈，這一禮儀稱為「禮」。國君夫人派下大夫向使者
回贈以籩、豆和酒。大夫向使者致送束帛等禮物。副使
和隨行人員也都各有饋贈。

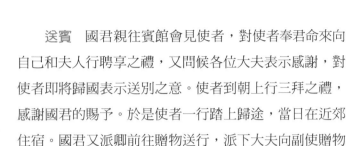

　　送賓　國君親往賓館會見使者，對使者奉君命來向自己和夫人行聘享之禮，又問候各位大夫表示感謝，對使者即將歸國表示送別之意。使者到朝上行三拜之禮，感謝國君的賜予。於是使者一行踏上歸途，當日在近郊住宿。國君又派卿前往贈物送行，派下大夫向副使贈物送行，派士向使者的隨行人員贈物送行。士要一直將使者一行送到國境。

　　復命　告廟　使者回到本國近郊時，請郊人稟告國君，然後穿上朝服，舉行禳祭後入城。使者將對方國君、卿大夫贈送的幣帛陳列在治朝上，使者執圭面朝北而立，副使手執璋站在使者的一側。使者向國君復命，詳盡稟告出使的經過。國君慰問使者、副使和隨行人員，並一一賜以幣帛。

　　使者在家的大門旁用束帛告廟儀式，告知廟主，出使歸來，酬勞隨行人員。副使回到自己家中，也要如此舉行告廟儀式。

二、聖王貴勇敢強有力者

　　在儒家的禮儀中，行禮時間的長短有很大差別。禮越重，則禮節越複雜、行禮的時間越長。聘禮、射禮屬於至大之禮，主要的禮節從天剛亮開始，差不多要到正午時才能結束。如此冗長的禮儀，一般的人來說，無法想像，如果不是強有德力者，沒有超群的精神力量，就不可能堅持到底。

行禮的過程中，彼此敬酒，都只是象徵性地喝一口，即使是口渴難當，也不會取飲；席上的肉都快晾乾了，即使饑腸轆轆，也不會去吃；到日暮時分，別人都因疲倦而懈怠了，而行禮者依然莊敬、整肅，認真地履行著每一個儀節，因為他知道，君臣、父子、長幼之義就蘊藏在其中。

只有能自始至終地完成全部禮儀的人，才是德行強勁者。《聘義》說：「此眾人之所難，而君子行之，故謂之有行。有行之謂有義，有義之謂勇敢。」君子就是有德行之士，有德行的士行事必然處處得宜（此處的「義」是「宜」的意思），能把握分寸，臨事必然果決勇敢。

《聘義》說有兩種強有力的勇敢者，一種是將勇力用於私鬥的勇敢者，實際上是危害社會的人，無足稱道；另一種勇敢者，「天下無事，則用之於禮義；天下有事，則用之於戰勝」；《聘義》說，後者才是古昔聖王所推崇的勇敢者。這樣的勇敢者在戰爭年代能夠為公義而戰，而且有決戰決勝的能力；在和平年代能奉行天子制定的重要禮儀，達到天下之大順；「外無敵，內順治，此之謂盛德。故聖王之貴勇敢強有力如此也。」

可見，聘禮、射禮等禮儀具有磨礪人的意志、激勵人的精神的作用。儒家制禮，並要求人們時時習行，正是要使禮義潛移默化，造就君子。

三、圭璋與德

聘禮中最重要的禮物是玉器，如聘國君的圭、享國君的璧；聘國君夫人的璋、享國君夫人的琮等，其中又以圭最為重要。

古代用以朝見天子的圭有九寸長，下面有長度相等的托板。圭厚半寸，寬三寸，頂部左右各削去一寸半、呈銳角形；托板上用三種顏色橫向畫有六道圓圈，顏色的順序依次是朱色、白色、蒼色，朱色、白色、蒼色。聘問諸侯用的圭，托板只有朱色和綠色兩種顏色，圭和托板的長度都是八寸。這兩種托板末端都有長一尺的絲帶，上面為玄色，下面為纁色。

在出發前的告廟儀式之上，有司打開珍藏玉器的櫝，取出圭，交給宰。宰將圭交給使者。使者捧圭聆聽國君之命，並復述國君之命。然後接過璧、璋，最後，逐一仔細裝入盒子，然後啟程。使團入境、到達遠郊和下榻賓館後都要核驗禮品。三次核驗的重點是圭、璋等玉器，不僅要檢查是否完好，還要取出擦拭。珍視的程度可以想見。

據《聘義》記載，子貢對這樣的現象非常不解，因而問孔子，為什麼君子「貴玉而賤碈」（碈是與玉非常相似的石頭）？是否因為碈多而玉少，物以稀為貴？孔子回答說，並不是因為碈多而賤之，玉少而貴之，而是因為玉的手感、觀感、質地都有獨特的優點；這些特點與君子所追求的品格非常相似：玉色溫潤而有光澤，很

像仁；紋理縝密而堅硬，好比智；雖有稜角而不傷人，如同義；玉體垂之而下墜，似人的謙卑有禮；用物敲擊它所發出的聲音，開始時清揚遠播，結束時戛然而止，如儒家的為樂之法；瑕不掩瑜、瑜不掩瑕，與人的忠心外露相似；彩色見於外表，像人的信用沒有隱掩；玉的白氣，如虹貫日，好比是天；玉藏於山川，精氣徹見於外，猶如地氣；行聘禮使用圭璋時，不需要再加其他物品，恰如有德之人；天下之人都喜愛玉，好比萬物離不開道。玉具有的仁、義、禮、智、樂、忠、信、天、地、德、道等十一種美好的品質，正是君子修身所要追求的目標，所以孔子說「君子比德於玉」，因而深深寶愛之。孔子引《詩經・秦風・小戎》「言念君子，溫其如玉」之語，說明詩人心目中的君子，溫潤如美玉。

　　中國與墨西哥、紐西蘭並稱世界三大古玉產地。中國的玉材分佈廣泛，玉器製作源遠流長。早在新石器時期，中國南北各地都已經能夠製作精美的玉器，而且器型豐富多姿，出現了系列化的傾向。到了夏商周時期，玉器的製作工藝已經相當成熟。與墨西哥、紐西蘭不同的是，由於儒家賦予玉器以豐富的人文內涵，中國玉器就不再是僅供玩賞的工藝品，而成為了文人展示內心德行或價值趨向的特殊物品，進而形成了君子佩玉之風。中國與玉相關的成語相當之多，與琳琅滿目的玉器相映成趣，形成了獨特的中華玉文化（參拙著《文物精品與文化中國》第四講《良渚「琮王」與中國史前時代的玉文化》，清華大學出版社，2002）。至此，玉器在聘禮

中的重要含義也就不難理解了。

四、還玉與重禮輕財

　　如前所述，出聘的使者在國君面前稟受圭璋是相當鄭重的。行聘享禮時更是如此：有司啟櫝取圭，交給副使；副使恭敬地轉授給正使；正使此時要「襲」。古代有「裼（ㄒㄧˊ）襲禮」，古人平時穿葛布衣或裘皮衣，外面要加一件稱為「裼」的漂亮的罩衣，正式的禮服則穿在裼衣之外。在一般的禮儀中，行禮者的前襟不扣，並脫去左袖，意在露出裏面的裼衣。在特別隆重的場合，則要扣好前襟，套上左袖，將裼衣遮掩住，這就是所謂的「襲」。使者此時即將向聘問國國君行聘享禮，所以要「襲」而執圭。由於禮儀的隆重，聘問國一方先要「辭玉」，以示謙虛、不敢當，然後才同意使者上堂行聘享之禮。國君受玉時也要「襲」，以示對圭的敬重。可見，聘禮的隆重主要是透過對圭璋的敬意來體現的。

　　國君受玉完畢，使者的主要任務似乎已經完成。但是，在使者即將歸國之時，聘問國的國君派卿到使者的館舍舉行「還玉」的儀式，就是將先前接受的圭、璋原物奉還使者。使者「襲」而受圭，極其鄭重。接著還璋，儀式與還圭一樣。

　　人們不禁要問，國君既然已經收下圭璋，為什麼又要送還呢？這一看似奇怪的現象，其實藏有很深的含

義。試想，如果使者帶去的玉器非常精美、數量十分之多，而作為主人的一方照單全收，則行禮雙方的興奮點就落在了禮品上，不僅有貪財之嫌，而且有違聘禮的本義。天子為了親和諸侯，規定比年一小聘，三年一大聘，使彼此以禮來相互勉勵。諸侯能以禮相交，就會外不相侵，內不相陵。這就是天子引導諸侯的高妙之處。因此，聘禮的目的在於聯絡感情，而不在於禮物的厚薄。用圭璋行聘，正是希望彼此以德行相砥礪。如果帶去的玉器太多，聘禮就成了以財物為主，禮的本意就會被淹沒，勢必有傷於德行。《聘禮》說：「以圭璋聘，重禮也；已聘而還圭璋，此輕財而重禮之義也。諸侯相屬以輕財重禮，則民作讓矣。」一方面要用辭玉、受玉以及襲等等的禮儀來突出禮的規格和莊重，另一方面又要用還玉的方式來突出禮的人文趨向，防止禮因規格很高而變質。

諸侯相聘問能重禮輕財，就是為天下作表率，人民就會崇尚禮讓之風。這就是聘禮的製作之本義之一。

五、介紹而傳命，敬之至也

「介紹」一詞，在現代漢語中使用得非常廣泛，一般指溝通雙方的第三者的言語或行為，但很少有人知道，「介紹」原本是指古代禮儀中的一種傳話方式。

古代公侯伯子男五等諸侯朝見天子或者諸侯相聘問，相見伊始，彼此之間有相當的距離，主、賓不能直

接對話，而要通過站立在彼此之間的人來傳話，客人一方傳話者稱為「介」，主人一方的傳話者稱為「擯」。主、賓之間的距離長短，依雙方的地位而定，地位越尊，距離越遠，中間的介也就越多。《聘義》說：「上公七介、侯伯五介、子男三介。」幾位介都有專門的名稱，居首者一人稱「上介」；居中者或一人、或三人、或五人，均稱為「承介」，承是承接的意思；居尾者稱「末介」。擯也是如此，有上擯、承擯、末擯之別，只是人數比介要少些。擯、介的身份有尊卑之別，一般來說，上擯為卿，承擯為大夫，紹擯為士；介也是如此。

　　雙方相見之初，各陳擯、介。賓要對主人說的話，先告知上介，上介傳於承介，承介傳於末介；末介再傳於對方的上擯，上擯傳於承擯，承擯傳於末擯，末擯傳於主人。主人的回話，則按照與此相反的順序傳達於來賓。這就是《聘義》所說的「介紹而傳命」，「紹」是繼續、承接的意思。《聘禮》中，使者行聘享之禮前，雙方在廟門內各陳擯介，但行文相當簡略，所以，我們必須作如上的說明，讀者才能明白。

　　為什麼雙方說話要由介來紹而傳之呢？這是古人表示敬意的一種方式。古人相接，不能直指對方姓名，那樣是失禮的表現，而要稱對方的表字，這樣就能在謙遠之中顯示出尊敬；稱對方為閣下、稱天子為陛下等，都是同樣的意思。《聘義》說：「介紹而傳命，君子於其所尊弗敢質，敬之至也。」意思是說，君子對於尊者，不敢直面對話，因而用通過擯介傳命的方式來表達備

極敬重的心意。現代漢語中的「介紹」一詞正是來源於
此，並且殘留著古意。

六、最早的外交禮儀程式

《聘禮》是中國現存最早的外交禮儀規範的文本，
也是世界上最早的外交禮儀規範的文本。它確立了一系
列外交禮儀的原則，展現了中國古代發達的禮儀文化的
一個側面，下面略舉數端。

互利互惠　出訪途中往往要經由其他國家，在到達
其邊境時不得隨意闖入，而應該向邊防管理者提出借道
的申請，先徵得對方同意，這是對他國領土和主權的尊
重。過往國國君一般應該准予通行，並提供方便，向過
境人員饋贈牛、羊、豕等食物以及牲口用的草料等必須
的物品，然後派人帶路，直到走出國境為止。過境者在
入境之前則要起誓，保證遵守過往國的法令，在到達其
邊境時不擾民。類似規定提供了外交活動中彼此尊重、
互利互惠的關係的、可供操作的範式。

外交禮遇　使團是國家的代表，在出訪時理應受到
東道國的特別關照。例如，使團入境後，國君要派人到
邊境迎接，接著要派大夫前往行郊勞之禮，慰問風塵僕
僕的客人；下榻以後，主人要提供客人三天洗一次頭，
五天洗一次澡的條件；要提供駐在期間所需的各種食
物；邀請他們參觀宗廟、宮殿等地，即所謂「觀國之
光」；回國前要為之準備旅途所需的各種食物。類似的

規定，《聘禮》中觸目皆是。

　　禮儀規範　外交是國與國的交往，處處涉及到國家的形象。在繁複的禮儀中先後出面的人物，其身份、舉止、語言都要合於禮，《聘禮》中都給出了規範，使出訪者有所遵循。

　　例如，聘享之禮，國君要親自到廟門之內迎接使者，接受圭璋的儀式要在宗廟舉行，北面拜既，拜君命之辱，所以致敬也。為了表示自謙，出聘者不能在與自己身份相當的人的宗廟中下榻，而應該降一等，卿住在大夫的宗廟，大夫住在士的宗廟，士則住在工商之人的舍中。

　　饋贈使團成員的腥、飪、餼、米禾、芻薪等的數量，以及陳設時正鼎、陪鼎、籩豆、簠簋的位置、朝向等，都有嚴格的規定，不得隨意擺放。

　　國君宴請使者，食禮一次，饗禮兩次；宴請副使，則食禮一次、饗禮一次；使者和副使都要在次日到朝上拜謝國君。大夫宴請使者，饗禮一次、食禮一次。大夫宴請副使，則食禮、饗禮選其一就可以了。

　　限於篇幅，不再列舉，有興趣的讀者可以閱讀原文。《儀禮》記載的各種規範，成為中國古代外交禮儀的淵藪，被歷代政府所沿用或根據社會的變遷而改造。

Chapter 16

第十六章

稱情而立文：喪服（上）

　　大凡文化比較進步的民族，在親人死亡時，都會用某種特定的形式來表達內心的哀痛。在中國古代的禮儀中，有「禮莫重於喪」之說。因為一般的禮儀一天或者幾個時辰就結束了，而喪禮前後長達三年之久，而且儀節極為複雜，內涵也相當豐富。喪服制度是喪禮的重要組成部分，它與古代宗法制度相為表裏，是古代社會生活中非常突出的文化現象之一。《儀禮》有《喪服》一篇，是古代喪服制度的原典性文獻，相傳為子夏所傳。《禮記》則有《雜記》、《喪服小記》、《大傳》、《喪大記》、《問喪》、《服問》、《三年問》、《喪服四制》等篇討論喪服的禮義。歷代學者討論喪服的著述可謂汗牛充棟，問題極其複雜，本文試作粗淺的介紹。

一、以三為五，以五為九：親屬關係的確立

　　喪服制度的原則，《荀子‧禮論》說是「稱情而立

文」，意思是說，喪服的節文是按照生者與死者的感情深淺來確立的，而感情的深淺是由彼此關係的親疏決定的。

從理論上來說，一個家族的繁衍永遠沒有窮盡，因此，人的親屬系統總是在向上下、左右不斷擴大。為著生活和管理的便利，需要劃分家族。任何人與父親、兒子的血緣關係都是最近，相處最為密切，恩情也最深。因此，古人將父、己、子三代作為家族的核心。以此為基點，通過兩次往外擴展來確定家族的範圍，這就是《禮記・喪服小記》所說的「親親，以三為五，以五為九」。「三」，指的就是父、己、子三代。由父親往上推一代是祖父，由兒子向下推一代就是孫子，經過這樣一次擴展，親屬關係就由原來的三代延伸為祖、父、己、子、孫五代，這就是「以三為五」的意思。接著，再由祖、父、己、子、孫五代分別再向上、向下推兩代，經過這一次擴展，親屬關係就延伸為高祖、曾祖、祖、父、己、子、孫、曾孫、玄孫九代，這就是「以五為九」的意思。

為什麼要將親屬關係擴展到九代呢？因為人一生中能夠見到的直系親屬，向上數最多不過到高祖，向下數最多到玄孫，這是一個極限範圍。以此為基礎，旁系親屬從兄弟開始，可以有從父兄弟（與自己同祖父的兄弟）、從祖兄弟（與自己同曾祖的兄弟），最遠只能到族兄弟（與自己同高祖的兄弟）。如此，上至高祖四代，下至玄孫四代，加上自身一代，一共九代，包括從

父兄弟、從祖兄弟、族兄弟等在內，構成了習慣上說的九族，囊括了本宗家族的全部成員。

中國古代用九族劃分家族的方法，至遲在宋代就已傳到朝鮮，並為朝野普遍接受，世世代代沿襲不廢。為了更加簡明，他們用「寸」作為基本單位來表示家族之內的關係，對於我們理解親疏關係有一定的幫助，要點如下：

凡是父子直系相傳的關係都是一寸。高祖與曾祖、曾祖與祖父、祖父與父親，兒子與孫子、孫子與曾孫、曾孫與玄孫，彼此都是父子關係，所以都是一寸的關係。在宗法理論中，夫婦一體，所以夫婦之間沒有「寸」的距離。一母所生的兄弟姊妹，彼此也沒有「寸」的距離。因此，子女與母親的關係同於父親，都是一寸。

橫向的關係都是兩寸。父親的兄弟屬於旁系親屬，他們都要另立一宗，彼此的關係要比父子關係疏遠，因此規定為兩寸，如自己與堂兄弟、堂兄弟與再從兄弟、再從兄弟與三從兄弟，都是兩寸的關係。

如此，在五服關係的座標上彼此的親疏關係，只要說出寸數，就完全清楚了。如堂兄弟是二寸，從兄弟是四寸，再從兄弟是六寸，都是兄弟關係；與伯叔的關係用直系的寸數加上旁系的寸數，如叔叔是三寸，堂叔是五寸，從叔是七寸，都是單數。寸數越多，關係越疏。從高祖到玄孫，關係最遠的是八寸，所以，韓國人常用「同高祖八寸」表示一個家族，圖示如下：

```
高祖
 │寸│
曾祖 ─二寸─ 曾祖兄
 │寸│
 祖 ─二寸─ 祖兄 ─二寸─ 祖堂兄
 │寸│
  父 ─二寸─ 叔伯 ─二寸─ 堂叔伯 ─二寸─ 從叔伯
 │寸│
 自己 ─二寸─ 堂兄弟 ─二寸─ 從兄弟 ─二寸─ 再從兄弟
 │寸│
  子 ─二寸─ 侄 ─二寸─ 堂侄 ─二寸─ 從侄
 │寸│
  孫 ─二寸─ 兄孫 ─二寸─ 堂兄孫
 │寸│
 曾孫 ─二寸─ 兄曾孫
 │寸│
 玄孫
```

　　這種方法在南北朝鮮至今仍在使用，我們在與他們交往時，常常可以聽到他們直接用寸數來表示親屬關係。幾年前，韓國嶺南大學的一位教授在東北找到了他的一位失散多年的親戚，回到北京後，他激動地告訴筆者：「他是我的五寸叔父！」五寸叔父是堂叔父，關係很近，所以他特別高興。

二、上殺、下殺、旁殺：喪服等差的確立

　　如果凡是沾一點親的人死了都要服喪，則人生的大部分時間都在服喪，這就很難有正常的生活，社會也就沒法發展。因此，古人將服喪的範圍限制在九族之內。

　　但是，九族之內的親疏關係有很大差別。父、己、子三代最親，而無論向上、向下還是向旁系，親情關係都是越來越疏遠，自己與祖父、孫子不僅在血緣上隔了一層，而且相處的時間一般也比父、子少，彼此的情感自然會遞衰。與曾祖、高祖就更是如此了，甚至可能從未見過面，只是聽父祖說起，情感自然會再度遞衰。這種遞衰的現象禮書稱為「減殺」，「殺（ㄕㄞˋ）」是減少、減損的意思。

　　如前所述，禮的表現形式是與人的內心情感相一致的。在如此親疏不同、恩情不一的家族中，自然不可能用同一種喪服。古人根據家族內親情「減殺」的原則，制訂了與之相對應的五種等次的喪服：斬衰、齊衰、大功、小功、緦麻。

　　直系向上，親情逐代減殺，喪服的等級也由重到輕地下降，稱為「上殺」，例如，為父親服斬衰，為祖父母服不杖期，為曾祖父母、高祖父母服齊衰三月。

　　直系向下，親情也逐代減殺，喪服的等級也由重到輕地下降，稱為「下殺」，例如，父親為嫡長子服斬衰，為嫡孫服不杖期，為曾孫、玄孫服緦麻。

　　同樣，親情向旁系親屬的減殺，稱為「旁殺」，如為親兄弟服齊衰不杖期，為從父兄弟服大功，為從祖兄弟服小功，為族兄弟服緦麻。

　　不同的親屬關係服不同的喪服，《荀子‧禮論》說是「稱情而立文」，是與不同的情感相適應的。上殺、下殺、旁殺的結果，涵蓋了人一生中所有的親屬，所

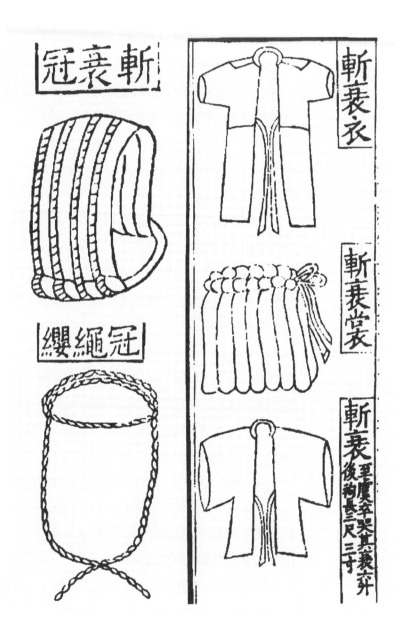

以《禮記・喪服小記》說「上殺、下殺、旁殺而親畢矣」。

五等喪服的範圍，包括了高、曾、祖、父四代以內的所有親屬，最輕的喪服是緦麻，所以《禮記・大傳》說：「四世而緦，服之窮也。」因此民間往往用「五服」來指代家族關係，用是否出了五服來衡量彼此是否屬於同一個家族。那麼，出了五服的遠親有喪事時，又應該如何處理呢？《大傳》說有兩條原則，一是「五世祖免」，就是說，五世之親有喪事，不必為之服喪，只要在入殮、出殯時左祖、著免（ㄨㄣˋ，「著免」是在頭上結一條一寸寬的喪帶）就可以了；二是「六世，親屬竭矣」，到了六世，儘管彼此的先祖有親緣關係，但親屬關係就此斬斷，即使對方有喪事，也可以不作任何表示。可見，「五世祖免」是一種過渡性的喪飾。

三、五等喪服的十一小類

五等喪服，由重到輕依次為斬衰（ㄘㄨㄟ）、齊（ㄗ）衰、大功、小功、緦（ㄙ）麻，五服之內又有細分，一共有十一種服喪的情況，其名目和服喪對象大略如下：

斬衰　是五等喪服中最重的一等。

（1）斬衰三年。《禮記・喪服四制》說：「其恩厚者其服重，故為父斬衰三年，以恩制者也。」服斬衰的對象最少，在本宗內只限於子女為父親、妻子為丈夫、父親為嫡長子等少數幾種情況。

齊衰　是次於斬衰的喪等。根據親疏的不同，有用杖（喪杖）與不用杖的區別，喪期也有長短，總共有四種情況：

（2）齊衰三年。父卒為母，母為長子服。《喪服四制》說：「資於事父以事母而愛同。天無二日，土無二王，國無二君，家無二尊，以一治之也。」子女對於父親、母親的恩愛是相同的，但在喪服上卻有所不同，主要是出於「家無二尊」的考慮，實際上是為了突出父系的主體性。

（3）齊衰杖期。父在為母、夫為妻服；喪服與齊衰三年全同，但喪期為期年（一年）。

（4）齊衰不杖期。為祖父母，世、叔父母，兄弟等服之；與以上兩種喪服的主要差別是不杖。

（5）齊衰三月。為曾祖父母等服之，庶人為國君也用此服。

大功

（6）大功殤九月、七月。此服主要是為殤者而服。為子、女的長殤、中殤，兄弟之長殤、中殤等服之。

（7）大功九月、七月。為從父兄弟、丈夫的祖父母等服之。

繐衰

（8）繐衰是一種特殊的喪服，諸侯之臣為天子服之。

小功

（9）小功殤五月。為叔父之下殤、兄弟之下殤等服之。

（10）小功五月。為從祖祖父母，從祖父母，外祖

父母等服之。

緦麻

（11）緦麻三月。為族曾祖父母、族祖父母、族父母、族兄弟，以及妻之父母、舅、甥、婿等外親服之。

五服與九族以及外親、妻親（外親和妻親詳見第六節）的關係非常複雜，因此，古人每每畫為圖表，以便查閱、記誦。長沙馬王堆帛書中已經出現「喪服圖」。在敦煌文書中也發現了依據唐代喪服制度而作的「喪服圖」，但分為三圖，比較複雜。現在我們將先秦時期的喪服關係簡略列表如下：

				高祖父母 (齊衰三月)		
			族曾祖父母 (緦麻)	曾祖父母 (齊衰三月)		
		族祖父母 (緦麻)	從祖祖父母 (小功)	祖父母 (不杖期)	外祖父母、從母 (小功)	
	族父母 (緦麻)	從祖父母 (小功)	世父母、叔父母 (不杖期)	父 (斬衰三年)	母: 父卒則為母 (齊衰三年); 父在為母 (杖期)	從母昆弟、舅、舅之子、甥 (緦麻)
族昆弟 (緦麻)	從祖昆弟 (小功)	從父昆弟 (大功)	昆弟 (不杖期)	己	妻 (杖期)	妻之父母 (小功)
	族昆弟之子 (緦麻)	從父昆弟之子 (大功)	昆弟之子 (不杖期)	子: 長子(斬衰三年);眾子(不杖期)	嫡婦(大功);庶婦(小功)	
		從父昆弟之孫 (緦麻)	昆弟之孫 (小功)	孫:嫡孫 (不杖期); 庶孫(大功)		
			昆弟之曾孫 (緦麻)	曾孫 (緦麻)		
				玄孫 (緦麻)		

四、服術有六：確定喪服的原則

服喪的原則，以單個的家族為主體，但又不局限於該家族。家族不過是社會的一個細胞，細胞要存活，就要與其他細胞、有機體聯繫。簡單來說，一個家族不同輩分的人都要與異姓家族建立婚姻關係，既有娶進門的異姓，又有嫁出去的同姓。如此一進一出，原本沒有血緣關係的家族之間就建立了親屬關係，某些原本是本宗的人卻成了異姓家族的人，許多人的身份起了變化，角色發生了轉換。這種錯綜複雜的社會關係，在喪服制度上必然要有所體現。此外，每個家族都在一定的行政區中生活，家族與社會的聯繫非常密切，因此，當諸如一國的行政首腦去世之後，各個家族如何為之服喪，也需要有相應的規定。

《禮記・大傳》歸納了形形色色的喪服條例，認為其中貫穿著六種原則，稱之為「六術」：「服術有六：一曰親親，二曰尊尊，三曰名，四曰出入，五曰長幼，六曰從服。」

「親親」是六術中最基本的原則，即按照血緣關係的親疏遠近來決定喪等。親親以父親為首，次及於妻、子、伯叔等。親親的相關情況，已在上文作了介紹，此處不再複述。

「尊尊」，是指為沒有血緣關係、但有社會地位的人服喪。尊尊以國君為首，次及於公卿、大夫等，意在確立君臣關係。為什麼要為這些沒有血緣關係的人服喪

呢？根據儒家的理論，一個人的地位應該與德行相稱，地位越高，德行也應該越高。國君等是社會的組織者和領導者，肩負重大的責任，應該受到社會的尊敬。《喪服四制》說，平時要像尊敬父親那樣尊敬國君，君喪則要比照父喪服斬衰：「資於事父以事君而敬同，貴貴尊尊，義之大者也。故為君亦斬衰三年，以義制者也。」根據尊尊的原則，卿、大夫、士、百姓要為國君服喪，諸侯、卿、大夫要為天子服喪。

「名」，指異姓女子嫁到本族之後而形成的名分關係。例如伯母、叔母與自己並沒有血緣關係，但她們通過婚姻，已經與伯伯、叔叔結為一體，又與自己的母親平輩，因而有了「母」的名分，所以要為之服喪。對兒子的妻子、弟弟的妻子等也是如此。

「出入」，主要包括兩種情況，一是女孩子出嫁與否，出嫁之前屬於本家人，應該為之服正服；出嫁以後成了外家人，儘管還是本家的血統，但地位變輕了，因此喪服要降等。如姑、姊、妹尚未出嫁就已去世，應該為她服齊衰期年；如果出嫁之後才去世，就只能為之服大功九月；二是男孩過繼給別人，成了他家的嗣子，身份發生了變化，本宗人為他服喪也要降等。

「長幼」，長幼是指成年或未成年。成年者是家族的正式成員，未成年者則是家族撫養的對象，因而喪服也有區別。古人稱未成年（不滿二十歲者）而死為「殤」，按照殤者的年齡大小，殤又分為三種：十九歲至十六歲為長殤，十五歲至十二歲為中殤，十一歲至

八歲為下殤。為殤者服喪稱為「殤服」，殤服要降等，例如，為叔父應該服齊衰期年，但如果他是長殤或者中殤，就要降為大功九月；如果是下殤，就只能服小功五月。

未滿八歲而死，稱為「無服之殤」。無服之殤不穿喪服，僅僅哀哭之。哀哭的時間與實際年齡相應，就是將死者的年齡折合成月數，然後「以日易月」，生一月則哭一日。古禮，孩子生下來三個月才取名，如果是尚未取名就死去，則不必為之哀哭。

「從服」，從服的情況相當複雜，這裏只介紹兩種，一種是指彼此原本沒有直接的親屬關係，但隨從親屬或尊者而為之服喪，例如，兒子隨母親為外祖父母服喪，妻子隨丈夫為丈夫的親屬服喪；另一種是彼此沒有任何親屬關係，只是由於君臣關係或其他間接的關係等連類而及的喪服，如臣下必須為國君服喪，而連帶為國君的某些親屬服喪，又如妻子因為丈夫的關係、要為丈夫的國君服喪等等，都屬於從服。

Chapter 17

第十七章

稱情而立文：喪服（下）

五、喪服的精粗與輕重

從文獻記載來看，至遲在春秋時期，喪服就已經在各國流行，先看《左傳》中的兩條記載。

僖公六年夏，中原諸侯攻打鄭國。楚國為了救援鄭國而包圍了許國。到冬天，諸侯國屈服，遂由蔡穆侯帶著許僖公前往武城去見楚王。許僖公雙手反綁，嘴裏銜著玉璧，以必死的罪犯自居，士用車載著棺材，大夫都「衰絰（ㄘㄨㄟ　ㄉㄧㄝˊ）」。相傳武王克商時，微子就是用這樣的方式去見武王而得到赦免，所以許僖公仿微子故事。

魯僖公十五年，秦晉韓原之戰，晉侯的戎馬陷於泥淖，秦穆公俘虜了晉惠公，準備回國後用他祭祀上帝。秦穆公的夫人穆姬是晉惠公的姊姊，聞知此事，便帶著太子罃、兒子弘和女兒簡璧，登上搭好的高臺，踩著上面的柴薪，派使者免冠束髮「衰絰」去迎接秦伯，要脅說：如果要處死晉惠公，自己立即就死！秦穆公只

得作罷。

以上兩條記載中的「衰絰」，都是指喪服。為什麼要把喪服稱為衰絰呢？這要從古代的服飾制度講起。

古人稱上衣為「衣」，下衣為「裳」。喪服上衣的前襟縫有一塊稱為「衰」的布條，所以，通常又用「衰」來指代喪服。「絰」是用麻繩做的帶子，有首絰和腰絰之別。古代男子戴冠，圍在喪冠之外的稱為首絰。古人平時穿衣，腰間有大帶和革帶。大帶用來束衣，革帶是用皮革做的，用來繫掛小刀等物件。穿喪服時大帶和革帶都不用，而是另外用兩條麻繩代替，其中一條苴麻（或牡麻）製作，稱為腰絰；另外一條稱為絞帶。腰絰像大帶，絞帶像革帶。古代男子重首，女子重腰，故尤其看重絰。絰是最重要的喪飾之一，所以，《左傳》每每「衰」、「絰」連用以指代喪服，也就不奇怪了。

圖17-1　革帶

喪服的功能之一，是要體現喪等的輕重。為不同親屬關係的死者服喪，喪服質料的精粗、製作的方法都有

差別，服喪者與死者的親疏關係，只要看看喪服就可以一目了然。

喪服的等差有多種表現方式，一是製作方法的繁簡。如斬衰之服的布料用刀斬斷後，不再縫邊，故名斬衰裳。因為孝子驟然遭遇大喪，哀痛欲絕，無心修飾，喪服的製作，當然處處從簡。齊衰是次一等的喪服，哀痛之心稍減，所以衰裳的邊緣就緝了邊，顯得比較整齊，故名。餘可類推。

二是布料的精粗。古人織布，標準幅寬為二尺二寸。古人用「升」表示布的精粗，一升為八十縷，就是

圖17-2　削杖
圖17-3　大帶
圖17-4　絞帶
圖17-5　腰絰

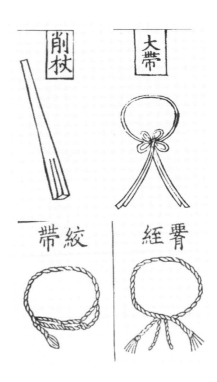

279

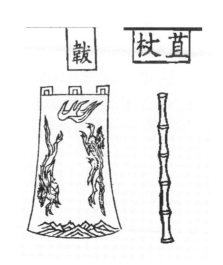

圖17-6　　絰
圖17-7　　苴杖

八十根經線。在同樣的幅寬之內，線縷的數量越少，布料就顯得越稀疏；反之，就越精細。古人日常所用的衣料為十六升，即在二尺二寸的幅寬內，排列有1280縷經線。喪服用布，因喪等的不同，升數有很大差別。喪越重則布料越粗疏，這也是與喪家心情的哀痛程度相一致的。就五等喪服的正服而言，斬衰為三升，齊衰為四升，繐衰為四升半，大功殤為七升，大功成人為八升，小功為十一升，緦麻為十四升半（一說為七升半）。緦麻的升數與日常布料已經非常接近。

　　三是加工程度的深淺。古人加工麻類植物，先剝去表皮層，再撕分韌皮層，使之成為條形紡材；再用浸泡、捶打等方法脫去表面的膠，使纖維分散而柔軟；然後再漂白、紡成麻線，用來織布。斬衰和齊衰服的麻縷都只經過簡單的加工，所以顏色粗惡。大功喪服，「大」是大略的意思，「功」指人工，大功布經過粗略捶打和水洗後，除去雜質並脫膠，纖維比較柔和，但顏色不太白。小功布則是在大功布的基礎上進一步加工，使麻纖維顯得更白。將麻線加工得細如絲線叫「緦」，

緦麻之布的脫膠，做得比大功和小功之布更加仔細。

　　與喪服配合使用的還有喪杖。上古時代的杖，原本是有爵位者使用的。在喪禮中，杖成為專門的喪具，但並非服喪者都可以使用，而主要限於以下兩種情況：一是喪主，喪杖具有表示其在喪家中的身份的作用；二是年老體衰或有病之人體力不支，需要借助於杖來支撐，具有「扶病」的作用。未成年的兒童不用杖，因為他們年齡小，還不太懂得喪失親人的痛苦，不會因哀傷而致病。喪杖有竹杖和桐杖之別。為父親服喪用竹杖；為母親服喪用桐杖，就是用桐木削成的杖。喪杖的高度與心齊平，竹根一端朝下。

　　此外，在不同的喪等中，喪服的帽、縷帶、鞋等的樣式、質地等也各有區別，因過於瑣碎，恕不贅述。

六、喪期的加隆與減殺

　　為至親服喪，原本都以期年為斷限而除服，這就是禮書上說的「至親以期斷」。因為自然界的循環是以一年作為週期的。一年中包含了四季，恰好是自然界萬物代謝的一個輪迴，人類生死的道理與萬物相通，所以在確定喪服期限時，就比照了這一原則。既然如此，為什麼又會有三年之喪呢？《荀子·禮論》解釋道：「加隆焉，案使倍之，故再期也。」意思是說，父親是一家之主，為父親服喪應該重於母親，服喪的時間也應該「加隆」，於是將為母親服期年之喪的時間「倍之」，變成

「再期」，就是兩個「期年」，然後再增加一個月，變成二十五個月，跨了三個年頭。所以，通常所說的三年之喪，實際上是二十五個月（一說二十七個月）。

關於三年之喪的來歷，儒家還有另外一種解釋，那就是為了回報至親的養育之恩。春秋時期，綱紀鬆弛，道德淪喪，表現在喪服問題上就是追求短喪，不願將三年之喪服完。據《公羊傳》記載，魯哀公五年秋九月，齊景公去世，可是次年秋七月，喪期尚未過半，就「除景公喪」，全無哀敬之心。普通人也有這種情況，《論語·陽貨》記載了這樣一個故事：宰我對孔子說：「三年之喪時間太長，一年即可，因為舊穀吃完了，新穀已經上來；鑽木取火用的木頭每季不同，一年也就輪了個遍；所以一年就可以了。」孔子反問他：「父母死了僅僅一年，你就像常人那樣吃精米，穿有文彩的衣服，於心可安？」宰我說：「心安。」孔子說：「君子居喪期間，總是口不甘味，聞樂不樂，居處不安。既然你覺得心安，那你就這麼辦吧！」宰我出去後。孔子生氣地批評宰我「不仁」，說孩子生下之後，要精心撫養三年才能離開父母之懷。所以天下人都奉行三年之喪，為的是報答父母之恩。宰我這樣的人，「有三年之愛於其父母乎」！

順便要提及的是，對於子女而言，父母之恩沒有高低。《禮記·喪服四制》說「資於事父以事母而愛同」，意思是說，用侍奉父親之道去侍奉母親，恩愛是相同的。既然如此，為何為父親服斬衰三年，為母親只

能服齊衰一年呢？《喪服四制》解釋說：「天無二日，土無二王，國無二君，家無二尊，以一治之也。故父在為母齊衰期者，見無二尊也。」可見，只要父親尚健在，就只能為母親服期年之喪，是為了突出父親的家長地位。但為了顧及子女的哀思，期年之後可以「心喪」，直至三年期滿。如果父親先去世，那麼可以為母親服「齊衰三年之喪」，喪期與父親相同，但喪等為「齊衰」，依然與斬衰有別。到了唐代武則天時，規定父母之喪一律為三年。

那麼，為什麼又會有九月、六月和三月的喪期呢？《荀子・禮論》解釋道，那是因為死者不如父母親的緣故。最初規定喪等輕的服半年，稱為「功服」。為了進一步區分親疏，又將功服分為大功和小功：喪等相對重一些的，就在服喪六個月的基礎上加一季，成為大功九月。喪服相對輕一些的則在服喪六個月的基礎上減少一季，成為緦麻三月。喪等居中的稱為小功，六個月。可見，喪期的長短，是依據歲月和季節的轉換，取法於天道而制定的，所以《荀子・禮論》說：「上取象於天，下取象於地，中取則於人，人所以群居和一之理盡矣。故三年之喪，人道之至文者也，夫是之謂至隆。是百王之所同也，古今之所一也。」

需要說明的是，在服喪的過程中，有些喪等需要在葬後改穿比較輕的喪服，禮書稱為「受服」。一般來說，受服的現象一般出現在喪期比較長的喪等中。由於喪等比較重，服喪的時間漫長，哀思隨著時間的推移

而遞減，逐步向正常生活過渡，為了比較自然地脫喪，所以需要變換輕的喪服。如斬衰三年之喪，喪服為三升布；到了既虞卒哭（詳見下一章《喪禮》），就改穿六升布的喪服；再如齊衰之喪，喪服為四升布，受服時改穿七升布的喪服；又如大功九月之喪，在服三月之後改服小功衰。而時間較短的喪服，一般穿到脫喪，中間不受服。如為曾祖父母、庶人為國君，喪期都只有三個月，故喪服自始至終不變，但是，中間往往採用除去某種喪飾的步驟，來向最終脫喪過渡，在此就不細談了。

七、宗親、外親與妻親

在一個大家族中，有直接血緣關係的本宗親戚稱為「宗親」，宗親者同姓。某些原本沒有直接血緣關係的外姓人，因為婚姻的系聯而成為家族成員，如母親和妻子。母親和妻子的本宗親戚也由此成為了自家的親戚。但是，由於他們不是同姓，所以都不得進入自家的本宗之列，而分別稱為外親、妻親。

外親包括母親的本宗親戚，如母親的父母、兄弟、姊妹等。此外，姑、姊妹是本宗親戚，但他們的子女隨其父之姓，因而也屬於外親。

凡是宗親，一律納入服喪的範圍，通常用正常的喪等。而外姓親戚不然，只有少量的人可以進入服喪範圍，喪等也都壓低。

為外親服喪，母家的親戚只有以下幾種：一是母親

的父母，即外祖父母；二是母親的兄弟姊妹，即舅舅和姨媽；三是舅舅、姨媽的兒子。本宗的女性外嫁，只有姑媽的兒子應該服喪。外親的喪等都比較低，為外祖父母只服大功，為舅舅和姨媽服小功，為舅舅、姨媽、姑媽的兒子服緦麻。

妻親的服喪對象就更小了，僅僅是妻子的父母，即岳父母，喪等僅為緦麻。反過來，岳父母也只為女婿和外孫服緦麻。

之所以出現上述內外有別的喪服規則，主要是由宗法制度決定的。宗法制度以男性世系為主體，而外親和妻親是依附於本宗的。如果三者混同不別，一律與宗親同等對待，則服喪的對象和時間將增加三倍，不僅宗法體系將不復存在，而且人們服喪的次數和時間將大大增加。所以，嚴加區別，分清主從，不僅有利於維護宗法制度，而且能夠減省人們耗費在服喪上的精力和時間。

前面我們談到韓國人用「寸」表示親屬關係時，說的是本宗的親屬。韓國人對於外親、妻親系統的親屬也是嚴加區別的，方法是在寸數之前加區別字，如「外三寸」、「外五寸」等。同樣，妻族的親屬則在寸數前面加上「妻」字，如「妻三寸」、「妻五寸」等。可見，儘管由於婚姻關係而成為一家人，但本宗和非本宗的區別依然存在。

八、恩服與義服

喪服有「恩服」與「義服」之別。恩服是為有血親之恩的親屬所服的喪服，前面已經談及；義服則是為某些沒有血緣關係的人所服的喪服，典型的例子是為國君服喪。其原因何在？讓我們來看看儒家的解釋。

《荀子·禮論》說，國君是「治辨之主」、「文理之原」，治理國家，使得法理條貫，其本原在於國君。因此，群臣盡忠敬之心，「相率而致隆之」，就是用最隆重的喪禮來悼念他，這是理所當然的事。《禮論》引《詩經·大雅·泂酌》加以申述。《泂酌》是歌頌周王或諸侯愛護人民的詩篇，《詩經》中說「愷悌君子，民之父母」，意思是說，和樂平易的君子啊，就像人民的父母一樣！因為父親能把孩子生下來，卻未必有能力撫養他；母親能哺育他，卻未必能教誨他。而一國之君，不僅能給他俸祿，而且能教誨他。可見，國君對臣子，兼有父母之恩，用三年之喪來報答他，難道過分嗎？

《禮記·喪服四制》則從「義」的角度來論說：「資於事父以事君，而敬同，貴貴尊尊，義之大者也。故為君亦斬衰三年，以義制者也。」意思是說，用侍奉父親之道來侍奉君，其恭敬的心情是等同的。貴其所當貴，尊其所當尊，就是最大的義了。所以，臣子為諸侯、天子服斬衰三年，就是根據「義」來制定的。

從文獻看，最初只是臣子為國君、天子服喪，後

來，隨著君王權威的提高，君喪逐漸成為每位普通百姓都要為之服喪的國喪、大喪。

朋友之間，雖然沒有血緣關係，但有同道之恩，如果發生喪事，前往弔唁時，不穿喪服，只要繫上緦麻之服的首絰和腰絰即可，而且弔唁結束之後就可以除去。

如果有人客死他鄉，周圍沒有親人可以為之主喪，怎麼辦呢？這時，他的朋友應該負責將他的遺體護送回故鄉。這位朋友不是他的血親，但又不能穿平常的衣服料理喪事，禮書上規定了一種權變的辦法：先袒免（ㄨㄣˋ），就是袒露左臂，再用一條一寸寬的麻帶從頸後向前額繞去，然後再往回繞到髮髻處打結，此外，再繫上朋友弔唁用的首絰和腰絰。一旦將遺體運回故鄉，喪事就由死者的親屬接管，護送者就可以除去喪飾。

九、服喪期間必須堅守的原則

古人很看重人在服喪期間的表現，以此來判斷人的情感的真假，以及德行的高下。《左傳》襄公三十一年記載了這樣一件事。魯襄公卒，魯襄公之妾敬歸的妹妹齊歸的兒子公子裯被立為國君，也就是魯昭公。由於他是庶出，既非嫡子，又非長子，德行也不好，襄公死了，他「居喪而不哀，在戚而有嘉容」，本應哀戚，卻有喜色，所以大臣穆叔極力反對他繼位。昭公當時已經十九歲，而童心不減，在安葬襄公之日，依然嬉戲如常，以致將喪服弄髒，「三易衰，衰衽如故衰」，一連

換了三次喪服，而衣襟還是髒得像舊的一樣，「君子是以知其不能終也」，認為從他在喪期中的表現，就可以斷定他不得善終。

《禮記・檀弓下》也記載了一個故事。晉國的大夫智悼子（即荀盈）死了，還沒有埋葬，晉平公就喝起酒來，還讓樂師師曠和近臣李調陪飲，鼓鐘助興。杜蕢聽說後，直接進入寢門，走上堂，舀了一杯酒命令師曠喝，又舀了一杯酒讓李調喝，然後自己喝了一杯，什麼也不說就下堂了。晉平公感到奇怪，把他喊了回來，問他剛才的舉止是什麼意思？杜蕢說：紂王死於甲子日，夏桀在乙卯日被流放，後來的君王都把甲子、乙卯作為忌日，不敢奏樂。如今，您的大臣智悼子的靈柩尚未安葬，這種悲痛要比甲子、乙卯之日大得多，您卻飲酒作樂。師曠身為晉國的樂師，居然沒有提醒國君，所以，我讓他喝罰酒。李調是國君的近臣，竟為了酒食而忘了國君的過錯，所以，我也讓他喝罰酒。晉平公問杜蕢：為什麼你自己也喝酒呢？杜蕢說：我不過是執掌膳食的宰夫，卻超越職權，過問起國君的過失，所以也要受罰。於是，杜蕢洗了酒爵，舀了酒，高高舉起。晉平公十分慚愧，對左右的侍者說：將來我死了，一定不要廢了這個酒爵，要永遠記住杜蕢的勸誡。這個故事說的是，君臣之間在喪期如果不能體現出應有的情分，君臣關係就會不正常。到南宋時，國君甚至不出席朝廷重臣的喪禮，朱熹認為這不僅是君臣感情淡漠的表現，而且是國家衰亂的重要原因之一。

　　失親之痛，發自內心，喪服是為了體現內心悲傷而制定的，喪期的長短是由生者與死者的恩情決定的。因此，在服喪期間，應該時時追思死者對自己的恩情，為失去至親骨肉而哀傷不已，哪裏會有心情去享用酒肉美食、欣賞音樂舞蹈，更不會有男女之歡。所以，在古代社會，凡是居喪期間有飲酒作樂、生兒子等行為的，都會被視為喪失人性、不知親情的禽獸之行，為社會所不齒，甚至受到官府的制裁。有關的記載，史不絕書，此不贅引。

十、喪服制度在海外的孑遺

　　中國的喪服制度傳入朝鮮半島後，被當地普遍遵行。時至今日，由於西方宗教與文化的強勁進入，以及由於工業經濟下的人們生活節奏大大加快，在韓國的城市裏已經很少看到身穿喪服的人。但在傳統文化的積澱比較深厚的韓國農村，特別是在某些世家大族中，喪服制度還比較完整地保留著。1998年初，韓國慶尚北道清道有一位年逾九旬的老人去世，他的子孫和弟子決定為他舉行「儒林葬」，即地道的儒家葬禮，實際上是《朱子家禮》中的喪葬禮儀。筆者前往考察時發現，死者的幾位兒子都身著斬衰的喪服，據說布料是用專門從中國進口的麻做的；喪服的邊緣都不縫邊，可以看到刀斬的痕跡；喪服的下衣和上衣的衰、負版等喪飾，以及喪冠的樣式等等與中國古代禮書所記載的完全一樣；首経和

腰絰用顏色十分粗惡的麻繩搓成。由於死者已是九十高齡，家族中五代同堂，服喪者有上百人之多，不同親屬關係的親戚，根據五等喪服服喪，衣服的顏色、精粗等判然有別。整個喪禮，嚴格按照《朱子家禮》的儀節進行。據說，由於工業化的飛速發展，即使在韓國能這樣按照古禮辦喪事的人家也已經越來越少了，所以前往觀禮的專家學者、攝影愛好者、民俗研究者以及電視臺的記者等竟有幾百人之多。在遠離中國的地方看到千年之前傳播而來的、如同活化石的喪禮，令人唏噓不已。

時移勢易，喪服制度無論在祖國大陸，還是在海外的華人世界中早已不存在，但喪服關係的稱呼卻依然在臺灣報紙的「訃聞」中被使用著，這似乎並不奇怪。令人吃驚的是，遠在南洋的菲律賓群島，居然也可以看到相同的「訃聞」。2002年，筆者到菲律賓參加學術會議期間，翻閱當地的華人報刊，發現有一版內容全部是訃聞，內中不乏有沿用古代喪服關係稱呼的，這裏略舉兩例。其中一條訃文說，某夫婦不幸喪子，喪家將於某月某日在某教堂舉行喪禮，敬請親友參加云云，喪主夫婦的署名前有「反服」二字。意思很清楚，按照一般的規律，本當兒子為父母服喪，如今白髮人送黑髮人，父母反過來為兒子服喪。

另一條訃文說，某君不幸喪「德配」（配偶），將於某時在某地舉行遺體告別儀式云云。訃文的末尾署為：「杖期夫某某。」這種稱謂的含義，目前內地已經很少有人能明白了。按照《儀禮》喪服制度的規定，妻

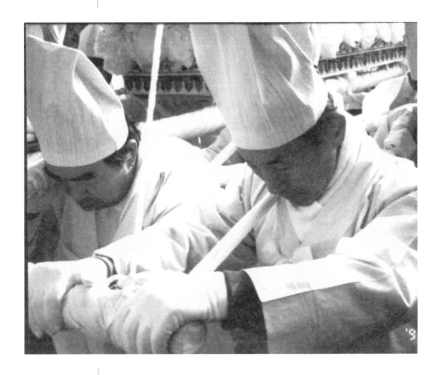

圖17-8　執紼（韓國）
圖17-9　喪冠（韓國）
圖17-10　冠纓（韓國）

子死，丈夫為之服期年之喪，期年之喪又有「用杖」和「不用杖」的區別。根據東漢經學家鄭玄的解釋，如果喪主的父母親尚健在，那麼，喪主服喪時就不能用喪杖；反之，就可以用杖。這位喪主自稱「杖期夫」，可知其父母已經故去，當是中年或老年喪偶。僅此兩例可見，儘管在菲律賓社會已經沒有了持喪杖、服齊衰之服的做法，甚至喪禮借用教堂舉行，但中華兩千多年來的文化積澱，依然深深地存在於海外華人的血液之中。

Chapter 18

第十八章 ——

侍奉逝者的魂魄：士喪禮

　　如何處理親人的遺體，是人類社會的重要文化現象
之一，這在宗教團體中表現尤盛。無論是佛教、伊斯蘭
教，還是基督教，都有相當複雜的喪禮，從而顯示出不
同的文化觀。儒學不是宗教，儒家喪禮最鮮明的特色是
處處體現出生者對於死者的溫情。

　　由於文獻闕佚，先秦喪禮的全貌已經無法考索。所
幸的是，《儀禮》一書記載了諸侯之士為父母、妻子、
長子所行喪禮的詳細過程。由於喪禮儀節複雜，篇帙繁
重，故《儀禮》的編撰者分之為兩篇，上篇為《士喪
禮》，下篇為《既夕禮》。《士喪禮》從死者新亡起，
至卜擇葬日止，都是在未啟殯以前的事，主要儀節有招
魂、報喪、設奠、沐浴、飯含、襲屍、小斂、大斂、朝
夕哭、筮宅、卜葬日等，下面扼要介紹。為了敘述的方
便，某些儀節作了歸併。

一、壽終正寢

　　《士喪禮》的第一句話是「死於適室」。適室就是

適寢之室，通常稱為正寢。古代從天子到士的居室，都有正寢和燕寢。燕寢是平常居住的地方，正寢不然，《禮記·檀弓》說：「君子非致齋也，非疾也，不晝夜居於內。」這裏的「內」，是指正寢；可見正寢只有齋戒和生病時才用。古人認為，正寢是正性情的地方，人必須死在正處，所以，自古有「壽終正寢」之說。天子、諸侯的正寢稱為路寢，《春秋》宣公十八年，「公薨於路寢」，正是說魯宣公死於正寢。正寢在堂後，朝南。南牆的左面是「戶」（古人稱單扇的門為戶），右面是牖（一ㄡˇ，窗戶）。

二、復

判斷病人是否咽氣的方法，《禮記·喪大記》說是「屬纊以俟絕氣」。「纊」（ㄎㄨㄤˋ）是一種極其輕薄的絲絮，放在病人的鼻孔前，只要一息尚存，纊就會飄動。如果纊紋絲不動，表示已經氣絕，家屬最害怕的事已經發生！但是，親人們不能接受，希望奇蹟能夠出現。復是招魂的意思。古人認為，人的生命由魂和魄組成，魂是靈魂，是一種精氣；魄是軀體，是魂的寄寓之處。靈魂附著在體魄中，則生命存在；靈魂如果離開了體魄，人就會昏迷或者死亡。古人認為，人剛死的時候，魂氣離開體魄不遠，大聲呼喊，或許能讓它回復於體魄之中，使生命重新存在，楚辭中的《招魂》正有此意。因此，喪禮中把招魂的儀節稱為「復」。

復的程序是，命令一人擔任「復者」（意思是招魂者），找出一套死者生前穿過的、並且能代表死者身份的衣服——對於士來說，就是爵弁服；把衣和裳綴連在一起。復者將它搭在左肩上，衣領插入自己的衣帶內固定，然後登上屋脊，面朝北拉長聲音呼喊道：「噢——某人回來吧！」如果死者是男子，就喊他的名；如果是女子，就喊她的字。連喊三遍，然後將衣服從屋前扔下，堂下的人隨即將衣服拿進屋，覆蓋在死者身上，希冀魂能回復於體魄。

人死不能復生，復的儀節幾乎不可能帶來奇蹟，但復的儀節體現人死之初，家屬不能接受現實，不願馬上就把親人當死者來對待的至愛之情。所以，《禮記·檀弓》說：「復，盡愛之道也。」

三、奠

在當今的追悼會上，親友致送的花圈正中都寫著一個「奠」字，這是什麼意思？恐怕已經很少有人能說清楚了。

古代喪禮包含兩大理路，一是對死者遺體（魄）的處理，二是對死者精神（魂）的處理。從下文的沐浴、梳洗，一直到埋葬棺柩，都是對遺體的處理；而此時開始的奠祭，則是奉事死者精神的開始。什麼是奠祭呢？上古時期，人們將器物放在地上叫「奠」。喪禮中，把酒食等祭品放在地上的祭祀稱為奠祭，或者徑

稱「奠」。為什麼要用這種形式祭祀呢？原因有三：第一，古人認為，儘管死者的靈魂已經離開體魄，但靈魂依然要享食，只要親人擺上酒食，靈魂就會來附，所以供品就是鬼神的憑依之處；第二，喪家遽逢大喪，哀痛欲絕，不免諸事倉促，所以祭祀的儀式也就因陋就簡；第三，古人以死者為鬼神，正式祭祀鬼神要立「屍」，屍由未成年的孩子擔任，在祭祀時代表受祭者。但死者新亡，家屬一時不能接受這一殘酷的現實，不忍心馬上就用鬼神之禮祭祀，所以把死者生前食用過的酒食端來，放在死者的右側，含有依然侍奉他進餐的意思。

圖18-1　出殯（送葬）之日，死者親屬及親朋好友隨柩行至墳地，又有「賻」、「路祭」等儀式，然後落葬。

　　古人把從始死到棺柩落葬之前的祭祀統稱為「奠」。治喪期間，凡是有新的儀節，或者遇有特殊的日子，都要舉行奠祭，所以有始死奠、小殮奠、大殮奠、朝夕哭奠、朔月奠、薦新奠、遷柩朝廟奠、祖奠、大遣奠等等的名目，下面擇要介紹。

　　小殮奠是小殮時在室內進行的奠祭，祭品是醴酒、脯醢和牲肉。牲肉放在俎上，俎的兩端是牲的左右兩髀，內側是左右兩肩，再向內是兩肋，帶有脊骨的肺放在最中間，牲肉都倒扣著放，骨的根部都朝前。

　　大殮奠是大殮時進行的奠祭。祭席設在室內西南角，席面朝東。俎上的食物，魚頭朝左，鰭朝前，一共三列，每列三條魚；臘肉的骨根朝前。在席前設豆，最右邊是盛菹的豆，左邊是盛肉醬的豆，菹豆南邊是盛栗脯的籩，栗東邊是盛乾肉的豆。豚俎在豆的東邊，再往東是魚俎。臘肉單獨放在兩俎的北邊，醴、酒放在栗籩之南。

　　朔奠或稱朔月奠，是大殮後如果適逢朔（初一）而舉行的祭祀。祭品是一隻小豬、魚和風乾的兔肉，都放在俎上，此外還有醴、酒、菹、醢、黍、稷等。陳設的位置是：盛肉醬的豆在北、盛菹的豆在南，豚俎在兩豆之東，魚俎又在其東，臘肉單獨放在俎豆之北。盛黍稷的敦放在大殮時放籩的位置。醴、酒的位置與大殮時一樣。牲肉上用巾遮蓋。

　　現代社會的火化相當於古代的落葬，追悼會一般在火化之前進行。生者將花圈放在死者遺體的周圍，上面

寫著「奠」字，正是古代奠祭的孑遺。

四、哭位

　　家中發生喪事，往往會亂成一團，如此，不僅會使喪事無法順利進行，而且族人與死者的親疏、上下、內外關係完全被淹沒，喪禮的原則也就難以體現。因此，必須規定不同身份的服喪者的哭泣之位。

　　屍體放在室內南牆的窗下，頭朝南、足朝北。喪主的哭位在屍床的東側，喪主之妻在屍床西側，與喪主夾床相對；兩人都坐著。喪主的庶兄弟都站在他身後，面朝西；姜和眾子孫站在屍床西側，面朝東。他們都是大功以上的親戚。小功以下親戚的哭位分兩處：婦人都站在室戶之外的堂上，因為婦人的活動範圍是在堂上和房，連送客人都不下堂；男子站在堂下，因為他們的活動範圍是在堂下及門；但不管站在堂上還是堂下，都面朝北向著屍床。顯而易見，哭位的安排，是依照內外、親疏的原則安排的。

五、報喪和弔唁

　　在當今，中國每逢國家領導人逝世，都要向國內外發「訃告」。在港澳臺和海外華人世界裏，喪家也一般要在報刊上發「訃聞」向親友報喪，這些都是古代喪禮的遺風。

　　喪事的第一天，喪主首先要向國君報喪。死者有士的身份，是國君的臣下，猶如國君的股肱耳目，彼此有恩情。因此，國君得悉噩耗後，隨即派一位士前往喪家弔唁。作為國君委派的代表，士要向喪家致哀悼之意。此外，國君還要另外派人致送助喪的物品。喪家要按照喪禮的要求治喪，必然會有家中沒有或者一時來不及備辦的物品，因而特別需要周圍人的幫助。身份越高，需要的喪具也就越複雜。先秦時期，一國有君喪，天子和諸侯都要來助喪，《左傳》隱公元年，「秋七月，天王使宰咺來歸惠公仲子之賵」。《穀梁傳》解釋說：「乘馬曰賵，衣衾曰襚，貝玉曰含，錢財曰賻。」

　　弔唁是與死者的告別，是表達內心情意的最後機會。《顏氏家訓·風操》記載，南北朝時期的江南，生活在同一城邑的好朋友，聞喪而三日之內不去弔唁，喪家就會與之絕交，日後即使路上相遇，也是迴避而不打照面，「怨其不己憫也」。因有它故或者路遠不能前往弔唁者，可以用書信致哀並說明情況，「無書亦如之」，連書信也沒有者，也與之絕交。

六、沐浴、飯含、襲

　　有司用煮過的淘米水為死者洗頭，梳理頭髮，再用巾拭乾水。接著，用巾為死者澡身，再用浴衣將身上的水拭乾。然後為死者剪指甲，理順鬍鬚，就像平時為主人所做的那樣。最後用絲帶為死者束髮，插上髮笄，穿

上貼身的衣服。

接著要在死者口中放米和貝，這一儀節稱為「飯含」。喪主在床邊坐下，用角匙從敦中取米，放入死者口內的右側，放三匙，再加一枚貝。接著，用同樣的方法在口中間和左側放米、貝。然後再往口內放米，直至填滿口腔。飯含的儀節，表達了子女不忍心讓親人空著嘴離開人世的心情，所以《禮記·檀弓下》說：「飯用米貝，弗忍虛也。」飯含是身後得到奉養的表現，《戰國策·趙策三》說「鄒魯之臣生不得事養，死則不得飯含」，正是這個意思。

「襲」是沐浴、飯含之後為死者設掩和幎目、穿鞋衣，直至加冒等等一系列儀節的總稱。為了入殮的方便，死者不能戴生前的帽子，於是用一塊稱為「掩」的布覆蓋在死者的頭頂，然後將布的兩端撕開，分別向前面的頤下與腦後的頸部打結。死者的兩耳用絲綿填塞。然後用一塊稱為「幎目」的布覆蓋在死者面部，將絲帶向腦後繫結。最後為死者穿鞋，鞋帶結在足面上，再用

圖18-2　幎目正面（左）
圖18-3　幎目背面（右）

302

剩餘的帶子將兩隻鞋的鞋帶孔穿結在一起，以免死者的
雙足分開。緊接著為死者穿衣服，一共三套，貼身的衣
服不在此數。然後，在三套衣之外結以大帶，又將手板
插入帶內，在死者的右手拇指套上扳指，帶子繫在手腕
處，在拇指根處打結；再在左手纏繞一塊稱為「握」的
布，其絲帶與扳指的絲帶相連結；再用「冒」（屍套）
將屍體裝入，冒分上下兩截，先用下截從腳下往上套，
再用上截從頭部往下套。最後用衾被覆蓋。

七、為銘和設重

　　家中發生喪事，喪家需要讓過往的人周知，於是將
其死者生前所用的旗旌插在堂的西階上，這就是「為
銘」。如果死者生前是沒有資格建旗的不命之士，就用
一塊一尺長的黑布，下面綴以二尺長的赤色的布，寬都
是三寸，在下端赤色的布上寫上：「某氏某人之柩。」
旗杆長度為三尺。筆者在韓國訪問時，曾見到某一店家
門上貼著一張紙，上面寫著「喪中」，屋簷下則懸掛著
一個韓式的方形燈籠，燈籠的上下兩截用了藍、白兩種
顏色，應當就是古代喪禮中「銘」的一種變化形式。

　　沐浴、穿衣完畢，要為死者「設重」。按照喪禮的
規定，要到棺柩落葬之後，才可以為他做「木主」，也
就是通常說的牌位。作為過渡，此時要在庭中立一根稱
為「重」的木柱，意思是讓死者的靈魂有一個比較固定
的依附之處。重的形制是，先在上端斫削再鑿眼，然後

插入一根稍細的木棍，然後再兩端各懸掛一個鬲，鬲口用粗布蓋住，鬲中是用飯含剩餘的米熬成的粥。於是用葦席將重木和鬲掩捲起來，然後用竹篾索縛住。

由於死者已經裝進屍袋，死者的面貌已經看不到，為了彰顯行將出現的棺柩的身份，有司要將放在西階上的銘插在重木上。

八、小斂

小斂是死後第二天中最重要的儀節，主要內容是為死者穿衣、加衾，地點依然是適室之內。

小斂時應該穿多少套衣服，因死者的身份高低而有不同的規定，士為十九套。士平時穿的衣服，不過是爵弁服、皮弁服、褖衣等幾種，這時一定要湊滿十九套。含義何在呢？鄭玄說是「法天地之終數」，古人認為天數一、地數二，依次往下數，最終是天九、地十；人死在天地之間，所以小斂的衣服要取天地的終數。前面說過，屍體經過「襲」之後，已經裝入屍袋，實際上已經無法再為死者穿衣了。所以，小斂的所謂穿衣，實際上是將衣服裹在屍袋上下。為了保持外形的整齊，死者兩肩上方的空虛處要用捲好的衣服填滿。最後，要用布帶捆紮，使之牢固。捆紮的布帶是「橫三縮一」，即橫向三條，縱向一條。

小斂完畢，喪主、喪主之婦在屍床兩側撫屍，頓足痛哭。由於此時還沒有成服，而喪事已經開始，故不得

不採取一些權宜的措施：喪主用麻挽髮，袒露左臂，喪主的庶兄弟等用布束髮，去冠戴免，婦人們麻與髮合結。

接著，士抬起屍體，眾男女則在兩旁捧持著屍體，然後將屍體安放在堂上，用夷衾覆蓋屍體，等待大斂。眾男女在屍周圍頓足而哭。

九、大斂

大斂是死後最重要的儀節，主要內容是將屍體裝入棺柩。地點由適室轉移到堂上，表示死者正一步一步地離開自己生活過的地方。

為了便於將屍體裝殮入棺，先要在堂的西階之上挖一個稱為「肂（ㄙˋ）」的坎穴，其深度以能見到棺與蓋之際的木樺為準。然後用窆車將棺柩徐徐放入坎穴中，棺蓋放在地上。

接著在堂上張設帷幕。婦人們站在屍體西側，面朝東。喪主與親屬在屍體東側，面朝西，袒露左臂。有司在東階上鋪席，並依次陳放斂屍用的絞帶、單被、絮被、衣服，最好的祭服放在外面。將屍體抬到大斂席上，按與小斂類似的方法為死者加衣。根據喪禮的規定，士大斂所加的衣服為三十套。加畢，也用絞帶捆紮，「橫五縮三」，即橫向五根，縱向三根。喪主號哭時，頓足不計次數。接著，喪主將屍體捧入棺木入殮，喪主察看坎穴中的棺木，接著在棺木四旁各放一筐炒熟

的黍稷，這是為了吸引日後可能鑽入棺木中的蟲蟻，以免它們噬咬屍體；然後蓋上棺蓋，再在其上塗泥。喪主號哭，頓足不計次數。大斂完畢，撤去帷幕。喪主、喪主之婦撫棺痛哭，有司將標誌死者身份的旗旌插在坎穴的東側。大斂畢，喪主與親屬開始正式服喪，應該有喪杖的要執持喪杖。

　　大斂以後，棺柩停放在牢內，等待落葬。古人把停柩稱為「殯」。今天，人們將停放屍體的地方稱為殯儀館，其源蓋出於此。《禮記·王制》說：「天子七日而殯，七月而葬。諸侯五日而殯，五月而葬。大夫、士、庶人三日而殯，三月而葬。」意思是說，從死到停柩，天子需要七天，諸侯需要五天，大夫以下只要三天；停柩的時間，天子為七月，諸侯為五月，大夫以下只要三月。這是因為葬禮的規模不同，需趕來參加喪禮的人相差懸殊，所以需要準備的時間也就有長短。

十、國君親臨大斂

　　喪禮的過程很長，國君不可能全部參加，一般來說，如果是大夫去世，國君要參加小斂和大斂；如果是士去世，那麼，參加大斂就可以了。國君到達時，喪主要到外門之外迎接，看到國君車駕的馬頭，就不再號哭，回到門內面朝北而立，並與眾主人一起袒露左臂。國君脫去吉服，進門後從阼階上堂，面對屍體而哭。喪主奉命進行大斂，隨同國君而來的公卿大夫依次奉命上

堂，站在喪主之西。

大斂完畢，公卿大夫下堂，回到哭吊之位。國君有一個「坐撫當心」的儀節。在喪禮中，用接觸死者身體的方式向死者作最後的告別，稱為「馮（ㄆㄧㄥˊ）屍」。不同身份的人馮屍的方式和具體的叫法各不相同。子女對於父母，是抱持屍體的心口，稱為「馮屍」；父母對於兒子，是執持胸口的衣服，稱為「執屍」；妻子對於丈夫，是執拘屍體的衣服，稱為「拘屍」；國君對於臣下，是按撫屍體的心口，稱為「撫屍」。四者之中，馮屍最重，拘屍次之，執屍又次之，撫屍最輕。四者的劃分，體現了尊卑和恩情的深淺。

國君撫屍完畢，先後命令喪主、喪主之婦馮屍。他們不能撫摸國君撫摸過的地方。抬屍入棺時，喪主要捧住死者的頭部。蓋上棺蓋後，有司在棺上塗飾。國君在祭席擺設完畢後出廟門，喪主號哭，拜送國君。

君親坐撫當心的儀式直到北宋時還存在，如司馬光死，哲宗哀臨其喪。但凡是擔任過執政，即使是致仕而死者，皇帝也必親臨喪禮，並為之罷樂。若大臣死於遠方，皇帝無法親臨，則必定派遣郎官前往弔唁。到了南宋，風氣丕變，除秦檜死，宋高宗親自臨喪之外，其餘皇帝均不親臨大臣喪禮，君臣恩義之淡漠，不難想見。朱熹批評說：「今日之事，至於死生之際，恝然不相關，不啻如路人！」（《朱子語類》卷八五）朱熹認為古代的君臣之禮，有其積極作用：「看古禮，君於大夫，小斂往焉，大斂往焉；於士，既殯往焉，何其

誠愛之至！」「古之君臣所以事事做得成，緣是親愛一體。」（《朱子語類》卷八九）可見，君臨臣喪是體現君臣關係的重要儀節。

十一、成踊、代哭、朝夕哭

失去親人所帶來的痛苦猶如撕肝裂膽，但過度的悲傷會奪去生者的生命，以致前喪未了，後喪又起。而且，親人的喪事尚未辦完，喪主就死了，實際上沒有盡到為父母送終的責任，這也是不可取的。為了防止釀成這類「以死傷生」的不良後果，需要從禮制上作出種種限制，使喪家都能面對現實，節哀順變，於是就有了哭踊、代哭、朝夕哭等規定。

人在悲傷之極時會情不自禁地「辟踊」，也就是捶胸跳足，所以《禮記・檀弓下》說：「辟踊，哀之至也。」為了防止辟踊時失去控制，喪禮有「成踊」的規定，除了少數儀節可以不加限制外，多數儀節為「三者三」，即每一儀節三踊，每一踊三跳，一共九跳。禮節中的這類數量限制，稱為「有筭（ㄙㄨㄢˋ）」，《檀弓下》說：「有筭，為之節文也。」

在大斂之前有「代哭」的規定。代是輪流更替的意思，代哭就是親屬輪流到殯宮哀哭，喪家既是哭聲不絕，同時大家的身心又可得到保護。

大斂以後，哀痛之情稍殺，全家男女每天只要在朝、夕兩個時間到殯宮號哭就可以了，不再代哭，稱為

朝夕哭。當然，哀痛所至時，也可以到殯宮痛哭，並非一律禁止。

十二、筮擇墓地和卜葬日

墓地要通過卜筮來決定。選定安葬處後，塚人度量墓地。挖掘墓地時，四角的壞土堆在四角之外，墓地中央的壞土堆在墓地南側。朝哭之後，喪主和眾主人都前往預選的墓地之南，面朝北而立，解除帶。宰站在主人右邊。筮者打開筮草筒，面朝南接受喪主之命。主人命令說：「哀子某人，為其父某甫卜筮選擇墓地。選定此處為幽冥之宅，墓地始得，將來有災難嗎？」筮者聞命後，指著墓中央所起壞土卜筮。筮畢，筮者將得到的卦交給宰。宰看過後還給筮者，筮者面朝東，與其下屬的筮人共同占筮此卦的吉凶，占筮畢，稟告宰和喪主：「占筮的結果是吉利。」喪主號哭。如果占筮的結果不吉利，再另選墓地占筮，儀節與前面相同。

古代棺外有呈井字形的槨，槨木做完後，喪主先拜謝工匠，然後周繞槨架一圈，檢視品質是否合格。進獻來做明器的木材放置在殯門之外，喪主也要進行檢視。獻尚未修飾的明器和已完工的明器，儀節也是如此。

落葬的日期要通過占卜來決定。占卜的儀式在殯宮外進行，喪主和眾主人就位後，族長在門東即位。宗人將龜甲遞給族長，並指示當灼的部位。族長以喪主的口氣命令占卜葬日。宗人將命辭傳達給龜，將龜甲交給卜

人。卜人坐下，用荆樹枝灼龜。族長接過龜甲觀察。於是，三位占者一起占卜所得之卦，占畢，宗人向族長和喪主稟告占卜的結果。如果占卜的結果不吉利，可以重新占卜。

Chapter 19

第十九章

埋藏親人的遺體：既夕禮

　　喪禮的前半部分，主要是通過小斂、大斂等方式，將遺體處理後裝入棺柩。喪禮後半部分的主題則是將棺柩安葬。《說文解字》云：「葬者，藏也。」葬的目的是掩藏屍體。遠古時代沒有墓葬制度，人們通常將親人遺體棄置野外，再用薪草掩蓋，《說文解字》說：「古之葬者，厚衣之以薪，故人持弓，會驅禽也。」由於親人的遺體每每為鷙禽猛獸撕咬，子女內心不忍，於是守在遺體旁，用彈弓驅趕鳥獸。相傳到黃帝時開始使用棺槨，將遺體深埋，入土為安，體現了文明的演進。

　　《既夕禮》經文的第一句是「既夕哭」，古人好取開頭兩字作為篇名，所以將喪禮下篇名之為「既夕」。「既」是已經，既夕哭是夕哭之後。大斂之後，喪家朝夕哭於殯。到葬前二日的夕哭之後，喪家開始安排落葬事宜。

一、殯後居喪

　　大斂成殯之後，喪主哀毀無容，居住在門外倚牆搭

建的喪廬中，晚上寢臥在草席上，用土塊作枕頭，首絰和腰絰都不解下。時刻想念著逝去的親人，悲之所至就號哭，畫夜都沒有定時，與喪事無關的話不說。只是喝粥，早晨煮一把米，傍晚煮一把米，不吃蔬菜和水果，熱孝在身，完全沒有心思去想飲食的滋味。喪主出行時乘坐的是粗劣的木製喪車：車箱的頂蓋用尚未長成長毛的白狗皮製作，車後面和兩側的藩蔽用蒲草做成，駕車的馬鞭用蒲草的莖製作；武器囊是用狗皮做，車轂端頭的銷釘是木質的，登車用的引繩和彎都是用繩子做的，馬嚼子是木質的；駕車的馬的鬃毛不加修剪。喪主配偶的車也是如此，只是車中的帷幕是用大功之布製作的。

每月初一，童子要左手拿著掃帚，末端向上，跟隨撤祭席者入室。設祭席之前，先撤去先前設的祭席，童子掃除室內的塵土，垃圾堆在室內的東南角。祭席設置完畢，童子拿起掃帚，末端下垂，斜向自己，跟隨執燭者出室。平日燕居時用的物品、朝夕吃的食物、沐浴用的水，都和往日一樣在燕寢中準備著。

二、啟殯

啟殯在天色微明時舉行，殯宮門外點燃了兩支燭炬，用以照明。靈柩還半埋在堂上的坎穴內。喪家的眾男女在門外朝夕哭的地方即位。為了避免喧囂之聲的干擾，此時在場的人都要停止哭泣。

喪主向各位前來參加葬禮的賓客行拜禮後，走進殯

宮門，到堂下即位。接著，有司連續三次發出「噫興」的叫聲，以警醒死者的神靈；又連喊三次「啟殯」，告訴死者的神靈行將出發。男女們開始號哭。祝將放置在坎穴前、寫有死者名號的銘旌取出，插在庭中的「重」上。喪主哭踊，不計次數。有司將靈柩從坎穴中徐徐起出後，有司用大功之布拂拭靈柩，並將小斂時用過的夷衾覆蓋。

　　死者生前每逢外出必須報告長輩，是所謂「出必告」。此時人已逝世，即將葬入墓地，但行前首先要到祖廟中告別，以最後一次表達孝順之心，這一儀節稱為「朝廟」或「朝祖」。這是一種相當人性化的處理，所以《禮記·檀弓》說：「喪之朝也，順死者之孝心也。其哀離其室也，故至於祖考之廟而後行。」

　　古代因身份尊卑的不同，廟數有其等差：天子七廟、諸侯五廟、大夫三廟、士二廟。士的二廟是指父廟（或稱禰廟、考廟）和祖廟。士有上士和下士之別，廟制也就不同，上士父與祖各有一廟，下士則是父、祖同廟，稱為祖廟。因此，下士朝廟一天就可以完成，而上士則要先朝禰廟、次日再朝祖廟，兩天才能完成。

　　《既夕禮》是下士的喪禮，所以喪家在落葬前兩天的夕哭之後開始安排葬事，次日朝祖，再次日安葬。如果是上士，則要在落葬前三天的夕哭之後開始安排葬事，中間空出兩天朝父廟和祖廟。

三、朝祖

將靈柩從殯宮遷往祖廟，用的是一種稱為「輴軸」的器具。軸的樣子略如長方形的木框，但前後各有一根可以滾動的軸。遷柩的隊伍，將插有銘旌的「重」作為前導安排在最前面，接著是祭品、燭炬、靈柩，接著又是燭炬，最後是喪主及其親屬。喪家的隊伍排列，男子在前，女子在後；而無論是男是女，都按照與死者關係的親疏為序，親者在前，疏者在後，因為前面就是靈柩。

到達祖廟後，靈柩不能從阼階抬上堂，因為那是廟主——也就是父、祖專用的臺階；而要從西階上堂，表示依然在行人子之道。祭品先放在堂下，等正柩後再上堂陳設。喪主跟隨靈柩之後上堂。接著婦人上堂，面朝東而立。眾主人在東階下即位。靈柩要放在堂上的兩楹柱之間的正中之處，因為這裏是尊者的位置。接著將靈柩的方向調正為頭朝北，並將靈柩安放在事先準備好的夷床上。喪主站到靈柩東側，面朝西。「重」與在殯宮時一樣放在中庭。有司先將堂上陳設的舊奠撤除，接著為遷柩於祖廟而設新奠，這就是所謂「遷祖奠」。喪主在堂上哭踴，然後下堂向來賓行拜禮，再到阼階前哭踴。喪主之婦及大功以上的親屬在東階上面朝西而立。

死者生前乘用過的乘車、道車和槀車，都陳設在庭中。因為棺柩朝北，所以車轅要朝北。它們如今是靈魂所依附之處，所以漢代以後統稱之為「魂車」。乘車車

前的橫木上覆蓋著淺色鹿皮，車上放著盾牌、箭袋、革製的馬韁、皮弁服，旃旗插著。縷帶、轡繩以及有貝飾的馬絡頭，都懸掛在車衡上。死者生前上朝或燕遊時乘坐的道車上放著朝服；田獵時乘坐的稾車上放著蓑衣和斗笠。

　　然後將駕車的馬匹牽進來，馬的縷帶上用三種顏色的絲帶作為裝飾。圉人站在馬兩側，馭車者手持馬鞭站在馬後。喪主三番哭踊，隨後圉人牽馬走出廟門。接著，賓客出門，喪主送到門外。

四、裝飾柩車

　　於是將堂上的靈柩裝載到庭中的柩車上，喪主哭踊。靈柩束縛完畢，有司將方才設在堂上的奠移到靈柩之西陳設，用巾覆蓋，然後裝飾柩車。

　　靈柩內有死人，運往墓地時恐路人厭惡，所以要加以裝飾。棺飾的總體設計很像是一座屋子，分上下兩部分，上部稱為「柳」，基部是一個長方形木框，罩在靈柩的蓋上。柳上用布覆蓋，形狀略如尖頂的房屋，稱為「荒」，上面繪有文采。柳的前面和左右兩側用竹管圍繞，稱為「池」，如同屋簷之下的霤。據禮書記載，大夫一級的棺飾，池邊懸掛著用銅片做的魚，柩車前進時，銅魚前後晃動，有「魚越拂池」之感。近些年，北京民間文物市場的地攤上，偶爾可以看到有魚形銅片，應當就是周代墓葬中的懸魚，賣主不知為何物，所以出

價往往很低。棺飾的下部稱為「牆」，指靈柩的前面和左右兩側，都用布圍著，稱為「帷」；此時前部有一個形如屋的「池」，連結棺頂及四周白布的紐扣前後左右各一，前紅後黑，車頂的圓蓋有紅、白、青三色，四周不懸掛貝。棺兩側各有兩條帛帶。

靈柩左右設有「披」，車的兩邊也繫上了「引」，披和引的用途詳見下文。

五、陳明器

明器是指隨葬的器物，所以古人說是「藏器」，後世又稱為「冥器」。明器不是實用的器物，因而做工粗惡，《禮記・檀弓》說是「竹不成用，瓦不成味，木不成斫，琴瑟張而不平，竽笙備而不和，有鐘磬而無簨虞」，竹器、瓦器都無法使用，木器做得不平整，琴瑟和竽笙沒有宮商之音，鐘磬無法懸掛。之所以如此，並非是欺死者無知，而是為著節省人力、物力，《禮記・檀弓》說：「孔子謂為明器者，知喪道矣，備物而不可用也。哀哉！死者而用生者之器也。不殆於用殉乎哉。」可見孔子認為，用實用器物殉葬，就像用活人殉葬一樣可悲。

此時陳設明器，是為落葬作準備。明器陳設在乘車的西側，具體位置是：以最西邊一行的南端為尊位，自西向東，放完一行，再向相反方向轉行。從茵之北：包裹羊肉、豕肉的葦包二個；盛放黍、稷、麥的畚箕三

個。甕三只：分別盛放醋、醬和薑桂的碎末。瓦甒兩
只：分別盛著醴和酒。每一器都有木架，器口都塞著。
還有死者生前日常的器物，以及樂器和鎧甲、頭盔、盾
牌和盛箭器等兵器，燕居時用的手杖、竹笠、雉扇。弓
箭是新做的，構件雖然齊備，但做工粗劣，只要能張開
就行。近距離射擊用的箭和習射用的箭各四支，箭羽都
很短。

六、祖奠

　　古人出行，有祭祀路神的習慣，《左傳》昭公七
年，魯昭公將要前往楚國，「夢襄公祖」，夢見魯襄公
為他「祖」，就是祭祀道路之神。類似的記載也見於其
他文獻，例如《詩經‧大雅‧韓奕》的「韓侯出祖」、
《詩經‧大雅‧烝民》的「仲山甫出祖」中的「祖」，
都是指路神。

　　靈柩出發之前，也要進行祖祭。柩的方位在堂上兩
楹之間調正之後，喪主送賓客出門，此時，遂人與匠人
將柩車拉到堂下東、西階之間。祝在喪主之南陳設祖祭
的供品，西側正對著柩車的前輅，祭品上面用巾覆蓋。

　　於是撤去柩車之西的遷祖奠，喪主在規定的儀節處
哭踴。有司將柩車掉頭朝南，表示即將出行。喪主頓足
而哭，稍向南移到正對著靈柩前面的束帶的地方。婦人
下堂，在東、西階之間即位。於是，挽轉車頭正式出
發，祝將銘旌放在「茵」（詳見後）上，有司將「重」

的方向變為朝南。日頭偏西時設祖奠，喪主哭踴。此時，駕車的馬匹又被牽進來，就像第一次做的那樣。於是，賓客告辭出門，喪主送至廟門外。有司請問落葬的日期後，主人入內，回到原位。

七、贈送助葬之物

送葬之前，國君和卿大夫再次贈與幣帛、馬匹等物，以幫助喪家安葬靈柩。

國君派使者致送的助喪之物是：黑色和淺黃色的帛一束，馬兩匹。贈送馬匹，是表示幫助喪家拉柩車之意。馬匹牽進門後，陳設在庭中重木的南側。帛放在柩車車廂的左側，然後出門。家宰將帛收藏起來，士牽著馬出廟門。

卿、大夫、士贈送助喪的財物，要派使者前往致命。使者的隨從將贈送的馬匹牽進廟門，陳設在「重」之南，帛放在柩車之左。

服喪的眾兄弟，可以既贈送助喪之物，又贈送致祭的物品。平時互相熟知的人，則只贈送助喪之物，而不贈送致祭的物品。與死者熟知的人，可以既贈助葬之物，又贈送隨葬之物；與生者熟知的人，可以既贈送助葬之物，又可向主人贈送財物。喪主命人將來賓贈送的物品記載在木板上，明器記載在簡冊上。記載明器的簡冊稱為「遣冊」，要葬入墓中，近幾十年來，考古工作者曾經在各地發現過很多的遣冊。

在送葬的隊伍出發以後，所增助喪物品的清單要宣讀，此時只有喪主及其配偶可以號哭，其他人若忍不住號哭，則要彼此勸戒。史宣讀記載在木版上的清單，其助手抽算籌計數時可以坐著。大家都可以號哭。

八、大遣奠

安葬之日，天明之時，將大遣奠的祭品預先陳設在大門外。大遣奠是為安葬遺體而設的，所以又稱葬奠。這是最後一次為死者舉行奠祭，所以特別隆重，祭品的規格超過前面所有的奠祭。按照禮數，士禮的規格是特牲三鼎，此時升一等，用了少牢五鼎的規格，羊、豕、魚、臘、鮮獸各一鼎。陳設在柩車之東的祭品是四豆、四籩，四個豆分別盛有牛胃、蚌肉醬、醃葵菜、蝸肉醬；四個籩分別盛著棗、米餅、栗、乾肉。此外還有醴和酒。

昨天晚上收藏起來的明器，此時要再次陳列出來。參加葬禮的來賓入門時，喪主在廟內行拜禮，不能離開靈柩。

為了將預設在大門外的大遣奠的祭品正式陳列到庭中，有司先要將昨天陳設的祖奠撤除，撤下的祭品改設在柩車西北。接著將門外的五個鼎從門外抬進來，設在「重」的附近。四個豆呈方形排列：牛胃在西南方，蚌肉醬在其北側，醃葵菜又在其東，蝸肉醬在其南，以南邊的豆為尊，向相反的方向轉行；四個籩也呈方形排

列：棗在蝸肉醬之南，米餅又在其南，栗在米餅之東，乾肉在栗之北，以北邊的籩為尊，向相反方向轉行。俎以兩個為一組，從南向北排列，而以南邊的俎為尊，不轉行。鮮兔之俎單獨陳設在豕俎之東。醴和酒在籩的西側。

九、發引

大遣奠完畢後，送葬的隊伍準備前往墓地。有司將「重」從廟門中央抬出去，再將駕車的馬匹和車拉出門，套好車，等待出發。接著，撤除大遣奠的祭品，先把覆蓋在祭品上的巾撤去後，有司將鼎中羊和豕的後肢的下端盛入「苞」裏，準備帶往墓地。所謂苞，就是葦草編成的圓筐。按照禮數的規定，士只能用兩個苞。其他鼎裏的魚、臘、鮮獸不是正牲，所以不必盛入苞裏。接著撤明器，茵席和甕等用器也順序撤出。

發引是喪禮中的重要儀節。引，又寫作「紖」或者稱為「綍」，是挽引柩車的繩索，柩車啟動前往墓壙時，送喪者執引挽車走在前面，稱為「發引」。《禮記·檀弓下》說：「吊於葬者必執引，若從柩及壙，皆執綍。」可見，執引是親友表示對喪事「助之以力」的舉止。執引助葬，是古代通行的禮儀，如《左傳》昭公三十年：「晉之喪事，敝邑之間，先君有所助執綍矣。」杜預注：「綍，挽索也。禮，送葬必執綍。」

執引的做法，流傳很廣，是人們彼此藉以申述情

誼，追思緬往的一種方式，時至今日，我們依然可以在喪禮中看到它的遺意。如今參加追悼會，人們在送花圈時，通常會在綬帶末尾寫一「挽」字，大概很少有人會想到，這裏的「挽」就是「輓」的俗字。「某某挽」正是古代執引挽車的意思。明白了這個道理之後，我們就不難理解為什麼哀悼死者的對聯稱為「挽聯」，弔喪的布帛稱為「挽幛」，送葬時唱的歌稱為「挽歌」。

　　前往墓地的道路肯定會有凹凸不平之處，為了防止靈柩傾斜、翻倒，棺柩兩旁在飾柩車時就已經繫上了「披」，披是一種紅色或者黑色的帛帶，每條披由兩位送喪者執持，在柩車晃動時用力拉住，以保持其平衡。披的多少，表示不同的身份，天子一邊六披，兩邊為十二披；大夫一邊四披，兩邊為八披；士一邊兩披，兩邊為四披。所以，士的喪禮出殯時，一共有八位士在車兩旁執披，以保持靈柩的平穩。

　　柩車出發後，喪主與親屬跟在後面號哭踴。出宮門時，喪主想到親人的遺體離家越來越遠，悲從中來，頓足而哭。送葬的途中，柩車一般不能停在路上，只有國君派人前來贈助喪之物時，才能例外。這一儀節安排在柩車到達邦國的城門時進行。國君派宰夫前往贈送黑色和淺黃色的帛一束。宰夫致國君之命後，喪主號哭，拜了又叩首。宰夫登上柩車，將帛放在靈柩的帷蓋內。喪主拜送宰夫後，柩車及送葬者繼續行進。

十、窆和執紼

送葬的隊伍來到墓穴前，乘車、道車、槀車以及隨葬的明器陳設在墓道的兩側，眾主人面朝西排列在墓道之東，婦人面朝東站在墓道之西。為了保持安靜，確保下棺時萬無一失，此時男女都不得哭泣。

下棺稱為「窆（ㄅㄧㄢˋ）」。為了防潮，先要在墓穴的底部墊上稱為「茵」的布。茵是夾層的，中間塞進了茅秀和香草等有芳香氣味的草本類植物。茵一共有五塊：下面三塊橫向放置，上面兩塊縱向放置。

接著將靈柩抬下車，除去棺飾，然後在棺上繫上「紼」（ㄈㄨˊ）。紼，文獻中又往往與前面提到的「引」混稱為「綍」。紼是指下棺用的繩索。當初在殯宮將靈柩從坎穴中托起來時用的繩索就是它，此時用它將靈柩托起時，助喪者都要執挽紼，然後將靈柩徐徐降入墓壙。古代喪葬用紼的數量有嚴格的等級，據禮書記載，天子六紼、諸侯四紼、大夫二紼。據東漢經學家鄭玄的解釋，天子六紼，挽者約千人；諸侯四紼，挽者五百人；大夫二紼，挽者三百人。可見場面相當盛大。士的執紼人數，文獻沒有記載，當是在場的所有送喪者，人數當然不會超過大夫的三百人。靈柩落葬後，喪主哭踊，並將黑色和淺黃色的五匹帛獻給死者，然後向靈柩跪拜叩首，起立後又哭踊。獻畢，喪主和喪主之婦分別禮拜前來參加葬禮的賓客，然後各就其位哭踊。

有司將隨葬的用器、兵器、樂器等放在靈柩的旁

邊；接著將柳、牆等棺飾擺放在靈柩的上面；再將盛有牲肉的「苞」和盛有黍、稷、麥的「筲」等放置在棺、槨之間。擺設完畢，先在棺上架「折」。折是一塊大木板，中間鑿有若干方孔，形狀略如窗格，縱向三條，橫向五條。折的作用，是支撐上面的填土，防止棺柩被壓壞。折架好後，上面鋪抗席，以防灰土落入墓室。抗席上再加抗木，抗木的作用也是防止填土下壓，其結構與棺底部的茵一樣，也是橫三、豎二，這是象徵天數三、地數二，人長眠於天與地之中的意思。最後往墓穴中填土、夯實。

順便要提及的是，上古時代「墓而不墳」，墓地上沒有隆起的封土，即後人所說的墳頭。據《禮記‧檀弓》記載，最早在墳上堆土為塚的是孔子。孔子早年喪父，許多年之後母親去世，於是孔子將父母合葬在一個叫「防」的地方。孔子終年在列國之間奔走，是所謂「東南西北人也」，為了準確標記墓的位置，以便不時來憑弔，便在墓地上堆起了四尺高的封土。這是文獻所見的最早的墳頭。

靈柩落葬之後，將乘車、道車、槀車上的衣服等集中到柩車上帶回。葬畢而歸時，不驅趕車子，似乎覺得死者的精魂還要回家。

十一、反哭

葬事完畢，喪家男女從墓壙返回祖廟和殯宮號哭的

禮節，稱為「反哭」。祖廟是死者生前帶領家人進行各種禮儀活動的場所，如今堂室依然，而人已化去，內心哀傷無比。《禮記・問喪》非常生動地描述了此時喪家的心情：「其往送也，望望然、汲汲然如有追而弗及也；其反哭也，皇皇然若有求而弗得也。故其往送也如慕，其反也如疑。求而無所得之也，入門而弗見也，上堂又弗見也，入室又弗見也。亡矣喪矣！不可復見矣！故哭泣辟踊，盡哀而止矣。」喪主進入廟門後，從西階上堂，面朝東而立。眾主人在堂下西階前面朝東而立。婦人入門時，男子們哭踊，婦人從阼階上堂。喪主之婦登堂後入室，頓足而哭，然後出室，在阼階上即位，與男子們輪流號哭、辟踊，盡哀而止。

前來弔唁的賓客來到堂下，其中的一位長者從西階上堂，安慰喪主說：「這是無可奈何的事！」喪主不忍心馬上即主人之位，於是在主人之位的東面答拜。長者下堂，與其他賓客一起出廟門，喪主送到門外，再拜叩首，感謝他們前來送葬，並且親臨反哭之禮。

接著，喪家男女前往殯宮，這裏是死者生前的居處，又是葬前的停殯之處，如今殯起人葬，空空如也，大家觸景生情，彼此又是號哭、辟踊，哀盡而止。

禮畢，先是同族兄弟出門，喪主拜送。接著是眾主人出門時。喪主合上殯宮的門，向眾主人拱手行禮，於是大家分別回到自己的喪居。

Chapter 20

第二十章 —— 安魂之祭：士虞禮

　　整個喪禮，是圍繞著處理死者的遺體和魂靈兩個主題進行的。如果說既夕禮是「送形而往」，將死者的形體送到墓地安葬，則士虞禮就是「迎魂而返」，將死者的精氣迎回殯宮，進行祭祀。

　　親人的軀體已經不可再見，為什麼還要祭祀？儒家認為，親人的精氣與神明永存於天地之間，有著佑善懲惡的能力；子女的思念也不會因時空而阻斷。祭祀是溝通生者與逝者的方式，既可以表達子女對親人綿綿不絕的思念，同時祈求列祖列宗的福佑。

　　《儀禮》有《士虞禮》一篇，記士舉行虞祭的正禮。關於虞祭的得名與時間，鄭玄解釋說：「虞，安也。骨肉歸於土，精氣無所不之，孝子為其彷徨，三祭以安之。朝葬，日中而虞，不忍一日離。」可知虞祭是安定死者精氣，以免其彷徨飄泊的祭祀。虞祭的時間就在葬日當天的中午，因為孝子一天也不忍心離開親人的魂神。

一、立屍

《禮記·檀弓下》落葬以後儀節的主要變化之一，是「以虞易奠」。靈柩落葬之前，對死者的祭祀統稱為「奠」；靈柩落葬之後，最初的祭祀稱為虞，並且要立「屍」。

古代祭祀，只要受祭者是成年後死亡的，就一定要有屍。屍就是代表死者接受祭祀的人。鄭玄在《士虞禮》的注中解釋說：「屍，主也。孝子之祭，不見親之形象，心無所繫，立屍而主意焉。」孝子不能漫無目標地祭祀，因此要找一個人來代表死者，使生者的心意有所歸屬，對屍的祭祀稱為「饗屍」。

那麼，選擇屍有哪些條件呢？首先是性別。如果受祭者是男性，則屍必須是男性；如果受祭者是女性，則屍也必須是女性。

其次是班輩。屍必須由死者的孫輩擔任，而不得由兒子擔任。如果屍是小孩，沒有自我約束的能力，祭祀時就讓他的父親抱著，所以《禮記》說「君子抱孫不抱子」。如果死者沒有嫡孫，可以從同姓的孫輩中挑選一人。不過女性之屍的要求比較特殊，一定要找異姓之女（不同於夫家的姓）擔任，所以孫女不可以擔任屍，一般由孫婦為屍；又因為屍是與尊者相配的人，所以，不可以讓庶孫之妾那樣地位低賤的人擔任。

正常的祭祀，除了饗屍之外，還包括陰厭和陽厭。所謂陰厭，是在饗屍之前，先用祭品饗神，由於祭品設

在室內終年不見陽光的西北隅，所以稱為「陰厭」。陰
厭的儀式比較簡約，不舉肺脊，沒有肵俎和玄酒，最後
也不必報告禮成，以食供神而已。所謂「陽厭」，是饗
屍之後將祭品設在室內的西南隅，這裏陽光尚能照到，
故名。

如果受祭者屬於尚未成年而夭亡，則不能享有成套
的成人祭禮，不能設屍而祭，而只能用陽厭或者陰厭。
正因為如此，如果受祭者為成年人而祭祀時沒有屍，就
等於把他當成短壽夭亡者來對待，是絕對不允許的。

對夭亡者的祭祀有兩種情況：如果宗子，祭祀用
「陰厭」；如果是庶子，或者是死而無後者，只能到宗
子家祭祀，而且只能用陽厭。

二、陰厭

舉行虞祭時，喪主、眾兄弟、婦人等都穿著送葬時
的喪服，助祭的賓客則穿著送葬時的吊服。

饗屍之前，先舉行饗神的儀式，直接用食品供奉死
者，也就是上面提到的「陰厭」。受祭者的席位，設在
他生前居室的西南隅，座西朝東，席右放著供神明憑依
的小几。不同身份的人祭祀，所用主牲的規格也不同，
士、大夫是用「特牲」，就是一頭豬。先將豬對剖，
只取其左半邊，分解後放入鼎中煮熟，再取出放在俎
上，此俎稱為「牲俎」。與牲俎配合的有魚俎、臘（兔
肉）俎各一。三俎都放在神席前面，其他的供品還有：

兩只豆，一豆盛葵菹（醃葵菜），另一豆盛蠃醢（蝸牛醬）；兩只敦，一敦是黍，另一敦是稷；盛著菜羹的鉶和斟滿醴酒的觶各一。

祭品準備完畢，喪主將喪杖倚靠在西序下，走進室內。有司打開敦蓋，喪主再拜叩首，饗神的儀式開始。喪祝告請死者的神靈前來享祭，有司將黍稷放在切碎的白茅上致祭，祭畢，取黍稷致祭，連續祭三次；接著取「膚」（豬頸脖上的皮）致祭，也是三次。喪祝用勺舀觶中之醴，澆在白茅上祭祀。喪主再拜叩首。喪祝宣讀祝辭，喪主再拜叩首，然後號哭著出門。

三、饗屍

喪祝迎接屍入廟。屍入門時，男子哭踊，婦人也跟著哭踊。屍入室後，喪主等繼續跳踊，但停止號哭，以示對屍的尊敬。喪主和喪祝拜請屍安坐。

屍就座後先要進行各種食前的祭祀，這些祭祀可以分為隋祭和振祭兩類，需要先作說明。隋祭是將祭品插入醬或者鹽中，然後取出來祭祀，祭畢不吃它。振祭是將祭品插入醬或鹽中，取出來時要振搖一下，將過多的鹽粒之類灑落，然後再祭祀，祭畢要嘗一口。

屍拿起觶，先取菹菜放在兩豆之間隋祭。接著用黍稷和祭肺致祭，又用醴酒祭祀。祭畢，喪祝讀祝辭，喪主再拜叩首，勸屍飲醴酒。屍嘗一口醴酒。屍又用肺、脊振祭。接著，又祭鉶中的菜羹。

　　饗屍的主體部分是「九飯」。上古吃飯用手抓，抓一手稱為一飯。一飯不是一口吞下，而是要分三次咽下。每飯之後要喝大羹，就著調料吃菜餚。虞祭中屍的九飯分作三次，每次三飯。第一番三飯後，屍用肋條肉振祭。第二番三飯，屍用豬的小腿肉振祭。第三番三飯，屍用豬肩肉振祭。佐食者又奉上魚俎和臘俎，每俎都只放三條魚或三塊兔臘肉。屍吃完後，佐食者將吃剩的肺、脊，放入筐中。

　　喪主洗滌廢爵（沒有足的爵），酌酒獻給屍。屍祭爵中之酒，然後嘗酒。屍左手執爵，右手取肝振祭，再將爵中之酒飲盡。喪祝酌酒遞給屍，屍用它酢喪主。喪主先祭酒，然後飲盡。喪主酌酒獻給喪祝，喪祝左手執爵，右手祭菹菜和肉醬，然後取肺祭祀，接著祭酒，祭畢嘗酒；又用肝振祭，最後將爵中之酒飲盡。喪主酌酒獻給佐食者，佐食者祭爵中之酒，然後飲盡，向喪主行拜禮。

　　喪主之婦在房中洗滌足爵（有足的爵），酌酒獻給屍，這是繼喪主之後的二次向屍獻酒，稱為「亞獻」。喪主之婦把盛有棗、栗的籩放到屍席前。屍祭棗、栗，又祭酒。接著，賓跟從喪主之婦之後向屍獻烤肉。屍祭烤肉後，將爵中之酒飲盡。喪主之婦又酌酒獻給祝，並獻上籩食和烤肉；最後向佐食者獻酒；其間儀節與初獻時一樣。最後是來賓之長向屍三獻。來賓之長洗爵後酌酒獻給屍，接著獻烤肉，整個儀節與前兩次一樣。

三獻之禮完畢，為屍餞行。屍即席坐下。喪主洗滌廢爵，酌酒獻給屍。屍左手執爵，右手取肉乾隋祭，又用俎上的肉乾振祭；然後祭酒，再將爵中之酒飲盡。此時，喪主和眾兄弟、婦人頓足而哭。喪主之婦洗滌足爵亞獻，來賓之長洗滌爵三獻，儀節也是如此。

喪祝走出室戶稟告喪主，養禮已經完畢。喪主號哭，男眾女眾都隨之號哭。屍出室下堂、出門時，喪主及男女都要哭踊。屍出門後，喪祝將神前的祭品改設到室的西北角，陳設方式與先前一樣，即所謂的「陽厭」。祭品的外面用席圍隔。

虞祭結束後，來賓出大門，喪主相送，拜了又叩首。

四、三虞、卒哭

虞祭的次數與所需要的時間有等差，士三虞、四天，大夫五虞、八天，諸侯七虞、十二天，天子九虞、十六天。古人用干支記日，凡是天干為甲、丙、戊、庚、壬者為剛日，天干為乙、丁、己、辛、癸者為柔日。古人安葬遺體用柔日，第一次虞祭在葬日的中午，所以必定是柔日。再虞之祭，隔一日舉行，所以還是柔日。三虞之祭，在再虞的次日舉行，所以是剛日。

祝辭的大意是：哀子某人和親屬，日夜悲傷不安。謹用潔淨的祭牲、菹醢、黍稷、新醴，「哀薦祫事」。「哀薦祫事」是祝文的最後一句，意思是哀痛地薦獻祭

品，願您的神明與先祖會合，第二、第三次虞祭的祝文相同，只是最後一句要分別改成「哀薦虞事」（哀痛地進行虞祭）、「哀薦成事」（哀痛地將虞祭之事進行完畢）。

三虞之祭的次日天明，舉行卒哭之祭。我們在士喪禮中談到，大斂以後，喪家男女每天只要在朝、夕兩個時間到殯宮號哭就可以了，不必整天哭聲不斷。朝、夕之外的時間，哀痛襲來時，也可以到殯宮痛哭，稱為無時之哭。三虞之祭時，死者逝去已經百日左右，哀痛之心又有所減殺，所以有「卒哭」的儀節，這裏的「卒」當停止講，卒哭就是停止無時之哭。卒哭之祭後，喪家每天只有朝夕哭。卒哭是一個重要標誌，卒哭之前的祭祀屬於喪祭，卒哭之後的祭祀就屬於吉祭了，所以《禮記‧檀弓下》說：「卒哭曰成事，是日也，以吉祭易喪祭。」

五、祔廟與作主

至此，我們要談到祭祀中的木主（相當於後世的牌位）的問題。喪禮初始時，沒有神主，所以用插著銘旌的「重」代替。從虞祭起，開始立神主，重則埋入地下。

神主有「桑主」和「栗主」兩種。虞祭時用桑主。顧名思義，桑主用桑木製作，之所以如此，一是因為桑與喪諧音，可以以桑表喪；二是因為桑木粗劣，與孝子

圖20-1　清明掃墓圖

的哀痛之心正好相符。《國語・周語上》說：「及期，命於武宮，設桑主，布几筵。」正是指此。

卒哭之祭後，新死者的桑主要按照昭穆次序祔廟，這就是《儀禮・士虞禮》所說的「以其班祔”。古人祭祀，太祖的神主居宗廟之中，坐西向東；子孫的神主按照昭穆的次序在太祖的左右兩側排列；左面的一列坐北朝南，南方明亮，故稱為昭；右面的一列坐南朝北，北方幽暗蕭穆，故稱穆。昭穆表示輩分，父為昭則子為穆，孫又為昭，曾孫又為穆。此時三年之喪尚未結束，新死者還沒有自己的廟可居，只能附在與自己昭穆之班相同的祖廟受祭，所以稱為「祔祭」，或者「祔廟之祭」。與虞祭不同的是，虞祭祭於殯宮，桑主也在殯

宮；祔祭祭於祖廟，祭祀時桑主從殯宮移到祖廟，祭畢，桑主送回殯宮。

小祥之祭時，要將桑主棄埋，改用栗主，就是栗木做的神主。小祥之祭也在祖廟舉行，祭前將栗主移送到祖廟，祭畢再送回殯宮。

小祥之祭時，還要舉行「壞廟」的儀式。《穀梁傳》文公二年說：「作主壞廟有時日，於練焉壞廟。壞廟之道，易簷可也，改塗可也。」壞廟又稱毀廟，但並非毀壞舊廟，重建新廟。而只是對舊廟作某些象徵性的改變。根據昭穆制度，新主的昭穆之位與其祖父相同，三年之喪完畢，新主要遷入祖廟。如果把祖廟原封不動地讓給新主，則有苟且不敬之嫌；拆毀重建，又不免造成無謂的浪費。所以採取了一種兩全其美的辦法，通過「易簷」和「改塗」來整新舊廟。所謂易簷，就是改換屋簷的某一部分。改塗是重新塗飾祖廟。更換舊廟的屋簷，並重新塗飾一次，表示已不再是舊廟，可以視為新廟。整新，是古人以節儉的原則來處理祭祀對象或場所發生變更後所產生的各種問題的方法，在其他禮儀中常常使用，限於篇幅，不再列舉。

大祥與禫祭是三年之喪的最後兩次祭祀，祭祀的地點都在殯宮。禫祭之後，新主必須遷往新廟，然後撤除殯宮。但是，毀廟之主的遷動是一件大事，不能輕率為之，必須先要經過禘祭。而禘祭有固定的時間，未必剛好與禫祭同月。所以，禫祭之後，遷新主於祖父之廟，等待禘祭。

　　禘作為祭名，所指不一，有天子郊祭之禘，有殷祭之禘，有時祭之禘。有學者認為，此時的禘祭，是三年之喪結束後臨時舉行的一種合祭，把毀廟和未毀廟的神主一起遷到太廟合祭，審視其昭穆之序，遠主遷祧，以下諸廟依序而升。

六、小祥、大祥和禫

　　從卒哭之祭到三年除喪，中間還要經過小祥、大祥、禫等幾個重要儀節。

　　小祥是周年之祭，在第十三個月舉行；大祥是兩周年之祭，在第二十五個月舉行；禫，是三年之喪中的最後一個祭名。禫祭的時間，《士虞禮·記》說是「中月而禫」，鄭玄把「中」解釋為間隔，就是與大祥之祭相隔一個月，在第二十七個月。王肅認為禫與大祥之祭在同一月，即在第二十五月。禫祭之後正式脫喪。

　　小祥是周年之祭，孝子的哀痛又有所減殺，於是開始用練冠代替原來的衰冠，所以小祥又名「練」。所謂練冠，就是用大功布加灰練之而成的布做的冠，練冠的性質介於凶服和吉服之間，標誌著喪服由凶轉吉的變化，所以《釋名·釋喪制》說，「祥，善也，加小善之飾也」。

　　在此，我們還要提到「受服」的概念。在古代喪服制度中，每逢大的儀節都要祭祀，虞祭之後，每祭一次幾乎都要使喪服的某一項變為輕服，如為父服斬衰，初

喪之服是三升布，冠是六升布；卒哭之後，喪服改用六升布、冠用七升布。為母服齊衰，初喪用四升布，卒哭受服後，改用七升布，冠用八升布。此外，卒哭之後，男子要「去麻服葛」，就是把腰絰換成葛絰，這也是受服的內容之一。

小祥以後戴練冠，中衣也可以變成練衣，領口可以鑲淺紅色的邊，但是，男子還不能除去腰間的葛絰。古代有「男子重首，婦人重帶」之說，男子的喪服，以首絰最重要；女子則以腰絰為最重要。所以，脫喪從最重要的地方開始，但要逐步進行。

大祥是兩周年的祭名。《禮記‧雜記下》說：「祥，主人之除也，於夕為期，朝服。祥，因其故服。」意思是說，大祥是喪主的除服之祭。祭祀的前一天晚上，喪主身穿朝服，宣佈大祥之祭的時間，次日大祥，依然身穿朝服。大祥之後，服飾基本恢復正常，可以戴縞（白色的生絹）冠，冠邊鑲以白綾。《禮記》說，孔子在大祥之後五天開始彈琴，而不成聲調，大祥逾月之後的十天吹笙，聲調才和諧。禫祭是大祥後的除服之祭，從此正式脫喪，衣飾也不再有任何禁忌。禫是澹澹然平安的意思，喪家的哀痛之念至此逐漸平復。

期年之喪喪期雖然只有一年，但也必須包含小祥、大祥和禫的儀節，所以行禮的時間不得不有所錯動，《禮記‧雜記下》說：「期之喪，十一月而練，十三月而祥，十五月禫。」意思是小祥之祭在第十一個月，大祥之祭在第十三個月，禫祭在第十五個月。

　　對於喪家來說，必須面對現實，不能無限期地沉浸在悲痛之中。凡事皆有終，《禮記・喪服四制》說「喪不過三年」，正是對喪禮的一種制斷，以保證孝子「毀不滅性，不以死傷生」。儒家在喪禮中安排卒哭、小祥、大祥、禫等各種儀節的目的，就是不斷通過新的祭祀，提示生者隨著時間的推移漸次變換喪服，逐步從悲傷中解脫出來，回歸到正常的生活中。

七、居喪要則

　　在不同的居喪階段，人的悲傷程度也不同。禮是表達情感的，因而喪禮對守喪者的起居也有許多階段性的要求。除了上面已經提到的之外，至少還有如下種種。

　　首先是居處。為父母服喪，要居住在倚廬（倚牆搭建的草棚）中，室內不作任何塗飾，晚上睡在苫草上，把土塊當枕頭，首絰和腰絰也不脫去。服齊衰之喪，居住在堊室（土坯壘砌的草屋），當臥具用的蒲席，邊緣雖然剪齊，但沒有紩邊。服大功之喪，可以睡在席子上。服小功、緦麻之喪，可以睡在床上。此外，居父母之喪，卒哭之後，可以將倚廬近地的一邊用柱子撐高，使棚內空間增大。棚頂的草也可以略作修剪，睡覺用的草苫，可以換成齊衰之喪的那種。小祥之後可以搬到堊室去住，可以睡席子。大祥之後，可以回到自己的寢室居住。禫祭之後，就可以恢復正常生活，睡在床上了。如此的種種不同，《禮記・間傳》說是「此哀之發於居

處者也」。需要說明的是，居倚廬、寢苫草乃是針對男子而言，女子不在此列。

其次是飲食。失親之痛也必然會表現在飲食上。《禮記‧檀弓上》說：「哭泣之哀，齊斬之情，飦饘粥之食，自天子達。」可見，無論地位高低，只要是至親去世，都會無心飲食，而以饘粥為繼，甚至不吃不喝。為了防止哀毀傷生，儒家做了許多規定。

《禮記‧喪大記》說，一國之中，國君去世就是國喪，世子、大夫、庶子、眾士都三天不吃飯。三天後，世子、大夫、庶子可以吃粥，一般是早晨熬一把米，晚上熬一把米，不過不限次數，餓了就可以吃。眾士可以吃糙米做的飯，可以喝水，也不限次數。

父母之喪，孝子三天不吃不喝。三天以後，就必須讓他喝粥。《禮記‧間傳》說，卒哭之後，可以吃糙米

圖20-2　上墳圖

飯和喝水，但不能吃蔬菜和水果，小祥以後才能吃蔬菜和水果，大祥以後才能吃肉，並且可以有醯、醬等調味品。禫祭之後可以飲醴酒。此外，父親尚健在，為母、為妻服期年之喪，終喪不可以吃肉、飲酒。

上述關於飲食的規定，對於年老體衰者可以例外。如七十歲以上的人服喪，穿上喪服就可以了，飲食可以與平常一樣。

第三是言談。熱孝在身，孝子必然沉默寡言，隨著喪期的延長，才慢慢發生變化，《禮記》中相關的論述很多，《喪大記》說「父母之喪，非喪事不言」；《禮記·喪服四制》說：「斬衰之喪，唯而不對；齊衰之喪，對而不言；大功之喪，言而不議；緦小功之喪，議而不及樂。」可見，居喪者應該不談喪事之外的事情；當賓客有所詢問時，服斬衰之喪者只能表示是或者不是，而不作具體回答；服齊衰之喪者可以具體回答，但不可以主動發問；服大功之喪者可以主動發問，但不得發表議論；服緦麻、小功之喪者可以發表議論，但不能有顯得快樂的表情。

落葬之後，如果孝子是國君，則可以談天子的事，而不可以談本國的事；如果孝子是大夫、士，可以談本國的事，而不可以談自家的私事。

第四是服飾。《禮記·間傳》：期而小祥，練冠縓緣，要絰不除，男子除乎首，婦人除乎帶。男子何為除乎首也？婦人何為除乎帶也？男子重首，婦人重帶。除服者先重者，易服者易輕者。又期而大祥，素縞麻衣。

中月而禫，禫而纖，無所不佩。易服者何？為易輕者
也。斬衰之喪，既虞卒哭，遭齊衰之喪，輕者包，重者
特。既練，遭大功之喪，麻葛重。齊衰之喪，既虞卒
哭，遭大功之喪，麻葛兼服之。斬衰之葛，與齊衰之麻
同；齊衰之葛，與大功之麻同；大功之葛，與小功之麻
同；小功之葛，與緦之麻同，麻同則兼服之。兼服之服
重者，則易輕者也。

　　第五是行為。《禮記・曾子問》說，小祥後主人雖
然改服練冠練服，但哀痛尚深，所以，不與眾人一起站
立、走路，也不到別人家弔喪、哭泣。

　　《禮記・雜記上》說，在服喪期間，小功以上的親
屬，如果不是有虞、祔、小祥、大祥，不可以沐浴。服
齊衰之喪者，若有人請求見面，要到落葬之後才可以去
見，但不可以主動要求請見他人。小功以下的親屬，落
葬之後可以求見他人。此外，服三年之喪者，即使過了
練祭，也不到別人家弔喪。服期年之喪者，在練祭之
後，就可以外出弔喪。

　　對於國君而言，落葬之後，天子的政令才可以通行
於國中；卒哭之後才可以為王事奔走。對於大夫、士而
言，落葬之後，國君的政令就可以進入自己的家；如果
遇到戰爭，還應該參加。小祥之後，國君可以謀國政，
大夫、士可以謀家事。禫祭之後，一切恢復正常。

　　此外，在服喪期間遊戲作樂、外出宴飲、嫁娶生
子、匿喪求官等，都會被視為悖逆人性的禽獸之行，受
到輿論的譴責。魏晉以後以禮入法，類似的行為還會受

到法律的制裁。例如，《唐律疏議》規定：為父母、丈夫服喪期間，自身嫁娶者、雜嬉作樂者、提前除喪者，要被判處三年徒刑；懷胎者，判處一年徒刑；參加吉宴者，杖刑一年。

上述規定必須嚴格遵守，任何超越階段的行為，都會受到指責。《禮記》中記載了許多違禮的事情，讓後人謹記，切不可重犯。例如，大祥之祭後，可以穿白色、但沒有鞋鼻的鞋子，冠和纓帶都用白色的生絹做成，冠的鑲邊也用白絹。而有若卻拿絲帶做冠纓，鞋子上也用絲做了裝飾，這是禫祭之後才可以有的穿著。有若的做法，恰恰顯示出他急於脫喪的心情。

又如，小祥時，主人酬敬賓的酒，賓不飲而放在席前，賓不舉杯，也就不舉行旅酬（彼此勸飲），這是禮的要求。而魯昭公在小祥時就旅酬，魯孝公到大祥之祭時還不旅酬，前者過之，後者不及，都不合乎禮。

有道的君子，絕對不會急於脫喪。即使已經到了脫喪的時間，也依然憂思在心。《禮記・檀弓上》說，魯國大夫公孫蔑（孟獻子）在禫祭之後，家中的樂器雖然懸掛而不奏，也不讓侍寢的婦人入室，沉浸在思親之情中。孔子讚歎說：「獻子真是超人一等啊！」

儒家認為，三年之喪漫長而複雜，能否處處守而不失，正是觀察人是否具有仁愛之心、通理之智、強健之志的極好時機，所以《禮記・喪服四制》說：「仁者可以觀其愛焉，知者可以觀其理焉，強者可以觀其志焉。禮以治之，義以正之，孝子弟弟貞婦，皆可得而察焉。」

Chapter 21

第二十一章

祭祀萬世師表：
釋奠禮

　　中國古代的祭祀對象，最引人注目的有兩類，一類是天地、日月等，屬於自然崇拜；另一類是血緣親屬，屬於祖先崇拜。但還有一類祭祀對象，既非自然神祇，也非血緣親屬，而是文明的先驅，如農業、蠶桑、醫學等科學領域的始創人，給人類以無限的福祉，可惜大多不知其姓名，祭祀時只能用「先農」、「先蠶」、「先醫」等來代稱。稍有例外的是對「先師」的祭祀，人們不僅確知受祭者是孔丘，儀式也最為隆重。

一、孔子的學行與生平

　　孔丘，字仲尼，魯襄公二十二年（前551）生於魯國陬邑（今山東泗水縣東南）。孔子的先世，可以上推到殷朝末年的賢臣微子，武王伐紂之後，封微子於宋（今河南商丘），數傳之後有孔防叔，因避難而來到魯國，遂以孔為氏。孔子的父親叔梁紇，是魯國的大夫，但在孔子三歲時就死去，故孔子少年時代很貧窮，他自謂「吾少也賤，故多能鄙事」（《論語・子罕》），當過

管倉庫的小官「委吏」，也當過飼養牛羊的「乘田」，對社會下層的情況相當瞭解。孔子以「三人行必有我師」的態度，虛心向一切人學習。他十五歲就立志成為一名博學多才、道德高尚的君子。三十歲左右，學業有成，開始招生授業。當時，學術由官府掌握，只有貴冑弟子才有資格學習，即所謂「學在官府」。孔子以個人之力開創私學，打破了文化壟斷，使學術下移到民間，推動了思想文化的普及和繁榮，堪稱萬世之功。孔子實施「有教無類」的方針，只要交給他「束脩」（十條乾肉）作為學費，就可以成為他的學生。相傳他有三千弟子，其中學業優秀的有七十二人。孔子以文、行、忠、信為「四教」，要求學生文章、道德兼備，並且貫徹到行動之中。他還提出了因材施教、學思並重、啟發式教學等教學原則。孔子的一生，「學道不倦，誨人不厭，發憤忘食，樂以忘憂，不知老之將至」（《史記・孔子世家》）。後世把孔子作為偉大的教育家，絕非過譽。

孔子提倡仁愛，希冀實現「大同世界」的理想，為此而周遊列國，可惜春秋衰世，諸侯力政，暴力相凌，殺篡迭起，孔子的學說受到冷遇，「斥乎齊，逐乎宋、衛，困於陳、蔡之間」（《史記・孔子世家》），到處碰壁，無奈之餘，回到魯國。孔子慨歎禮樂廢弛，文獻缺失，於是專心整理《詩》、《書》、《禮》、《易》、《樂》、《春秋》等「六經」，並用作教材來教育學生。秦火之後，《樂》亡，僅剩「五經」，是為中華文明的精華，也是最寶貴的原典，能流傳千古，聲

圖21-1 明無名氏《聖跡圖》
（描繪了孔門弟子守喪情
景。）
圖21-2 子貢廬墓處

播海外，孔子之功居首。

魯哀公十六年（前479）夏四月己丑，孔丘卒，葬於魯城北泗上，弟子及仰慕孔子的魯人隨之搬到墓邊居住的多達一百多家，當時人稱之為「孔里」。次年，魯哀公下令將孔子生前居住過的三間房改為祀廟，人們又將孔子使用過的衣冠、琴、車、書籍等收藏於內，以志紀念。每年四時，人們都會自發地到孔子墓前祭祀，儒生們則在墓側講論孔子倡導的鄉飲酒禮、大射禮等等。這一盛況，跨越戰國，到司馬遷時依然如此。

司馬遷對孔子十分崇敬，認為他是天下罕有其匹的「至聖」之人。司馬遷用《詩經》「高山仰止，景行行止」的詩句形容自己「雖不能至，然心嚮往之」的心情。他親往曲阜參觀祭祀孔子的廟堂和車服禮器，目睹儒生在此習禮，無限感慨，以至「低回留之不能去」（《史記・孔子世家》）。

二、釋奠說略

祭祀孔子原本屬於個人行為，祭祀者以孔子後裔為主，主要形式是「四大丁祭」。春夏秋冬四季，每季三個月，分別稱為孟月、仲月、季月。古代用干支紀日，每月不超過三十天，所以甲乙丙丁等天干一般會出現三次，祭孔用第一個丁日，稱為上丁。四大丁祭，就是在四季仲月上丁日舉行的祭祀。這一傳統一直延續到近代。

圖21-3　劉邦祭孔圖
描繪西元前195年，劉邦過
魯地時主持祭孔儀禮的場
景。）

　　此外，從漢代開始，共有十一位帝王十八次到曲阜
孔廟祭祀過孔子。開此先河的是漢高祖劉邦。據《漢
書・高祖紀》，漢高祖劉邦即位第十二年，從淮南返回
京城經過曲阜時，用太牢之禮祭祀孔子。

　　到了東漢，除了曲阜孔廟繼續祭祀孔子之外，人
們開始在各郡縣的學校祭祀孔子。據《後漢書・禮儀
志》，明帝永平二年三月，各郡縣舉行鄉飲酒禮，禮
畢，在當地學校祭祀先聖周公、先師孔子，以犬作為祭
牲。

　　在學校中把孔子和周公放在一起祭祀，是因為《禮
記・文王世子》說過：「凡始立學者，必釋奠於先聖、
先師。」意思是說，凡是建立學校，一定要用「釋奠」
的禮儀祭祀「先聖」和「先師」。根據漢代經學家的解
釋，先聖是指周公，先師是指孔子。所以，周、孔合祭
的做法，通行於漢魏。但也有不同的處理方法，如隋大

業以前，以孔子為先聖，顏淵為先師。唐初依然在國學同時祭祀周公、孔子。武德二年（619），唐高祖詔令國子學立周公、孔子廟。五年後，高祖親行釋奠禮，以周公為先聖，以孔子配。

這種祭祀對象混亂的狀況，直到唐太宗時才有了改觀。貞觀二年（628），房玄齡等提出，周公、孔子固然都是聖人，但國學應該祭孔子。得到太宗的首肯，於是罷周公，以孔子為先聖，顏淵配享。到高宗永徽（650－655）年間，一度又以周公為先聖，孔子為先師，不過非常短暫。高宗顯慶二年（657），禮部尚書許敬宗等奏議，認為周公踐極攝政，輔助成王治國，功比帝王，應該配享成王才是，釋奠禮仍當祭祀孔子。高宗從其說。從此以後，孔子在國學祭祀中的獨尊地位再也沒有變化。

唐太宗為推進全國各地的祭孔之禮，還作出過兩個大的舉措。貞觀四年（630），唐太宗又命令各地州學、縣學都要建孔子廟，以敦行儒學。這是中國州、縣普遍建孔廟的開始，祭孔的儀式隨之推行到各地。

州、縣學如何祭孔？例如，由誰主祭？一年祭幾次？每次在什麼時間？等等，都沒有成例可循。釋奠的次數，鄭玄認為是每季一次，故魏晉太學也是四季各祭一次。隋制，國子寺每歲以四仲月上丁釋奠於先聖先師。唐高祖武德年間，國子學也是四時致祭。唐初州縣之學多仿照魏晉故事祭四次，主祭者多由學官自己充任。貞觀二十一年（647），唐太宗規定，釋奠於春、

秋的仲月舉行。釋奠儀式，當有規格，國學釋奠，以國子祭酒為初獻，祝詞稱「皇帝謹遣」，司業為亞獻，國子博士為終獻。州學，以刺史為初獻，上佐為亞獻，博士為終獻。縣學，縣令為初獻，縣丞為亞獻，主簿及縣尉等為終獻。太宗這一國學遣官釋奠、州縣由守令主祭的規定，提高了釋奠的規格，為後世所沿用。如果是皇太子親自釋奠，則規格更高，皇太子自為初獻，國子祭酒為亞獻，司業終獻。

我們在前面已經提到，「釋奠」一詞源於《禮記‧文王世子》。那麼，釋奠禮究竟是怎樣的呢？《文王世子》本身並沒有對此作出說明。鄭玄為之作的注說：「釋奠者，設薦饌酌奠而已，無迎屍以下之事。」由鄭玄的解釋可知，釋奠禮與一般的祭祀的最大不同點在於不設「屍」，僅僅「設薦饌酌奠而已」。唐人孔穎達在鄭玄的基礎上做了進一步的解釋，認為釋奠是「直奠置於物，無食飲酬酢之事」。意思是說，只是將祭品直接放在神主之前，禮畢，致祭者之間不需要酬酢。可見，這是一種相當簡略的儀式。相傳古代祭祀先師、先聖之禮還有一種稱為「釋菜」的儀式。有學者說，釋奠有音樂而無屍，釋菜則連音樂也沒有，僅僅在神主之前放一些蘋、蘩之類的菜。可惜釋菜禮在唐宋之際亡佚，今天已經無法考證。

隨著歷代政府對祭孔的提倡，釋奠禮變得越來越複雜。劉宋元嘉初建立國學，討論釋奠禮的規格，裴松之提議加入舞隊，用「六佾」。佾（一ˋ）是古時舞隊的

行列，以八人為一佾，佾的多少，依等級而定，如天子用八佾，諸侯用四佾。裴松之建議用六佾，實際上是用諸侯的等級。由於金石器樂準備不足，未能實現。到南齊武帝永明三年，立國學時，再次討論釋奠的禮樂。尚書令王儉主張用軒懸之樂、六佾之舞，得到允許。到唐朝，皇太子親釋奠時，迎神、太子行、登歌奠幣等儀節都有了專門的樂章，稱為承和、肅和、雍和、舒和等。宋紹興十年（1140），京城的釋奠禮由原來的中祀升為大祀，籩豆用十二之數，祭祀規格與社稷相同。到明孝宗弘治十七年（1504），釋奠禮由六佾升為八佾，籩豆等禮器的數目與天子等同。

此外，孔子的封號，也不斷增益。孔子原本布衣，生前沒有做過幾天官，但卻有身後之榮。唐開元年間，追諡孔子為「文宣王」。宋真宗大中祥符元年（1008）加諡「至聖文宣王」。元武宗大德十一年，加諡「大成至聖文宣王」。明世宗嘉靖九年（1530），改稱「至聖先師孔子」，清人因之。在春秋以後兩千多年的歷史中，獲得如此聲譽，而且世世享祀不絕的，孔子一人而已。順便要提到的是孔子的弟子顏淵、曾參等等，也都獲得了相應的封號。

三、四配

上古有以德配天的傳統，行祭天大禮時，夏后氏以黃帝配享，殷人以帝嚳配享，周人以后稷配享。這種形

式也為祭孔禮儀所仿效，孔廟以四位最傑出的孔門弟子顏淵、曾參、子思、孟軻配享，稱為「四配」，但四人進入配享的時間有先後。

最早得到配享殊榮的是顏回。顏回，字子淵，習稱顏淵，與其父顏路都是孔子的學生。顏淵是孔子最得意的弟子。顏回「一簞食、一瓢飲，在陋巷，人不堪其憂，回也不改其樂」，一心向學；又有「聞一知十」（《論語・公冶長》）的能力。孔子以德行、言語、文學三個科目評價學生，德行以顏回為首。有一次魯哀公問孔子，弟子中誰最好學？孔子說「有顏回者好學」，又說，顏回死了以後，「未聞好學者也」（《論語・雍也》）。顏回終身不仕，一直追隨孔子，親如父子，「顏回之於孔子也，猶曾參之事父也」（《呂氏春秋・勸學》）。所以，後人把他看作是孔子最親近的弟子。三國魏正始二年（241）春二月，齊王使太常以太牢祭孔子於辟雍，以顏淵配。這是以顏淵配享孔子之始。

第二位進入配享行列的是曾參。曾參，字輿，也是孔子最優秀的學生，與父親曾點先後師從過孔子。曾子是著名的孝子，主張對父母「生，事之以禮；死，葬之以禮、祭之以禮」（《孟子・滕文公上》），唐人皮日休說「曾參之孝感天地，動鬼神，自漢至隋不過乎」（《宗聖志》卷七）。曾子又是一位剛毅超群的人，「辱若可避，避之而已。及其不可避，君子視死如歸」（《春秋繁露・竹林》），「可以托六尺之孤，可以寄百里之命，臨大節而不可奪也」（《論語・泰伯》）等

名言都出自曾子之口。所著《大學》為《四書》之一，被譽為「儒學綱領」、「入德之門」。唐睿宗太極元年（712），釋奠以曾參配，是為曾參列入配享之始。

第三位是孟子。孟子受業於子思子的門人，是繼孔子之後，儒學史上最重要的代表人物，被後人尊為僅次於「至聖」孔子的「亞聖」。孟子將孔子的德治思想發展為「仁政」學說，在政治思想史上具有重要意義。孟子還提出了「君輕民貴」、「性善論」等頗具影響的觀點，他的心性學說，開啟了宋明理學的先河。所著《孟子》七篇，在宋代列入「十三經」和「四書」，影響至巨。宋神宗元豐七年（1084），孟子開始進入配享行列。

最後一位是子思，即孔子的孫子孔伋。子思幼年喪父，故一直與孔子一起生活。成年後曾為魯穆公師，在學術上很有建樹，後人曾將他的二十三篇彙編為《子思子》一書，可惜除《中庸》一篇因被收入《禮記》而得以流傳至今外，其餘均亡佚於隋唐之際。《中庸》在中國哲學史上居於重要位置，韓愈認為其重要性與《易經》、《孟子》等同。程顥、程頤視之為「孔門傳授心法」之作。朱熹將其列入「四書」，從此成為士子必讀的經典之一。宋度宗咸淳三年（1267），子思開始進入配享行列。

1126年，金人虜徽、欽二帝，北宋亡。高宗南渡，在臨安建立南宋政府。孔子第四十八代孫孔端友等南遷到衢州，並在當地建孔廟祭祀，成為孔脈的南宗，而留

在曲阜孔廟的稱為北宗。咸淳三年春正月戊申，度宗詣太學，謁孔子，行釋奠禮，以顏淵、曾參、子思、孟軻配享。

四、十二哲

如果說「四配」是祭孔時陪祭的第一等級，那麼「十二哲」就是其第二個等級了。據《論語・先進》，孔子曾經用德行、言語、政事、文學四科評定他的學生的優長：「德行，顏淵、閔子騫、冉伯牛、仲弓；言語，宰我、子貢；政事，冉有、季路；文學，子游、子夏。」

因此，這十人被公認為孔子的好學生。開元八年（720），唐玄宗詔令國學祭祀孔子時，以這十人為「十哲」配享。

孔孟之後，儒學最傑出的功臣是朱熹。朱熹（1130—1200），字元晦，號晦庵，祖籍徽州婺源（今江西婺源），生於南劍（今福建南平）尤溪縣。朱熹是程頤三傳弟子李侗的學生，於學無所不窺，經史、文學、釋道，乃至自然科學，無不精研。在貫通百家的基礎上發展了宋代理學，成為理學的集大成者。所撰《四書集注》，水準超絕，是元、明、清三朝科舉考試的官定文本，對中國的思想文化產生了巨大的影響。朱熹又是偉大的教育家，一生從事教學活動，並提出了一套富有特色的教育思想。鑒於朱熹對儒學的傑出貢獻，康熙

五十一年（1712），增補朱熹為第十一哲。

　　乾隆三年（1738），清人又增補有若為第十二哲。有若的事蹟，文獻記載很少，後人對他瞭解不多。但有兩件事很值得注意，一是《論語·學而》錄有三段有若的言論，而且孔門中唯有有若與曾參兩人稱「子」；此外，孔子死時，魯哀公誄之；有若死時，魯悼公吊之；可見有若在孔門的聲望。二是《孟子·滕文公上》記載，子夏、子張、子游等認為有若的言行、氣質與孔子相像，打算用侍奉孔子之禮來侍奉他。孔門弟子對於有若的推許，也由此可知。因此，南宋咸淳三年，因顏回升為「四配」，擬從孔門弟子中遞升一人進入十哲，儒臣多推有若，最後祭酒上書力詆，只得遞升子張入十哲。直到乾隆三年，有若終於成為第十二哲。

五、先賢、先儒從祀

　　在孔廟中從祀，但級別又低於四配、十二賢的，稱為「先賢」、「先儒」。

　　先賢主要指孔門弟子。東漢永平十五年（72），明帝到曲阜祭孔，並祭孔門七十二弟子。此後，習慣上將七十二弟子畫在孔廟兩側的牆上，但不祭祀。唐開元八年（720），以十哲配祀，其他弟子從祀。南宋理宗時，周敦頤、張載、程顥、程頤、朱熹從祀。今日孔廟所見從祀的先賢共有七十九人，供奉於大成殿兩側東西廡的北端，除孔門弟子外，還有與孔子同時代的子產、

蘧伯玉，以及上面提到的五位宋代理學大師。

先儒是指在歷史上對儒學有傑出貢獻的學者。最早推出這一舉措的是唐太宗。貞觀二十一年，太宗下詔，每年太學祭祀時，將左丘明、卜子夏、公羊高、穀梁赤、伏勝、高堂生、戴聖、毛萇、孔安國、劉向、鄭眾、杜子春、馬融、盧植、鄭玄、服虔、何休、王肅、王弼、杜預、范寧、賈逵等二十二位為《春秋》、《詩》、《書》、《禮》、《易》等作過出色的注釋的學者，作為傳播儒學的功臣配享，以表彰其傳注之功。宋神宗元豐七年（1084），又將荀況、揚雄、韓愈等三位在儒學史上有傑出貢獻的學者列入從祀的名單。此後，從祀先儒的名單不斷增加，最後達七十七人，供奉於兩廡的南端。與四配、十二哲不同的是，從祀的先賢、先儒，都只有牌位，沒有塑像。

六、祭祀孔子的文化意義

在歷史上，孔子是中國文化的象徵。中華文明所及之處，無論南北，都有孔廟的存在。在古代漢文化圈內的朝鮮、日本、越南等地，也無不如此。應該說，釋奠禮所要表達的，是對古老的中華文明的敬意，具有鮮明的提倡文教的意義。在古代中國，少數民族建立的政權不在少數，但都奉孔子為正宗，惟其如此，歷史上不論政權如何更迭，中華文化始終綿延不絕。這裏可以舉一個很有典型意義的例子。據《遼史‧宗室傳》，神冊元

年（916），遼太祖立長子為皇太子。太祖問周圍的侍臣：「作為受命之君，應當事天敬神，我想祭祀有大功德者，應該首先祭誰？」侍臣都說應該祭佛。太祖不同意這種建議，說：「佛教不是中國之教。」這時皇太子說：「孔子大聖，萬世所尊，應該首先祭祀。」太祖大悅，決定立即建孔子廟，命皇太子春秋行釋奠禮。我們常說，中國文化具有很強的凝聚力。我想構成這一凝聚力的因素很多，但孔子作為中華文化的代表、受到廣泛的認同，應該說是其中的重要因素之一。

圖21-4　美國舊金山祭孔場景

　　此外，釋奠禮是在國學或者州縣學等學術機構舉行的，因此，釋奠禮往往與學術活動相伴隨。從文獻記載來看，至遲從魏晉時期開始，皇帝、皇太子每通一經，都要行釋奠禮。如《晉書·禮志》記載，魏正始二年（241）二月，齊王講《論語》通，五年五月講《尚書》通，七年十二月講《禮記》通，「並使太常釋奠，以太牢祀孔子於辟雍」。晉武帝泰始七年（271），皇太子講《孝經》通；咸寧三年（277），講《詩》通，太康三年（282）講《禮記》通。晉惠帝元康三年（293），皇太子講《論語》通。東晉元帝太興二年（320），皇太子講《論語》通。凡此，太子都「親釋奠，以太牢祀孔子」。東晉咸康元年（335），成帝講《詩》通。升平元年（357），穆帝講《孝經》通。寧康三年（375）七月，孝武帝講《孝經》通。「並釋奠

圖21-5　曲阜祭孔儀式

如故事」。類似的記載，史不絕書。

學者為帝王講論儒家經籍，也每每安排在孔廟。例如《隋書‧禮儀志》記載，後齊為皇帝講經，先在孔廟選定經書，並確定講經的人選。講經之日天明之時，皇帝戴通天冠，穿玄紗袍，乘象輅來到國子學，在廟堂上聽講。講畢，行釋奠禮。又如，《舊唐書‧禮儀志》記載，貞觀十四年二月丁丑，太宗親臨國子學，觀看釋奠禮，然後由祭酒孔穎達為之講《孝經》。類似的記載，不勝枚舉。各地州縣學的情況，大抵也是如此。

孔廟中的受祭者，包括了歷代學術精英，奉祭者所看到的，實際上是一部濃縮了的中國學術史；此外還包括像諸葛亮、韓琦、李綱、文天祥、陸秀夫、黃宗羲、王夫之、顧炎武等有名節、卓行者，站在這群中國歷史上最傑出的名人面前，不能不在多方面受到激勵和教育。這是它的正面意義之所在。為了證明這一觀點，我們不妨再舉一個少數民族帝王的例子。據《金史‧熙宗紀》，皇統元年（1141）二月戊午，金熙宗到孔廟行再拜之禮。禮畢，他無限感慨地對侍臣說：「朕幼年遊侠，不知志學。歲月逾邁，深以為悔。孔子雖無位，其道可尊，使萬世景仰。」由於在孔廟受到的激勵，熙宗幡然改過，從此刻苦學習《尚書》、《論語》，及《五代史》、《遼史》等書，「或以夜繼焉」。

七、釋奠禮在今日韓國

　　在歷史上，朝鮮半島是除中國本土之外，儒家化最為徹底的地區。時至今日，儒家思想在韓國的影響，依然隨處可見，其中最具象徵意義的是成均館的釋奠禮。

　　「成均」一詞，出自《周禮・春官・大宗伯》，後人多用它泛指國立學校。成均館是朝鮮的國學，至今已有六百多年歷史。中國的官立學校包括國學（太學）和州學、縣學。從格局上來說，它們一般包括廟和學兩部分，廟是祭祀孔子之處，學是讀書之處。今日韓國的南北各道，尚有三百多所古代儒林留存的「鄉校」，每校也都有廟和學兩部分。成均館的格局與北京國子監略有不同，國子監是左廟右學；成均館則是前廟後學，前廟稱「大成殿」，後學稱「明倫堂」，當年明朝使節朱之藩所書的明倫堂匾額，一直保留至今。明倫堂前面為廣場，兩側為養賢齋，乃當年學生的居室。

　　成均館的釋奠禮儀，完全遵從古代中國的習慣。由於全國從上到下許多地方都要祭孔，時間上必須錯開。故規定成均館用上丁日，各道用中丁日，鄉校用下丁日。成均館的釋奠，每年春、秋仲月的上丁日準時舉行，是對人文之祖的膜拜，故不售門票，歡迎參觀，成為漢城著名的文化景觀之一。成均館釋奠用八佾舞，樂舞生由禮儀學校的學生擔任，他們手持籥翟，在鐘磬之聲中翩翩起舞。前往的外國遊客甚眾，競相攝像或拍照，表現出對東方儒家文化的極大興趣。特別需要指出

的是，成均館祭孔的儀式，包括服裝、樂曲、禮器等，都是明朝時傳去的，至今沒有變化。祭孔的樂曲，朝鮮王朝曾經加以記錄，故保存至今。經過明、清的變故，北京、曲阜兩地孔廟的祭孔服裝是清朝的式樣。

中國古代的國學，除春、秋仲月例行的釋奠禮之外，還有朔日行禮。從後齊開始，每月朔日，國子祭酒要帶領博士以下及國子諸學生以上，太學四門博士、升堂助教以下，太學諸生，到大成殿的階下「拜孔揖顏」。成均館則是以每月朔日為焚香日，此日還邀請學者前往講論《四書》、《孝經》等，用焚香和讀書來紀念孔子。

各地鄉校的祭孔典禮，規模雖然要比成均館小得多，但卻是一絲不苟。參加儀式的人，都自豪地稱自己是「儒林」中人，每人都有專門的祭服，稱為「儒巾服」，據說也是從明朝傳去的。祭祀中的各項儀式，從初獻、亞獻、三獻，到監禮、司香、司巾等等，都各有專司，並寫在長長的紙上，公諸於眾。

令人汗顏的是，韓國祭孔，仍沿用古代的名稱稱「釋奠禮」；而中國稱為「祭孔表演」，「釋奠」一詞，即使在北京和山東也很少有人知道。

香港以孔子的生日作為教師節，雖然沒有釋奠的儀式，但表達了廣大教師對中國的第一位教師、堪稱萬世師表的孔子的敬意，值得稱道。

Chapter 22

第二十二章

詩禮傳家：家禮

儒家將修身、齊家作為治國、平天下的基礎，家治則國治。《大學》云：「欲治其國者，先齊其家；欲齊其家者，先修其身；」「身修而後家齊，家齊而後國治，國治而後天下平。」《孟子·離婁上》說：「天下之本在國，國之本在家，家之本在身。」而修身、齊家的工具就是禮。

一、不學禮，無以立

舊時書香人家的大門上，往往寫有「詩禮傳家」四字，以標榜門風。詩禮傳家，源出於《論語·季氏》，陳亢問孔子的兒子孔鯉：「你是老師的兒子，一定得到過特殊的傳授吧？」孔鯉回答說：「父親對我的教育，其實同大家都一樣。如果一定要說有單獨的傳授，那只有兩次。有一天，他老人家獨自站在庭中，我從他面前走過。他問我：『學詩了嗎？』我回答說：『沒有。』，他說：『不學習詩，就不會說出有文采的話。』於是我開始學習詩。不久，他又站在庭中，

我又從他面前走過，他問我：『學禮了嗎？』我說：『沒有。』他說：『不學禮，就不能在社會上立足。』於是，我又開始學禮。我獨自聽到父親的教導，就這兩次。」陳亢聽後高興地說：「我問了一件事，卻得到了三件事，我知道了詩、禮的用處，知道了君子要求孩子繼承的家風是詩和禮。」孔子所說的詩，是指中國最早的詩歌總集《詩經》，裏面收錄的三百多首詩歌，思想純正，情感真摯，富於文學色彩，古代有學問的人說話，每每引用其中的詩句來表達自己的思想。要想立足於社會，光是說話有文采還不夠，還必須懂得什麼事可以做、什麼事不可以做，怎樣約束自己的言行，怎樣尊重他人，這種符合道德要求的行為規範就是禮。

由於孔子的提倡，歷代文人學士都將詩和禮作為立身、傳家之寶，一般民眾也把「知書達禮」作為有知識、有教養的標準而希望子女不斷努力。

二、《禮記》所見的先秦家庭禮儀

家庭是教育子女的第一課堂，也是實踐人倫之序的重要場所。儒家將紛繁的社會關係歸納為君臣、父子、夫婦、兄弟、朋友五類，稱為「五倫」。五倫和順，社會才能安定。春秋時期衛國的名臣石碏說：「君義、臣行、父慈、子孝、兄愛、弟敬，所謂六順也。」家庭倫常的和順，是通過禮來實現的。因文獻闕如，先秦時期家庭禮儀教育的全貌已經不可得知，但由《禮記》的

《曲禮》、《內則》、《少儀》等篇，尚可得其梗概。

《曲禮》一篇的得名，孫希旦認為是所記多為禮文之細微曲折，而尤詳於言語、飲食、灑掃、應對、進退之法，故名。《內則》篇的主旨，鄭玄說是「男女居室事父母、舅姑之法」。是閨門中侍奉父母、公婆（古稱公公婆婆為舅姑）的儀軌；此外，還有如何教育子女等內容。《少儀》所記以少者事長的儀節為主，內容與《曲禮》、《內則》相類。

《曲禮》對於子女言行的規定非常具體、細緻，如子女外出，要做到「出必告，反必面」，行前要把去向告訴父母，回家後一定要先面見父母，以免讓父母牽掛；又如孩子的儀態，要求「幼子常視毋誑，童子不衣裘裳。立必正方。不傾聽。長者與之提攜，則兩手奉長者之手」。視線不可狂傲向天，不要穿皮衣。站立時要方正，不側身歪頭聽人說話。如果長者拉著自己的手，則一定要用雙手捧持長者之手，以示親密和尊敬；又如跟隨先生外出，「不越路而與人言。遭先生於道，趨而進，正立拱手」，不可隔著馬路大聲與熟人打招呼。如果在路上遇見先生，要快步上前，正立拱手地見過先生。如此等等，《曲禮》中比比皆是。

但是，《曲禮》並非只有細微曲折的瑣碎儀節，還提出許多宏觀的理念和精神境界的要求，如卷首的「毋不敬，儼若思，安定辭」一語，實際上是提示全卷的思想性，強調一切禮儀必須出於誠敬。又如「敖不可長，欲不可從，志不可滿，樂不可極」，則是說行禮者的

圖22-1　吉林農村一戶農民的家譜
現在中國許多地區仍保存著修家譜修族譜等文化習俗，逢年過節還要擺出家譜族譜供奉祭典。

思想修養。又如「夫禮者，自卑而尊人。雖負販者，必有尊也，而況富貴乎？富貴而知好禮，則不驕不淫；貧賤而知好禮，則志不懾」，以「自卑而尊人」作為禮的原則；並提出了即使是負販者也必定有尊嚴的命題。可見，儒家非常注重禮儀教育的思想高度，著意提升行禮者的內在德性。

孝順父母，不能只掛在嘴邊，而是要見諸具體行動。《內則》對此有一系列的要求，如「子事父母，雞初鳴，咸盥漱，櫛縰笄總，拂髦、冠、緌、纓。以適父

母舅姑之所，及所，下氣怡聲，問衣燠寒，疾痛苛癢，而敬抑搔之。出入，則或先或後，而敬扶持之。進盥，少者奉盤，長者奉水，請沃盥，盥卒授巾。問所欲而敬進之，柔色以溫之。」意思是說，做子女的，每天天剛亮就應該起床，打掃室內和庭院的衛生，然後洗涮、穿戴整齊，到父母的房門前，和聲細氣地詢問父母晚上休息得好不好。如果休息得不好，應該找出原因，及時想辦法解決。如果父母身上有痛癢之處，則要幫助抓搔，讓他們感到舒服。

古代聚族而居，人口眾多，若男女之間沒有一定限制，很可能會出現亂倫之事，故儒家不得不設為「男女之大防」，《內則》對此有具體條文，如「外內不共井，不共湢浴，不通寢席，不通乞假，男女不通衣裳，內言不出，外言不入」，意思是男女不使用同一口水井，不使用同一間浴室，不使用同一張寢席，不相互借還物品，不相互混穿衣裳，閨門內的話不傳出門外，外面的議論不帶進閨門等等。

此外，還有許多在禮儀場合的專門用語，如《曲禮》云：「天子死曰崩，諸侯曰薨，大夫曰卒，士曰不祿，庶人曰死。」由於「死」是很忌諱的字眼，對於尊者是不能使用的，所以，天子死要說「崩」，諸侯死要說「薨」，大夫死要說「卒」，士死要說「不祿」，只有庶人才用「死」字。類似的規定很多，都是必須熟悉的常識。

再如在禮儀場合執持物品，一定要顯示出內心敬重

的不同程度，《曲禮》說：「凡奉者當心，提者當帶。執天子之器則上衡，國君則平衡，大夫則綏之，士則提之。」凡捧持物品，雙手的高度要與心齊平；如果是提拎物品，則手的高度要與腰帶齊平。如果是捧持天子的器物，則手的高度要高於胸口；如果是國君的器物，雙手與胸口齊平；如果是大夫的器物，則雙手低於胸口；如果是士，單手提著就可以了。如果不瞭解這些常識，就必然會有失禮的舉止，從而貽笑於公眾。

如此等等，不憚繁舉。由於《禮記》是中國古代士人必讀的著作，播遷極廣，所以，《曲禮》等篇的內容作為禮儀常識流傳千年，形成了中國民間的禮儀傳統，對於國民素質的養成和提高，有過十分深遠和廣泛的影響。

三、《顏氏家訓》

顏之推，字介，琅邪臨沂人，《北齊書·文苑傳》說顏門「世善《周官》、《左氏》」，顏之推「聰穎機悟，博識有才辨」。顏真卿《顏氏家廟碑》說顏之推官至北齊黃門侍郎、待詔文林館、平原太守、隋東宮學士。顏氏的生卒年不詳，據錢大昕考證，生於梁中大通三年辛亥（531），卒於隋開皇中（《疑年錄》卷一）。

顏之推身逢末流之世，國家分裂，兵燹不斷，自己常年漂泊，飽經憂患，目睹了太多大起大落的人物和事

件，可謂閱盡人間滄桑。自己家族的子弟多生於戎馬之
間，沒有機會系統地接受教育，教導他們如何在此亂離
之世安身立命、保持節操，成為晚年的顏之推最關心的
問題。他以長輩的身份，將自己對人生的理解，以及如
何治家、如何為人、如何為學等，結合古今史事，娓
娓道來，著為七卷、二十篇，這就是著名的《顏氏家
訓》。

卷一開首為「序致」篇，講述撰作此書的緣起和主
旨。顏氏將自己一生的成就，歸結於幼年所受的教育，
「吾家風教，素為嚴密」，家庭禮儀教育非常系統，

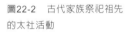

圖22-2　古代家族祭祀祖先
的太社活動

「曉夕溫凊，規行矩步，安辭定色，鏘鏘翼翼，若朝嚴君焉」。顏氏認為，《大戴禮記・保傅》所記古代帝王的教育方法是非常正確的，從帝后開始懷孕，就行胎教之法，「聲音滋味，以禮節之」，使之有好的稟性；及至孩提時代，師保又用「孝仁禮義導習之」；稍長，則教以分辨是非，「使為則為，使止則止」。孔子說「少成若天性，習慣若自然」，正是看到了從小培養孩子的良好品性對於人生之路的極端重要性。顏氏說，他撰此書的主旨正是為了「整齊門內，提撕子孫」，為顏氏家族垂範立訓。

顏氏注重對子女的教育：「智不教而成，下愚雖教無益，中庸之人不教不知也。」對子女教育的責任在於父母。顏氏十分讚賞儒家的教育方法，「吾觀禮經，聖人之教，箕帚匕箸、咳唾唯諾、執燭沃盥，皆有節文，亦為至矣」，認為古人對每一個儀節都經過精心設計，都賦予了深刻的含意，是非常成功的經驗。但顏氏又指出，禮儀必須與時俱變，因此，他加入了某些新的禮儀知識，並在教子、兄弟、後娶、治家、風操、慕賢等篇中，比較全面地闡述了如何教育子女的問題，今日讀之，依然富於啟迪。

除家禮教育之外，《顏氏家訓》還有許多知識性的篇章，如卷六為「書證」，論考據之學；卷七為「音辭」，論聲韻之學。當是顏氏自己在這些領域的學術總結，希望傳之子孫。此外還有書法、繪畫、天算、醫方、琴瑟、投壺等方面的內容。最末一篇為「終制」，

猶今之遺囑，要求子女為之簡葬，止用松棺二寸，不用
明器等，以此為子孫作則。

　　《顏氏家訓》是中國教育史上的里程碑之一，歷來
受到學者的好評，陳振孫《直齋書錄解題》譽之為「古
今家訓，以此為祖」；王鉞《讀書叢殘》稱讚它「篇篇
藥石，言言龜鑒，凡為人子弟者，可家置一冊，奉為明
訓」，影響之大，由此可見一斑。

四、司馬光的《書儀》與《家範》

　　從南北朝到隋唐，知識界都比較重視家庭的禮儀規
範，表現之一，就是私家儀注大量出現。這些儀注中，
除書信格式之外，每每有家庭禮儀程式。《新唐書‧
穆寧傳》提到穆寧「居家嚴，事寡姊甚恭，嘗撰《家
令》，訓諸子，人一通」。但這一時期的儀注，內容都
比較簡略，大多屬於個人行為。到了宋代，家庭禮儀開
始向社會行為的方向發展。

　　與「獨尊儒術」的兩漢相比，唐宋兩代最大的特點
是儒、佛、道三教並立。三教中，佛教最盛，它有寺廟
作為固定的傳教場所，有彼岸世界可以吸引信徒，其理
論則是玄妙虛遠。桑門荼毗之法，道士風水之說，風靡
一時，鄉俗民風，多被其化，儒家文化受到極大衝擊。
長此以往，中國本位文化就有被外來文化替代的危險。
為了捍衛本位文化，一些有識之士一方面深入發掘儒家
文化，將它發展為一種縝密的理論體系──理學，以與

佛教理論抗衡；另一方面提倡儒家禮儀，使之能在社會層面上傳承。

宋代學者中最早制訂私家禮儀規範的學者有程顥、程頤和張載等，他們在家庭中實施古代的儒家禮儀，以表明自己的文化立場，可惜其儀軌都不成體系，也沒有成書。最早編撰成書的家庭禮儀，是司馬光的《書儀》和《家範》。

司馬光《書儀》的最大貢獻在於，對繁瑣的古代禮儀進行了大刀闊斧的刪減。儒家的《禮經》，文古義奧，連古文大家韓愈都說「難讀」，而且儀節繁縟，自古有「累世不能通其學，當年不能究其禮」（《莊子‧天下》）之歎。如果要興復古禮，就必須簡化其節文。司馬光以《儀禮》為本，芟蕪存要，從中選擇冠、婚、喪、祭四禮作為家庭基本禮儀，同時參酌宋代習俗。既能存古禮之大要，又能與時俱變，極有識見，後世家禮的格局無不仿此。又將公私文書的格式和禮儀用語制為範式，極便日用。《四庫提要》譽之為「禮家之典型」，誠為不刊之論。

如果說《書儀》十卷重在家庭禮儀的程式，則《家範》十卷重在治家思想，卷一引《周易》、《大學》、《孝經》等文獻，論述聖人之治，以「家行隆美」為尚，總述治家之要。卷二為祖，卷三為父母，卷四、卷五為子，卷六為女、孫、伯叔父、侄，卷七為兄弟、姑姊妹、夫，卷八、九為妻，卷十為舅甥、舅姑等。行文與《顏氏家訓》相彷彿，談古論今，並廣引《曲禮》、

《內則》儀節，以及經史所載聖賢修身齊家之語，夾敘夾議，以「軌物範世」、「遺澤後世」。

　　司馬光將建立和諧的倫常關係看作是治國的不二法門，而禮是最好的工具。他說：「君令而不違，臣共而不貳，父慈而教，子孝而箴，兄愛而友，弟敬而順，夫和而義，妻柔而正，姑慈而從，婦聽而婉，禮之善物也。治家莫如禮。」

　　司馬光認為，處理倫常關係的核心，是要「以義方訓其子，以禮法齊其家」，他批評許多做長輩的只考慮子孫的營生，千方百計從物質上加以滿足，「今之為後世謀者，不過廣營生計以遺之，田疇連阡陌，邸肆連坊曲，粟麥盈囷倉，金帛充篋笥，慊慊然求之猶未足也，施施然自以為子子孫孫累世用之莫能盡也」，「然則向之所以利後世者，適足以長子孫之惡，而為身禍也」，「子孫自幼及長，惟知有利，不知有義故也」。

　　司馬光反覆談到父母如何愛子女的問題：「愛子，教之以義方，弗納於邪。驕奢淫逸，所自邪也。四者之來，寵祿過也。」「古人有言曰：慈母敗子。愛而不教，使淪於不肖，陷於大惡，入於刑辟，歸於亂亡，非他人敗之也，母敗之也。」這些問題，顏之推大多已經涉及，而司馬光的論述又更深一層，讀者不妨取來一閱。

五、朱子《家禮》

　　朱熹是宋代理學的集大成者，是孔子之後最傑出的

學者。朱熹之學博大精深，幾乎無所不窺，但晚年好禮，認為禮是天理之節文，人事之儀則，每每與弟子討論家鄉、侯國、王朝之禮，希冀興復三代之墜典，大有將禮學作為畢生學術的歸宿之意。他從六十一歲起，開始編撰《儀禮經傳通解》，希望將古今禮制打通，重新打造一個百代不廢的典制。這一工作朱熹至死不輟。

朱熹認為，社會風氣的不振，關鍵在於禮之不行，「士大夫幼而未嘗習於身，是以長而無以行於家。長而無以行於家，是以進而無以議於朝廷、施於郡縣；退而無以教於閭里，傳之子孫，而莫或知其職之不修也。」朱熹對司馬光的《書儀》非常讚賞，但又有些許不滿。儒家之禮自古為貴族之禮，是所謂「禮不下庶人」。《大唐開元禮》、《政和五禮新儀》皆煌煌禮典，但多為皇族、品官之禮，庶民不得僭用。對於宋代庶民接受禮的知識水準和經濟能力，司馬光似乎沒有清醒的估計，因此，他的《書儀》雖經刪削，但節文依然比較複雜，堂室之廣、儀物之盛，令人「未見習行而已有望風退怯之意」。因此，《書儀》儘管刊印流傳，但「徒為篋笥之藏，未有能舉而行之者也」，難以通行於尋常百姓家。所以，朱熹打算在司馬光《書儀》的基礎上，參考諸家之說，裁訂增損，「使覽之者得提其要以及其詳，而不憚其難行之者。雖貧且賤，亦得以具其大節，略其繁文，而不失其本意也」（《跋三家禮範》）。朱熹在《儀禮經傳通解》中設了「家禮」一門，打算撰寫一部可以下於庶人的家庭禮儀。朱熹丁母憂時，曾潛心

研究喪禮，並有所著述。但是，朱熹關於家禮的書稿被小孩偷走，不知去向。

朱熹死後，突然出現了一部題為《家禮》的著作，共五卷，卷一為「通禮」，說祠堂、深衣之制，後附《司馬氏居家雜儀》。卷二為「冠禮」。卷三為「昏禮」。卷四為「喪禮」。卷五為「祭禮」。另有「附錄」一卷。這部《家禮》以《書儀》為底本，再加刪削，又離析儀文，分別節次，文字簡潔，大綱明瞭。如冠禮僅存告於祠堂、戒賓、宿賓、陳冠服、三加、醮、字冠者、見尊長、禮賓等大節目，禮文僅一百五十字。婚禮，《書儀》本諸《儀禮》，猶存六禮的節目，《家禮》唯納采、納幣、親迎等三個儀節。喪禮，《書儀》簡至卅七節，《家禮》再削為廿一節。朱熹的弟子黃干認為，此就是朱熹所作、而被孩童竊走的那部《家禮》，並予以高度評價。他為該書作了序，稱讚此書「務從本實」，「切於人倫日用之常」「見之明，信之篤，守之固，禮教之行，庶乎有望矣」。從此，社會上每每稱此書為《朱子家禮》。

圖22-3　朱熹著書圖

　　《家禮》一反古代禮書的繁瑣面貌，簡便易行，因而備受歡迎，不斷被翻刻印行。為之作注的有楊復的《家禮附注》、劉垓孫的《家禮增注》、劉璋的《家禮補注》、邱濬的《家禮儀節》等。此外還有各種插圖本、匯輯本，如元代的《纂圖集注文公家禮》，明代的《文公先生家禮》等。明朝政府曾將《家禮》編入《性理大全》，與《六經四書集注》並頒之天下，為後世學者所講說尊尚。

　　到了清代，有一位名叫王懋竑的學者對《家禮》的作者問題提出質疑，他先後撰寫了《家禮考》、《家禮後考》、《家禮考誤》等文章，極論《家禮》非朱子之書，得到了包括四庫館臣在內的許多學者的首肯。需要特別指出的是，王懋竑一生崇拜朱熹，對朱熹的學術相當精熟，絕非處處與朱熹立異的人物。王懋竑認定，在傳世的朱子著作中，只有《家禮》及《易本義九圖》絕非朱子手澤。《家禮》的作者究竟是誰，學術界至今仍有爭議，無法確指。

六、《家禮》在朝鮮

　　《家禮》東傳到朝鮮半島，是在高麗末期。當時有一位叫安珦的高麗學者，曾兩度出使元朝，到中國購求祭器、樂器、六經、諸子、史書等。安珦十分景慕朱熹，家裏懸掛著朱熹的畫像；因朱熹號晦庵，他自號「晦軒」。安珦在燕京看到了新刊刻的朱熹著作，知其

為孔門正脈，遂逐一抄錄，帶回國內傳播，《家禮》就是其中的一種。

高麗末期，盛行了數百年之久的佛教漸入衰境，奸僧與滑吏沆瀣一氣，操縱國政，兼併土地，出現了嚴重的社會危機。《家禮》傳入朝鮮半島後，為學者普遍推崇，他們身為天下先，希冀以此轉移社會風俗。侍中鄭夢周遭父喪，不用佛門喪禮，而是在廬墓之側立家廟，依《家禮》行喪祭之禮，繼而上書，請在全國推行《家禮》。朝鮮時代初，士林爭相仿效鄭夢周立廟祭祀。太宗初，命平壤府印刷《朱文公家禮》一百五十部，頒賜各司。其後不斷被翻刻印行，在民間廣為流傳。由於政府的提倡、士林的擁護，以及朱熹在朝鮮的崇高聲望，《家禮》被譽為「垂世大典」，「萬世通行之制」。

研究《家禮》的論著相當之多，以致形成了《家禮》熱。李德弘的《家禮注解》、宋翼弼的《家禮注說》、曹好益的《家禮考證》、金長生的《家禮輯覽》、金榦的《答問禮疑》、俞棨的《家禮源流》、李喜朝的《家禮札疑》、柳長源的《常變通考》、金隆《家禮講錄》、裴龍吉《家禮考義》等，都是很有影響的作品。

為了使《家禮》平民化，一些學者撰作了便於士庶切用的手本，金長生的《喪禮備要》是其中最享盛譽的一種，「繼《家禮》而言禮者，在我東（作者注：朝鮮半島在中國之東，故古代朝鮮人每每以「我東」自稱）惟《喪禮備要》為最切，今士大夫皆遵之」。《喪

禮備要》僅主於喪、祭，李縡乃以《家禮》為綱，而仿《喪禮備要》體例，又增加冠、婚二禮，題為《四禮便覽》，也在民間廣為流傳。

朝鮮半島本無文字，書面語言完全借用漢字表達。但除士大夫之外，一般民眾都不通漢字。於是，世宗大王創制了一種簡單明快的拼音文字，稱為「諺文」。為了幫助不識漢字的朝鮮庶民，而有了宗英鸞、壽文叟的《喪禮諺解》和申湜的《家禮諺解》等，用俚語諺文解釋《家禮》。

朝鮮雖然與中國毗連，但風俗相去甚遠，及至高麗朝，隨著佛教習俗的興起，其風俗更是駁雜不一。《家禮》東傳之後，成為朝鮮社會公認的儀軌，柳雲龍《家戒》說：「文公《家禮》，固是吾東士夫所共遵行。」李退溪、李栗谷等著名學者還仿照《家禮》制定自家的禮儀規範，士林紛紛響應，蔚成一代風氣。朝鮮學者以幾個世紀的時間，堅持不懈地躬行實踐，使朝鮮半島儒風廣被，《家禮》深深根植於社會。誠如朝鮮學者李植所說：「禮樂之興，實自我朝百餘年間。大儒繼出，遺文畢集，而後衿紳彬彬。樂節相益，習俗為之丕變。今雖兵戈創殘，委巷治喪之家猶秉朱禮。魯無君子，斯焉取斯。」（《疑禮問解跋》）

《家禮》的推行，從根本上改變了朝鮮的文化面貌，並深刻地影響著朝鮮社會的文化走向，顯示了儒家文化移風易俗的偉大力量。

Chapter 23

第二十三章

不見面的禮儀：書信

　　在日常生活中，古人以「自謙而敬人」為原則，因而要借助於各種禮儀來體現。當人們由於種種原因不能見面，只能將情感訴諸筆墨，托諸郵驛時，禮儀依然不可或缺，字裏行間，揖讓進退之態不僅依然可見，而且顯得更為溫文爾雅，彬彬有禮，從而形成了富有中國特色的書信文化。

一、書信格式

　　中國的書信史源遠流長，戰國時期樂毅的《報燕惠王書》、魯仲連的《遺燕將書》、李斯的《諫逐客書》等，都已是傳誦千古的名篇。但先秦兩漢人寫信，形式比較隨便。至遲到魏晉時期，開始有人撰作「書儀」，就是各類書信的格式，以供他人寫信時套用。這類文字在魏晉到隋唐之際非常流行，據《隋書・經籍志》記載，謝元撰有《內外書儀》四卷，蔡超撰有《書儀》二卷。《崇文總目》稱王宏、王儉、唐瑾，以及唐裴茞、鄭余慶，宋杜有、劉岳尚等都有《書儀》傳世。此外還

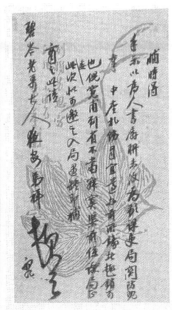

圖23-1　清代精美信箋

有專供夫人、僧侶使用的《婦人書儀》、《僧家書儀》
等。有學者在敦煌文獻中發現了上百件「書儀」類文
書，比較著名的有鄭余慶書儀、杜友晉書儀等。迄今
所知最早的書信格式，是晉代書法家索靖書寫的《月
儀》。

　　中國的書信文化經過歷代的傳承和發展，大體形成
了為社會廣泛認同的書信格式，一封通常意義上的書
信，至少要包含以下幾個部分：稱謂語，提稱語，思慕
語，正文，祝願語，署名。由於收信人年齡、身份的不
同，寫信時所使用的稱謂語、提稱語、思慕語、祝願語
等也都有相應的區別，弄錯了就會貽笑大方，就是失
禮。這套語言相當複雜，本文只能略述其梗概。

二、敬稱

首先我們要談到書信中必須使用的敬稱和謙稱，這是中國書信文化最基本的常識，它所要體現的，則是君子「自謙而敬人」的理念。

敬稱是對他人表示尊敬的稱呼。敬稱的方式很多，比較常見的方法之一，是將古代爵稱等轉換成敬稱。例如「君」，原指天子或者君王，《詩經・大雅・假樂》「宜君宜王」，此處的君就是指諸侯。後來，「君」轉化為比較寬泛的敬稱：稱父親為家君，稱已故的祖先為先君，妻子稱丈夫為夫君等等。也可以用作對他人的尊稱，《史記・申屠嘉列傳》：「上曰：君勿言，吾私之。」時至今日，君作為尊稱的用法在日語中依然保留著。

古代天子有三公、九卿，公、卿，也都被用作敬稱。如果對方德高望重，可以在他的姓之後加「公」字，稱為「某公」，當今中國的知識界還有這種用法。「卿」用作尊稱，先秦就已出現，如荀況（荀子），時人尊稱「荀卿」，就是大家最熟知的例子。此外，「侯」字原本是指諸侯，《梁書・吉翂傳》「主上知尊侯無罪」，此處的「尊侯」是指對方的父親，這一用法在書信語言中還時有所見。

稱呼對方配偶也有相似的做法。古代天子的妃子稱「后」，諸侯的配偶稱「夫人」，大夫的配偶稱「孺人」，士的配偶稱「婦人」，庶人的配偶稱「妻」。

時下，人們常常把對方的配偶稱為「夫人」，也是從古代沿襲而來的敬稱。此外，「公子」，原本指諸侯的庶子，後也用於尊稱對方的兒子，而將對方的女兒稱為「女公子」。

稱呼他人的親戚，一般在稱謂前加「令」字，如令尊大人、令堂大人、令伯、令叔、令兄、令弟、令妹等。對於他人的孩子也是如此，稱對方的兒子為令郎或令息，女兒為令愛或令媛。也可以在稱謂前加「賢」字，如賢伉儷（夫婦）、賢喬梓（父子）、賢弟等。

舊式書信還往往用「台」字來表示尊敬，如台啟、台端、台甫、台安等。書信中的台，是三台的簡稱，三台是天上的三顆星，古人用來指三公，故也用來當作尊稱。古代台與臺是兩個字，後來將臺簡化成台，致使許多人誤以為是一個字，其實不然。所以，給港臺等通行繁體字地區的友人寫信，千萬不能將台甫寫成臺甫，那樣就會貽笑大方。

古人行冠禮之後都要取表字，或者還要取雅號。名只有父親和國君才能叫，所以《儀禮・士冠禮》說：「冠而字之，敬其名也。」直呼其名被視為不禮貌的表現。目前，進入近代以來，一般人已經很少再取表字或雅號，但在文人圈中依然有之，因此，在與他們通信之前最好先瞭解一下，以免唐突。

此外，與敬稱相呼應，書信中凡涉及對方的事物都要用敬語，如對方的住宅，要稱府、邸，或者稱潭府，潭是深的意思，潭府，意猶深宅大府，是對對方住宅的

美稱，故信末又往往用「潭安」來表示闔府皆安的祝願。如果對方有所饋贈，感謝時可稱厚賜、厚贈、厚貺等，以表示看重這份情誼。對不同的事物要用不同的美稱，如果是對方來信，可以稱大函、大翰、惠示、大示、手示、大教；如果是詩文著述，則可稱華章、瑤章；如果是宴請，則要稱盛宴、賜宴等。

　　書信中一般不要出現你、我、他之類的代詞，這也是簡慢或者缺乏文采的表現，凡是遇到類似的地方，應該酌情處理。如提及對方時，可以用閣下、仁兄、先生等代替；提及自己時，可以用在下、小弟、晚等代替；提及第三方時，一般可以用「彼」或者「渠」表示，渠當第三人稱用，始見於《三國志・吳志・趙達傳》：「女婿昨來，必是渠所竊。」

三、謙稱

　　謙稱是與敬稱相對的稱謂，一般用於自己或者自己一方。對他人用敬稱，對自己用謙稱，是中國人的傳統。從先秦文獻可以知道，當時的貴族都有特定的謙稱，如《老子》說：「王侯自稱孤、寡、不穀。」「孤」和「寡」都是少的意思，王侯稱孤道寡，是謙稱自己德行淺少；「穀」是善的意思，不穀猶言不善。《禮記・曲禮》說，諸侯的夫人在天子面前自稱「老婦」，在別國諸侯面前自稱「寡小君」，在丈夫面前自稱「小童」。

古人每每用「臣妾」作為謙稱。古代有「男曰臣，女曰妾」之語，「臣妾」的本義，猶後世言奴才。司馬遷在他的《報任安書》中自稱「僕」、「牛馬走」。僕也是奴僕的意思，日本人至今還用「僕」作為第一人稱的謙稱。「牛馬走」，意思是像牛馬一樣供驅使奔走的人。與此相類似的用法，是謙稱自己的兒子為犬子、賤息等。

對自己的父母固然要敬重，但在與他人提及自己的家人時，就不能用敬稱，而要用謙稱，一般是在稱謂之前加一「家」字，如稱自己的父親為家父，或者家君、家嚴；稱自己的母親為家母，或者家慈。如果父母已經去世，則對人要稱「先父」、「先大人」、「先母」。同樣，對他人稱呼自家的其他親戚，也都要加一「家」字，如家伯、家伯母；家叔、家叔母；家兄、家嫂；對比自己年齡小的，則可以稱「舍弟」、「舍妹」等。自稱或者用「愚」字，如愚弟。

對他人稱呼自己的妻子，一定要用謙稱，如「內人」、「內子」、「拙荊」；或者用平稱「愛人」、「太太」。常常聽到有人向對方介紹自己的妻子時說：「這是我夫人。」這是非常失禮的說法，如前所說，諸侯的元配才能稱為「夫人」。普通人相交，稱對方配偶為夫人，略有恭維的意思。稱自己的配偶為夫人，就顯得自大，或者是無知。

如果向對方有所饋贈，則要用謙語，如菲儀、芹獻、寸志等，意思是說自己的東西微薄、不值錢，不過

是藉以表示小小的心意。希望對方收下禮物，則要說懇請笑納、敬請哂納等，意思是讓對方見笑了。

四、提稱語

書信一定要用稱謂，首先要分清是父母、尊長，還是老師、朋友。稱謂之後，一般要綴以對應的詞語來表達敬意，例如前面提到的台端、台甫等等，這類詞語稱為提稱語。

提稱語與稱謂有對應的關係，其中有些可以通用，但大部分都有特定的使用對象。其中比較常用的有：

用於父母：膝下、膝前、尊前、道鑒

用於長輩：几前、尊前、尊鑒、賜鑒、尊右、道鑒

用於師長：函丈、壇席、講座、尊鑒、道席、撰席、史席

用於平輩：足下、閣下、台鑒、大鑒、惠鑒

用於同學：硯右、文几、台鑒

用於晚輩：如晤、如面、如握、青覽

用於女性：慧鑒、妝鑒、芳鑒、淑覽

給父母寫信，「膝下」一詞用得最多，源出於《孝經》：「故親生之膝下，以養父母日嚴。」是說人幼年時，時時依於父母膝旁，後來轉為對父母的尊稱。

「函丈」源出於《禮記・曲禮》，向尊長請教時，要「席間函丈」，意思是說，彼此的席位之間要空出一丈左右的地方，以便尊長有所指畫；故用作對老師的尊

稱。

提稱語可以幾個詞疊加使用，如毛澤東致其師符定一（字澄宇）稱：「澄宇先生夫子道席」，以見尊敬之意。

五、思慕語

書信的功能之一是溝通彼此的情感，因此，在提稱語之後不直接進入正文，而是要用簡練的文句述說對對方的思念或者仰慕之情，這類文句稱為思慕語。

思慕語中使用最多的，是從時令、氣候切入來傾吐思念之情。敦煌文書中有一件《十二月相辯文》，列舉每月不同的氣候狀況下，可供選用的詞語，如正月初春可以說：「孟春猶寒，分心兩處，相憶纏懷。思念往還，恨無交密。」二月仲春可以說：「仲春漸暄，離心抱恨，慰意無由，結友纏懷，恒生戀想」等等。由於有了意境的描述，讀之令人備感親切。

後世書信的思慕語相當豐富，不勝枚舉，比較常用的如：

> 雲天在望，心切依馳。
> 相思之切，與日俱增。
> 望風懷想，時切依依。
> 仰望山斗，嚮往尤深。
> 風雨晦明，時殷企念。
> 寒燈夜雨，殊切依馳。

瘦影當窗，懷人倍切。

還有一類思慕語是從回憶上次見面的時間及其思念切入的，如：

不睹芝儀，瞬又半載。

自違芳儀，荏苒數月。

久違大教，想起居佳勝，定符私祈。

久疏問候，伏念　寶眷平安，闔府康旺。

思慕語十分豐富，讀者可以在閱讀書信範文時留心摘錄，以供自己慣用。最好是提高文學素養，用自己的語言來描述真實的情感。

六、書信中的平和闕

我們先來看一封兒子致父母的家信：

父母親大人膝下，謹稟者：男離家後，一路順利，平安抵達學校，可紓

廑念。惟思

雙親年齒漸高，男在千里之外，有缺孺子之職。伏望訓令弟妹，俾知料理家務，或有以補乃兄之過。王阿姨家已去看望過，家中老幼平安，囑筆問好。專此謹稟，恭請

福安。男某某謹稟某月某日

信的開頭「父母親大人膝下」頂格書寫，下文大多沒有寫到頭就另起一行再寫，這是什麼意思呢？原來，古人但凡在書信正文中提及自己的父母祖先，以及他

們的行為時，在書寫方式上一定要有所變化，以表示尊敬。書信的第一行要頂格，高出下面的敘述性文字一格，稱為「雙抬」。正文中凡是提及高祖、曾祖、祖、雙親等字樣，或者慈顏、尊體、起居、桑梓、墳壟等與之相關的字樣時，可以有兩種處理方法：一種叫「平抬」，就是另起一行，與上一行的開頭齊平著再書寫；另一種叫「挪抬」，就是空兩格或一格書寫。在上面所例舉的這封信件中，凡涉及父母親的詞語如廑念（猶言掛念）、雙親、訓令、福安等，都採取平抬的方式。

這種方式至遲在唐代就已經出現，敦煌文書中將「平抬」稱為「平」，「挪抬」稱為「闕」。近代以後，傳統書信中「平抬」的方式逐漸減少，「挪抬」則依然普遍使用，今日港臺、韓國、日本文人寫信時還常常用「抬」的方式表示敬意。

七、師生之間的稱謂

學生稱呼老師，最普通的是夫子、函丈。以「夫子」稱呼老師可以追溯到孔子，故後世用來作為對老師的通稱。「函丈」如前述。

學生自稱生、受業。《詩經》中就有把讀書人稱為「生」的，《小雅・常棣》說「雖有兄弟，不如友生」。《史記・儒林傳》：「言禮自魯高堂生。」司馬貞《索隱》：「自漢以來，儒者皆號『生』，亦『先生』省字呼之耳。」可見西漢以後，「生」成為讀書人

的通稱。在實際使用上，老師稱呼弟子為「張生」、「李生」；學生也自稱「生」、「小生」。

「業」字的本義是木版，古時老師授課，將要講的篇章寫在「業」上，《禮記・曲禮》說「請業則起」，意思是說向老師請教問題要起身，因此，學生稱老師為「業師」而自稱「受業」。

一般來說，只要同一時期、在同在一學校生活過的老師和學生，就可以有師生的名分。老師如何稱呼學生，要看彼此在學問上有無直接的授受關係。如果對方是自己正式的學生，並向他傳授過學業，可以稱之為「弟」。這裏的「弟」是「弟子」的意思，與兄弟之弟無關，古代師生稱「師弟」，學生如若見到老師的這種稱呼，千萬不要誤解。如果彼此雖有師生名分，但沒有授過課，則老師一般稱學生為「兄」，例如，胡適曾任北京大學校長，顧頡剛是北大的學生，彼此有師生的情誼，所以，胡適在給顧頡剛的書信中稱之為「兄」；再如大家都熟知的，魯迅給許廣平的第一封信中稱「廣平兄」，許廣平不解其意，回信表示不敢與魯迅兄弟相稱，其實魯迅並沒有稱兄道弟的意思，「兄」不過是老師對學生輩的最普通的稱呼罷了。

老師給學生的書信，落款一般只寫自己的名字。

同學之間的稱呼，則可以視進入師門的先後，以學長、學弟、學妹，或者師兄、師弟、師妹相稱。書信往還時，也有用比較雅氣的叫法，稱「硯兄」之類的。

八、祝願語及署名敬詞

兩人見面後，即將分別之時，應該互道珍重。這一禮節表現在書信中，就是祝願語和署名啟稟詞。

由於輩分、性別、職業的差別，祝願詞也有比較嚴格的區別，比較常用的有：

用於父母：恭請 福安、叩請 金安、敬叩 禔安

用於長輩：恭請 崇安、敬請 福祉、敬頌 頤安

用於師長：敬請 教安、敬請 教祺、敬頌 誨安

用於平輩：順祝 時綏、即問 近安、敬祝 春祺

用於同學：即頌 文祺、順頌 台安、恭候 刻安

用於女性：敬頌 繡安、即祝 壼安、恭請 懿安

祝願詞的主題，是希望對方幸福、平安。上面列舉的祝願詞中，禔、祉、祺等都是福的同義詞；綏也是平安的意思。明白於此，就可以視需要選擇、搭配使用。

需要指出的是，使用祝願詞切不可混淆對方的身份，如繡安、壼安、懿安是專用於女性的祝願詞，如果用到男性身上，就令人忍俊不禁了。此外，祝願詞中的某些字比較古奧，要弄清楚字義之後再使用，例如「壼（ㄎㄨㄣˇ）」字的本義是指宮中的道路，後引申為后妃居住的地方，故借用為對女性的尊稱。壼字的字形與茶壺的壺字很相像，有人不察於此，將壼安寫成壺安，就授人以笑柄了。

舊式書信在落款之後，一般還要根據彼此關係寫敬詞（或稱啟稟詞），例如：

對長輩：叩稟、敬叩、拜上

對平輩：謹啟、鞠啟、手書

對晚輩：字、示、白、諭

叩是叩首，即磕頭，這是禮儀書面化的表現。磕頭禮節早已廢止，但在書信中也還見使用，不過是藉以表達敬意的一種方式罷了，不必過於拘泥字義。

九、信封用語

在紙張發明以前，古人用帛或竹簡、木板作為書寫材料，故書信又稱書簡、尺牘。在今天的書信用語中，還殘留著某些早期書簡的專門用語，需要先作一些介紹。

所謂「牘」，就是將樹木鋸成段後剖成的薄片。在牘上寫信後，為了保密，用另一塊木板覆蓋在上面，稱為「檢」；在檢上書寫收件人的姓名、地址，稱為「署」。用繩子將牘和檢一併捆紮、再打上結，稱為「緘」，緘是封的意思（我們今天還用這個字）。如果是用竹簡寫信，簡數較多，就盛在囊中，用繩子紮口。為了保密，在繩結處用泥封住，上面加蓋印章作為憑記。

信封的書寫，也有很多講究，要體現出自謙而敬人的原則。書寫收信人的稱謂，除了一定要用尊稱之外，至少還有兩種表示尊敬的用法，其一，在收信人姓名、稱謂之後用「俯啟」、「賜啟」等用語，表示請求對方

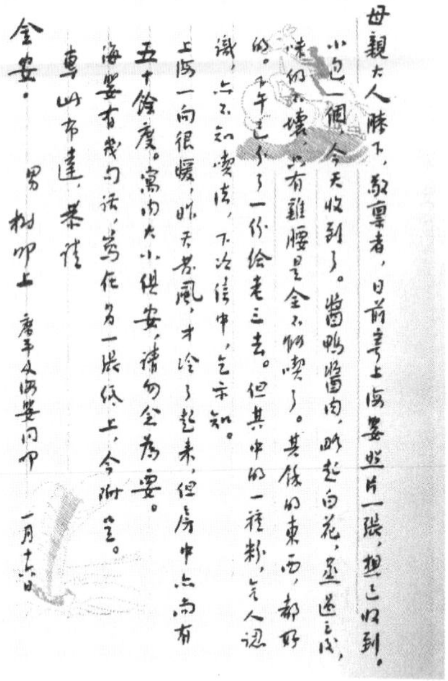

圖23-2　魯迅致母親書

開啟信封。俯啟，有顯示對方高大，必須俯下身子來接信的意思。賜啟，是請對方賞光、恩賜啟封。

其二，使用「某某先生將命」之類的用語。古人每每用陛下、殿下之類的詞語來表示不敢與對方平起平坐，而只能與對方站在丹陛、大殿之下的執事者對話，請他們傳話。類似的意思表現在信封上，就有了「將命」、「將命考」等用語。將命，是指古代士大夫家中為主人傳話的人。在信封上寫收信人的將命者收，是表示不敢讓對方直接收信，而只能將信交由傳命者轉呈，這是一種自謙的表達方式。「將命考」是傳命者的副手，讓將命考轉呈，則是謙中尤謙的表示了。

與上述表達方法相似的還有，「某某先生　茶童收」、「某某先生　書童收」等等，意思都一樣，寫信者明知對方並沒有將命者、茶童、書童之類的僕人，如此書寫，一則是借此表示敬意，二則也可以為書信增添一些雅趣。

順便說一句，明信片沒有信封，所以不能再用「緘」和「啟」等字樣。

書信舉例1.　魯迅致母親：

母親大人膝下，敬稟者，日前寄上海嬰照片一張，想已收到。小包一個，今天收到了。醬鴨、醬肉，昨起白花，蒸過之後，味仍不壞；只有雞腰是全不能吃了。其餘的東西，都好的。下午已分了一份給老三去。但其中的一種粉，無人認識，亦不知吃法，下次信中，乞示知。上海一向很暖，昨天發風，才冷了起來，但房中亦尚有五十餘度。寓內大小俱安，請勿念為要。海嬰有幾句話，寫在另一張紙上，今附呈。

專此布達，恭請

金安。　　男　樹叩上　廣平及海嬰同叩　一月十六日

書信舉例2. 毛澤東致老師符定一（澄宇）先生：

澄宇先生夫子道席：

　　既接光儀，又獲手示，誨諭勤勤，感且不盡。德芳返平，托致微物，尚祈哂納。世局多故，至希為國自珍。

　　肅此。敬頌

教安。不具。

受業　毛澤東

書信舉例3. 曾國藩致兒子曾紀鴻：

字諭紀鴻：自爾還鄉啟行後，久未接爾來稟，殊不放心。今日天氣奇熱，爾在途次平安否？

　　余在金陵與阮叔相聚二十五日，二十日等舟還皖，體中尚適。余與阮叔蒙恩晉封侯伯，門戶大盛，深為祇懼。爾在省以謙、敬二字為主，事事請問意臣、芝生兩姻叔，斷不可送條子，致騰物議。十六日出闈，十七八拜客，十九日即可回家。九月初在家聽榜信後，再啟程來署可也。擇交是第一要事，須擇志趣遠大者。此囑。（滌生手示）

舊式書信在大陸已經基本廢止，但在港臺、韓國、日本以及在華僑中間還依然使用，因此，暸解有關的知識不僅有助於閱讀古代文獻，而且可以增進與海外的交流。

The End

後記

　　本書的撰作，遠在十年之前。我的學術領域主要是在中國古代禮學，數十年來，因感傷禮學在一個曾經名聞遐邇的「中華禮義之邦」的衰落，自覺有存亡繼絕、傳其一脈於京華之責任，故不揣譾陋，在我執教的清華大學開設了「中國古代禮儀文明」的全校性選修課，這是內地唯一的系統介紹中華傳統禮儀的課程。當時的情況，可謂篳路藍縷，主要困難有二，一是沒有可供參考的教材，需要白手起家，自己編寫。而要提取內容廣博、文字古奧、年代久遠的《儀禮》《周禮》《禮記》中的精華，並且將它轉換成當今學生能夠聽懂的文字，談何容易；二是近百年來，由於我們對傳統文化的掃除，社會上的禮已經蕩然無存，不少人對禮已經沒有概念。經過一個世紀累積而成的偏見，已經形成為巨大的文化慣性，甚至成為許多人貶斥中華文明的心理定式，可以不假思索地脫口而出。直面這一切，猶如站在一座巨大的廢墟上，需要一磚一瓦地清理，一木一石地重建，這是一己的微力所無法完成的。而作為一名以復興中華禮學為己任的學者，無所逃於天地之間，精衛填

海，矢志不移。

　　十年過去，彈指一揮，禮學的境遇，已是煥然一新，速度之快，遠遠出人意料。十年之中，以禮學作為研究主題的學位論文已達數百，研究禮學的論著更是令人目不暇接。經過諸多學者的共同努力，禮學復興的趨勢已是無可阻擋，真是「德不孤，必有鄰」。筆者開設的這門課程，也於2008年被評為校級、市級、國家級精品課，並受到社會的廣泛關注，各地政府機關、高等學校、民間團體等邀請筆者講課者，紛至遝來。中央電視臺多個欄目播出筆者談禮的節目，據CCTV-4「文明之旅」欄目組編導告知，2012年9月3日收看筆者節目的電視機，居然多達四千二百多萬臺！毋須贅言的是，吸引廣大電視觀眾的是中華禮學，而絕非筆者本人。

　　事實證明，中華禮學的活力與魅力俱在，它必將成為中華文明的復興的重要組成部分，筆者將為之繼續努力。

　　本書再次被中華書局印行，深感榮幸，筆者五內俱銘。

彭林　於清華大學荷清苑寓內

2012年10月27日

中國古代禮儀文明 / 彭林著. --
--初版. -- 臺北市：華品文創, 2019.02
432 面；17×23 公分
ISBN 978-986-96633-2-8(平裝)

1. 禮俗 2. 中國

530.92   108000115

華品文創出版股份有限公司
Chinese Creation Publishing Co.,Ltd.

《中國古代禮儀文明》

作　　者：彭　林

總 經 理：王承惠

總 編 輯：陳秋玲

財 務 長：江美慧

印務統籌：張傳財

美術設計：vision 視覺藝術工作室

出 版 者：華品文創出版股份有限公司

　　　　　　地址：100台北市中正區重慶南路一段57號13樓之1

　　　　　　讀者服務專線：(02)2331-7103

　　　　　　讀者服務傳真：(02)2331-6735

　　　　　　E-mail：service.ccpc@msa.hinet.net

　　　　　　部落格：http://blog.udn.com/CCPC

總 經 銷：大和書報圖書股份有限公司

　　　　　　地址：242新北市新莊區五工五路2號

　　　　　　電話：(02)8990-2588

　　　　　　傳真：(02)2299-7900

　　　　　　網址：http://www.dai-ho.com.tw/

印　　刷：卡樂彩色製版印刷有限公司

初版一刷：2019年2月

初版二刷：2019年3月

定價：平裝新台幣450元

ISBN：978-986-96633-2-8

本書中文繁體字版由中華書局(北京)授權出版